Aus dem Französischen von
Christiane Baumann, Gisela Lerch, Eva Schewe,
Gotthardt Schön, Barbara Scriba-Sethe

Bio-bibliographische Notizen am Schluß des Bandes

ISBN 3-353-00350-9

1. Auflage
Verlag Volk und Welt, Berlin 1988
Ausgabe für die Deutsche Demokratische Republik
L. N. 302, 410/100/88
Der Abdruck der Texte erfolgt mit Genehmigung
folgender Verlage:

Printed in the German Democratic Republic

Einbandentwurf: Hans-Joachim Petzak
Satz, Druck und Einband: Karl-Marx-Werk Pößneck
V 15/30
LSV 7351
Bestell-Nr. 648 917 1

00900

MODERNE FRANZÖSISCHE PROSA

Annie Ernaux

Danièle Sallenave

Mireille Best

François Bon

VERLAG
VOLK UND WELT
BERLIN

Annie Ernaux

Das bessere Leben

»Ich wage eine Erklärung:
Schreiben – es ist die letzte Zuflucht,
wenn man verraten hat.«

Jean Genet

Ich bestand den praktischen Teil meiner Prüfung fürs Höhere Lehramt in einem Gymnasium von Lyon, im »Croix Rousse«. Einem neuen Gymnasium mit Grünpflanzen in dem Bereich, der dem Lehrerkollegium und der Verwaltung vorbehalten war, und einer mit sandfarbenem Plüschteppich ausgelegten Bibliothek im Souterrain. Dort wartete ich, bis man mich zu meiner Lehrprobe in Anwesenheit des Schulrats und zweier Beisitzer, sehr erfahrener Französischlehrer, holte. Mit überlegener Miene, ohne zu zögern, korrigierte eine Frau Hefte. Die nächste Stunde korrekt hinter mich zu bringen genügte, um mich zu bevollmächtigen, daß ich es mein ganzes Leben lang genauso machte wie sie. Vor einer Unterprima des mathematischen Zweigs besprach ich 25 Zeilen – man mußte sie numerieren – aus Balzacs *Vater Goriot.* »Sie haben Ihre Schüler nicht fest genug angepackt«, warf mir der Schulrat später im Büro des Direktors vor. Er saß zwischen den beiden Beisitzern, einem Mann und einer kurzsichtigen Frau in rosa Schuhen. Ich ihnen gegenüber. Eine Viertelstunde lang brachte er ein Gemisch aus Kritik, Lob und Ratschlägen vor; ich hörte kaum hin, fragte mich nur, ob all das bedeutete, daß ich bestanden hatte. Mit einem Schlag und wie vom gleichen Impuls getrieben, erhoben sich alle drei mit ernster Miene. Auch ich erhob mich sofort. Der Schulrat hielt mir die Hand hin. Dann sah er mich fest an: »Madame, meinen Glückwunsch.« Die anderen sagten ebenso »Meinen Glückwunsch« und drückten mir die Hand, aber die Frau mit einem Lächeln.

Mit Wut und einer Art Scham dachte ich unablässig an diese Zeremonie, bis der Bus kam. Am selben Abend noch schrieb ich meinen Eltern, daß ich nun Studienrätin sei. Meine Mutter schrieb mir zurück, daß sie sich sehr für mich freuten.

Zwei Monate später starb – über Tage hinweg – mein Vater. Er war 67 Jahre alt und unterhielt mit meiner Mutter in einem ruhigen Viertel nicht weit vom Bahnhof in Y . . . (Seine – Maritime) eine Mischung aus Café und Lebensmittelladen. Er wollte sich eigentlich in einem Jahr zurückziehen. Oft weiß ich, nur einige Sekunden lang, nicht mehr, ob die Szene im Gymnasium von Lyon vorher oder nachher stattgefunden hat, ob der windige Monat April, da ich mich am »Croix Rousse« auf einen Bus warten sehe, seinem Todesmonat, dem drükkend heißen Juni, vorausging oder danach kam.

Es war an einem Sonntag, früh am Nachmittag.

Meine Mutter erschien oben auf der Treppe. Sie betupfte sich die Augen mit der Serviette, die sie offenbar mit nach oben genommen hatte, als sie nach dem Mittagessen ins Schlafzimmer hinaufgegangen war. Sie sagte mit neutraler Stimme. »Es ist zu Ende.« Ich erinnere mich nicht an die Minuten danach. Ich sehe nur immer wieder die Augen meines Vaters vor mir, die auf irgend etwas hinter mir in die Ferne starrten, und seine übers Zahnfleisch hochgezogenen Lippen. Ich glaube, ich habe meine Mutter gebeten, ihm die Augen zu schließen. Um das Bett herum standen auch die Schwester meiner Mutter und ihr Mann. Sie boten sich an, ihr bei seiner Toilette und dem Rasieren zu helfen, da Eile not tat, bevor die Leiche erstarrte. Meine Mutter gedachte, ihm den Anzug anzuziehen, den er vor drei Jahren bei meiner Hochzeit eingeweiht hatte. Das Ganze geschah ohne jegliches Aufheben, ohne Geschrei, ohne Geschluchze, meine Mutter hatte nur rote Augen und lachte immer wieder krampfhaft. Alle waren ruhig, kontrolliert in ihren Gesten, redeten normale Dinge. Mein Onkel und meine Tante wiederholten: »Es ist wirklich schnell gegangen« oder »Wie verändert er ist«. Meine Mutter wandte sich an meinen Vater, als ob er noch lebte oder ihm noch eine besondere Form des Lebens innewohnte, vergleichbar dem von

Neugeborenen. Mehrere Male redete sie ihn liebevoll mit »mein armer kleiner Vater« an.

Nach dem Rasieren zog mein Onkel den Toten zu sich heran, hielt ihn hoch, damit man ihm das Hemd, das er in den letzten Tagen getragen hatte, ausziehen und durch ein neues ersetzen konnte. Der Kopf fiel nach vorne auf die nackte, marmorn gezeichnete Brust. Zum ersten Mal in meinem Leben sah ich das Geschlecht meines Vaters. Meine Mutter bedeckte es schnell mit den Zipfeln des sauberen Hemdes und lachte leicht. »Bedecke dein Elend, mein armer Mann.« Als mein Vater angekleidet war, wurden ihm die Hände um einen Rosenkranz gefaltet. Ich weiß nicht mehr, ob es meine Mutter oder meine Tante war, die gesagt hat: »Er ist so viel netter«, das heißt sauberer, anständiger. Ich schloß die Jalousien und weckte meinen Sohn, der im Nebenzimmer seinen Mittagsschlaf hielt: »Großvater schläft.«

Es kamen die Verwandten, die in Y ... wohnen. Mein Onkel hatte sie benachrichtigt. Sie gingen mit meiner Mutter und mir hinauf und blieben einige Minuten schweigend vor dem Bett stehen. Danach flüsterten sie über die Krankheit und das jähe Ende meines Vaters. Als sie wieder heruntergekommen waren, boten wir ihnen im Café etwas zu trinken an.

Ich erinnere mich nicht an den diensttuenden Arzt, der den Tod festgestellt hat. Nach wenigen Stunden war das Gesicht meines Vaters nicht mehr zu erkennen. Am späten Nachmittag fand ich mich allein in dem Zimmer. Einige Sonnenstrahlen stahlen sich durch die Jalousie auf den Linoleumfußboden. Das war nicht mehr mein Vater. Die Nase hatte in dem schon eingefallenen Gesicht den ganzen Platz eingenommen. In seinem dunkelblauen Anzug, der lose seinen Körper umhüllte, glich er einem schlafenden Vogel. Sein Männergesicht mit den großen, weit aufgerissenen und von der Minute seines Todes an starren Augen war schon verschwunden. Selbst das würde ich nie wiedersehen.

Die Vorbereitungen für die Beerdigung hatten begonnen – Wahl des Beerdigungsinstituts, Messe, Anzeigen, Trauerkleidung. Ich hatte den Eindruck, daß dies alles nichts mit meinem Vater zu tun hatte. Eine Zeremonie, an der er aus irgendeinem Grund nicht teilnehmen konnte. Meine Mutter war in einem großen Erregungszustand und vertraute mir an, daß in der Nacht zuvor mein Vater nach ihr getastet habe, um sie zu küssen, obwohl er schon nicht mehr sprechen konnte. Sie fügte hinzu: »Weißt du, er war ein gutaussehender Kerl, als er jung war.«

Am Montag begann es zu riechen. Ich hatte mir das nicht vorstellen können. Erst leicht muffig, dann entsetzlich nach vergessenen Blumen in einer Vase mit fauligem Wasser.

Meine Mutter schloß den Laden nur für die Beerdigung. Sie hätte sonst ihre Kunden verloren, und das konnte sie sich nicht leisten. Mein dahingegangener Vater ruhte oben, und sie servierte unten den Pastis und Rotwein. Tränen, Schweigen und Würde – das war die Haltung, die man bei einer vornehmen Sicht der Welt nach dem Tod eines Verwandten erwartete. Meine Mutter gehorchte ebenso wie die Nachbarschaft den Regeln einer Lebensart, bei der man sich um Würde herzlich wenig scherte. Zwischen dem Tod meines Vaters am Sonntag und der Beerdigung am Mittwoch kommentierte jeder Stammgast, kaum daß er saß, leise und lakonisch das Ereignis: »Er hat ja ganz schön schnell gemacht . . .« oder auf eine unpassend joviale Art: »Na, da hat der Patron sich ja ganz schön gehenlassen!« Sie teilten ihre Empfindungen mit, sobald sie die Nachricht erfahren hatten: »Es hat mich ziemlich umgehauen«, »unglaublich, wie mich das getroffen hat.« Sie wollten auf diese Weise meiner Mutter zeigen, daß sie in ihrem Schmerz nicht allein war, eine Form der Höflichkeit. Viele gedachten des letzten Males, als sie ihn noch bei guter Gesundheit gesehen hatten, suchten nach allen Einzelheiten dieser Begegnung, dem genauen Ort, dem Tag, dem Zeitpunkt, den Worten, die gewechselt worden waren. Durch diese minuziöse Beschwörung eines Augenblicks, als das Leben selbstverständlich war, wurde zum Ausdruck gebracht, wieviel für den Verstand Schockierendes der Tod meines Vaters an sich hatte. Sie wollten den Patron auch aus reiner Höflichkeit sehen. Meine

Mutter gab nicht immer allen Anfragen nach. Sie unterschied zwischen den Guten, die von echter Sympathie erfüllt waren, und den Schlechten, die nur die Neugierde trieb. Fast alle Stammgäste des Cafés durften meinem Vater Lebewohl sagen. Die Gattin eines nachbarlichen Unternehmers wurde abgewiesen, da er sie zu seinen Lebzeiten nie hatte leiden können, sie mit ihrem Hühnerhintern-Mund.

Das Bestattungsinstitut kam am Montag. Die Treppe, die von der Küche zu den Schlafzimmern führt, erwies sich als zu eng für den Sarg. Die Leiche mußte in einen Plastiksack eingewickelt und über die Treppen mehr gezogen als getragen werden bis zu dem Sarg, der mitten in dem für eine Stunde geschlossenen Café stand. Ein sehr langer Abstieg, untermalt von den Kommentaren der Angestellten über die beste Art, die Sache anzupacken, an der Treppenkurve senkrecht drehen etc.

Im Kopfkissen, auf dem sein Kopf seit Sonntag gelegen hatte, war eine Kuhle. Solange die Leiche sich in dem Zimmer befand, ist dort nicht saubergemacht worden. Die Kleidungsstücke meines Vaters lagen noch auf dem Stuhl. Aus einer Tasche mit Reißverschluß seines Arbeitsanzugs zog ich ein Bündel Banknoten, die Einnahmen vom vergangenen Mittwoch. Ich warf die Medikamente weg und gab die Kleider zur schmutzigen Wäsche. Am Vorabend des Begräbnisses wurde für den Schmaus nach der Zeremonie ein Stück Kalbfleisch gekocht. Es wäre unfein gewesen, die Leute mit leerem Magen wieder heimzuschicken, nachdem sie einem die Ehre gemacht hatten, an der Beerdigung teilzunehmen. Braungebrannt kam mein Mann am Abend an; ihm war eine Trauer, die nicht die seine war, peinlich. Mehr als je zuvor wirkte er hier deplaziert. Wir schliefen in dem einzigen Doppelbett, das es gab, dort, wo mein Vater gestorben war.

Viele Leute aus dem Viertel in der Kirche, die nicht berufstätigen Frauen, Arbeiter, die sich eine Stunde frei genommen hatten. Natürlich hatte sich keine der »hochrangigen« Personen, mit denen mein Vater im Laufe seines Lebens zu tun gehabt hatte, die Mühe gemacht, auch keine anderen Händler.

Er gehörte keiner Vereinigung an, zahlte nur seinen Beitrag an die Handelsgenossenschaft, ohne sich an irgend etwas zu beteiligen. In der Trauerpredigt sprach der Priester von einem »anständigen, arbeitsamen Leben«, von einem »Mann, der niemals einem anderen Schaden zugefügt hat«.

Dann kam das Händeschütteln. Durch einen Fehler des Mesners, der das ganze koordinierte – es sei denn, er hatte sich dieses Mittel einer zusätzlichen Tour ausgedacht, um die Teilnehmerzahl zu vergrößern –, sind dieselben Leute, die uns schon die Hand gedrückt hatten, noch einmal vorbeigezogen. Dieses Mal eine schnelle Runde ohne Kondolenzworte. Als auf dem Friedhof der zwischen den Seilen schaukelnde Sarg herabgelassen wurde, brach meine Mutter in Schluchzen aus, wie am Tag meiner Hochzeit bei der Messe.

Der Leichenschmaus wurde im Café an aneinandergeschobenen Tischen abgehalten. Nach anfänglichem Schweigen begannen sich die Leute zu unterhalten. Das Kind, aus einem ordentlichen Mittagsschlaf erwacht, lief von einem zum andern, bot eine Blume an, Kieselsteine, alles, was es im Garten finden konnte. Der Bruder meines Vaters, der ziemlich weit weg saß, beugte sich nach vorn, um mir zuzurufen: »Erinnerst du dich, wie dein Vater dich auf seinem Fahrrad in die Schule gefahren hat?« Er hatte dieselbe Stimme wie mein Vater. Gegen fünf Uhr sind die Gäste gegangen. Stumm rückten wir die Tische wieder an ihren Platz zurück. Mein Mann nahm noch am selben Abend wieder den Zug.

Wegen der üblichen Laufereien und Formalitäten nach einem Todesfall bin ich noch einige Tage bei meiner Mutter geblieben. Eintragung in das Familienbuch im Rathaus, Bezahlung des Beerdigungsinstituts, Antworten auf Kondolenzbriefe. Neue Visitenkarten, Madame, *Witwe* A . . . D . . . Ein gedankenloser Zeitabschnitt. Mehrere Male, während ich durch die Straßen lief: »Ich bin erwachsen« (meine Mutter früher: »Du bist ein großes Mädchen« wegen der Regel).

Wir suchten die Kleidungsstücke meines Vaters zusammen, um sie unter denen zu verteilen, die sie brauchen konnten. In seiner Jacke, die er jeden Tag trug und die im Keller hing, fand ich seine Brieftasche. Sie enthielt etwas Geld, seinen

Führerschein und in einem zuklappbaren Teil ein Photo, das in einem zusammengefalteten Zeitungsausschnitt steckte. Das alte Photo mit den zerfransten Rändern zeigte eine in drei Reihen hintereinander aufgestellte Gruppe von Arbeitern, die alle mit einer Mütze auf dem Kopf ins Objektiv starrten. Ein typisches Photo für Geschichtsbücher, um einen Streik oder die Volksfront zu »illustrieren«. Ich erkannte meinen Vater in der letzten Reihe, mit ernster, fast sorgenvoller Miene. Viele lachen. Der Zeitungsausschnitt berichtete in der richtigen Rangfolge über die Ergebnisse der Aufnahmeprüfung der Abiturientinnen, die sich im Pädagogischen Institut, der *Ecole Normale*, einschreiben wollten. Ich stand an zweiter Stelle.

Meine Mutter fand ihre Ruhe wieder. Sie bediente die Kunden wie früher. Nur ihre Züge erschlafften. Sie gewöhnte sich an, jeden Morgen in aller Frühe, bevor die Geschäfte aufmachten, zum Friedhof zu gehen.

Am Sonntag versuchte ich auf der Rückfahrt im Zug, meinen Sohn zu unterhalten, damit er sich ruhig verhielt. Erster-Klasse-Reisende mögen lärmende und zapplige Kinder nicht. Mit einem Mal, betroffen: »So, jetzt bin ich wirklich eine richtige Bourgeoise«, und »es ist zu spät«.

Später, während ich im Laufe des Sommers auf meine erste Anstellung wartete: »Ich muß das alles erklären.« Ich wollte erzählen, über meinen Vater schreiben, über sein Leben und diese Distanz, die sich zwischen ihn und mich, als ich heranwuchs, geschoben hatte. Eine Distanz des Klassenunterschieds, aber so, daß man sie nicht näher beschreiben kann. Wie eine Liebe, die man auseinandergebracht hat.

Ich habe dann einen Roman geschrieben, in dem er die Hauptfigur ist. Ein Gefühl des Ekels im Zentrum der Erzählung.

Seit kurzem weiß ich, daß der Roman keine Lösung ist. Um ein Leben wiederzugeben, das von der Not bestimmt war, habe ich nicht das Recht, als erstes zu den Mitteln der Kunst zu greifen, auch nicht, etwas »Aufregendes« oder »Bewegendes« zu schaffen. Ich werde die Worte, die Gesten und Neigungen meines Vaters sammeln, die herausragenden Gegebenheiten in seinem Leben, alle die objektiven Merkmale einer Existenz, an der auch ich teilhatte.

Keinerlei Poesie der Erinnerung, kein fröhlicher Spott. Die simple Schreibweise kommt wie von selbst. So hatte ich auch früher an meine Eltern geschrieben, um ihnen die wesentlichen Neuigkeiten zu berichten.

Die Geschichte beginnt einige Monate vor Anfang des zwanzigsten Jahrhunderts in einem Dorf des Caux-Gebiets (Normandie), 25 Kilometer vom Meer entfernt. Wer keinen eigenen Grund und Boden hatte, verdingte sich bei den großen Bauern der Region. Mein Großvater arbeitete also auf einem Hof als Knecht. Im Sommer kümmerte er sich auch um das Heu, die Ernte. Er hat seit seinem achten Lebensjahr nie etwas anderes in seinem Leben gemacht. Samstagabend brachte er seiner Frau seinen ganzen Lohn, und sie gab ihm sein Sonntagsgeld, damit er Domino spielen und ein paar Gläser trinken konnte. Betrunken und noch viel düsterer kehrte er zurück. Wegen nichts schlug er mit der Mütze nach den Kindern. Er war ein harter Mann. Niemand wagte es, Händel mit ihm anzufangen. Seine Frau *lachte nicht jeden Tag*. Diese Boshaftigkeit war seine Antriebsfeder, seine Stärke, um dem Elend widerstehen und daran glauben zu können, daß er ein Mann sei. Er wurde vor allem heftig, wenn er sah, daß jemand aus der Familie in ein Buch oder eine Zeitung vertieft war. Er hatte nämlich keine Zeit gehabt, lesen und schreiben zu lernen. Rechnen, das konnte er.

Ich habe meinen Großvater nur einmal gesehen, und zwar im Krankenhaus, wo er drei Monate später starb. Mein Vater führte mich an der Hand in einem riesigen Saal zwischen zwei Bettreihen hindurch zu einem kleinen alten Mann. Er hatte schöne weiße lockige Haare. Die ganze Zeit lachte er, während er mich voller Freundlichkeit ansah. Mein Vater hatte ihm eine kleine Flasche Schnaps zugesteckt, die er unter die Bettdecke gleiten ließ. Jedesmal, wenn über ihn gesprochen wurde, ging es los mit: »Er konnte weder lesen noch schreiben«, als ob sein Leben und sein Charakter ohne diese Angaben zu Beginn nicht zu verstehen seien. Meine Großmutter aber war bei den Schwestern zur Schule gegangen. Wie alle anderen Frauen des Dorfes webte sie zu Hause für eine Fabrik in Rouen, in einem Zimmer ohne Lüftung, in das durch längliche Öffnungen, die kaum größer als Schießscharten waren, nur kümmerliches Tageslicht drang. Sie war sauber mit sich und in ihrem Haushalt, wichtigste Eigenschaft im Dorf, wo die Nachbarn das Weiß und den Zustand der zum Trocknen aufgehängten Wäsche überwachten und wußten, ob der Nachttopf jeden Tag geleert wurde oder nicht. Obwohl die Häuser durch Hecken und Büsche voneinander getrennt waren, entging dem Blick der Leute nichts, weder die Uhrzeit, zu der der Mann aus der Kneipe heimgekehrt war, noch die Woche, in der die Monatstücher im Winde hätten flattern sollen.

Meine Großmutter zeichnete sich sogar durch Vornehmheit aus; bei Festen trug sie einen falschen Papphintern, und sie pieselte nicht im Stehen unter ihren Röcken, wie die meisten Frauen vom Land dies aus Bequemlichkeit taten. Um die Vierzig herum, nachdem sie fünf Kinder geboren hatte, kamen ihr schwarze Gedanken, und sie sprach tagelang kein Wort mehr. Später Rheumatismus in den Händen und in den Beinen. Heilung suchte sie beim heiligen Riquier oder dem heiligen Guillaume du Désert, sie rieb die Statue mit einem Tuch, das sie sich dann auf die kranken Stellen legte. Nach und nach hörte sie auf zu gehen. Ein Pferdewagen wurde gemietet, um sie zu den Heiligen zu fahren.

Sie wohnten in einem niedrigen Haus mit Reetdach und Lehmfußboden. Es genügte, ihn zu besprengen, ehe man fegte. Sie lebten von den Erzeugnissen des Gartens und des Hühnerstalls, von der Butter und der Milch, die der Bauer meinem Großvater überließ. Monate im voraus dachten sie an die Hochzeiten und Kommunionsfeste – mit drei Tage ausgehungerten Mägen kamen sie dort an, um alles besser auskosten zu können. Ein Kind aus dem Dorf, das sich gerade von Scharlach erholte, starb, weil es beim Erbrechen der Geflügelstücke erstickte, mit denen man es vollgestopft hatte. Im Sommer gingen sie an den Sonntagen zu den »Versammlungen«, wo gespielt und getanzt wurde. Eines Tages rutschte mein Vater von hoch oben einen Klettermast herunter, ohne den Freßkorb ausgehängt zu haben. Die Wut meines Großvaters währte Stunden. »Schwachkopf!«

Das Kreuzzeichen auf dem Brot, die Messe, Ostern. Wie Sauberkeit verlieh ihnen die Religion Würde. Sie zogen sich sonntäglich an, sangen zur selben Zeit wie die dicken Bauern das Credo und legten Münzen in die Opferschale. Mein Vater war Chorknabe, er liebte es, den Pfarrer zu einer Letzten Ölung zu begleiten. Unterwegs nahmen alle Männer ihre Mützen ab.

Die Kinder hatten immer Würmer. Um sie zu vertreiben, nähte man ihnen innen ins Hemd in Nabelnähe einen kleinen Beutel mit Knoblauch. Im Winter bekamen sie Watte in die Ohren. Wenn ich Proust oder Mauriac lese, glaube ich nicht, daß sie die Zeit heraufbeschwören, in der mein Vater ein Kind war. Seine Welt war das Mittelalter. Um zur Schule zu gelangen, ging er zwei Kilometer zu Fuß. Jeden Montag inspizierte der Lehrer die Fingernägel, den oberen Rand des Unterhemds und die Haare wegen des Ungeziefers. Er war streng, als Strafe Schläge mit dem Eisenlineal auf die Finger, *respektiert*. Einige seiner Schüler waren unter den ersten des Bezirks, als sie den Abschluß erreichten, ein oder zwei schafften den Sprung in die Ausbildung als Volksschullehrer. Mein Vater fehlte immer wieder in der Schule wegen der aufzulesenden Äpfel, wegen des Heus, des zu bündelnden Strohs, wegen all des Säens und Erntens. Wenn er mit seinem älteren Bruder wieder in der Schule erschien, brüllte der Lehrer: »Eure Eltern wollen wohl, daß es euch genauso mies geht wie ihnen!« Meinem Vater ist es gelungen, lesen und fehlerlos schreiben zu lernen. Er lernte gern. (Man sagte ganz einfach lernen, wie essen oder trinken.) Er zeichnete auch gern, Köpfe, Tiere. Mit zwölf Jahren befand er sich in der Abschlußklasse. Mein Großvater nahm ihn aus der Schule, um ihn gleich auf den Hof zu stecken, wo er selbst war. Als Nichtstuer konnte man ihn nicht mehr ernähren. »Man dachte nicht darüber nach, es war für alle gleich.«

Das Lesebuch meines Vaters hieß: »Zwei Kinder machen eine Reise durch Frankreich«. Dort standen seltsame Sätze wie:

»Wir sollten lernen, immer mit unserem Schicksal zufrieden zu sein.« (S. 186 der 326. Auflage)

»Das Schönste in der Welt ist die Barmherzigkeit für die Armen.« (S. 11)

»Eine durch Zuneigung verbundene Familie besitzt den größten Reichtum.« (S. 260)

»Das Beglückendste am Reichtum ist, daß man das Elend der anderen erleichtern kann.« (S. 130)

Die beste Anleitung für arme Kinder steckt in folgendem:

»Der aktive Mann verliert nicht eine Minute, und am Ende des Tages zeigt es sich, daß ihm jede Stunde etwas gebracht hat. Der Nachlässige dagegen schiebt Mühevolles immer auf ein ander Mal; er schläft ein und vergißt überall die Zeit, ebenso im Bett wie am Tisch wie bei der Unterhaltung; der Tag neigt sich dem Ende zu, er hat nichts zustande gebracht; die Monate und Jahre gehen dahin, das Alter kommt, und er steht immer noch an derselben Stelle.«

Das ist das einzige Buch, an dessen Inhalt er sich noch erinnerte, »das erschien uns wirklich«.

Jeden Morgen um fünf Uhr ging er daran, die Kühe zu melken, die Ställe zu reinigen, die Pferde zu striegeln, und am Abend molk er wieder die Kühe. Dafür bekam er Kleidung, Essen, einen Schlafplatz und ein wenig Geld. Er schlief oberhalb des Stalls, ein Strohlager ohne Leintücher. Die Tiere träumten, stampften die ganze Nacht auf den Boden. Er dachte an sein Elternhaus, einen Ort, der ihm nun untersagt war. Manchmal erschien eine seiner Schwestern, eine Magd, mit ihrem Bündel am Zaun, stumm. Der Großvater fluchte, sie konnte es nicht erklären, warum sie sich wieder einmal von ihrem Arbeitsplatz weggestohlen hatte. Noch am selben Abend führte er sie unter Vorhaltungen zu ihren Arbeitgebern zurück.

Mein Vater war ein fröhlicher Mensch, hatte Freude am Spiel und war immer bereit, Geschichten zu erzählen, Unsinn zu machen. Auf dem Hof gab es niemanden sonst in seinem

Alter. Sonntags war er mit seinem Bruder, Viehknecht wie er, als Meßdiener in der Kirche. Er ging zu den »Versammlungen«, tanzte, traf Schulfreunde wieder. *Trotz allem war man glücklich. Mußte man wohl auch.*

Er ist bis zum Regiment Bauerngehilfe geblieben. Die Arbeitsstunden wurden nicht gezählt. Die Bauern knauserten mit dem Essen. Eines Tages war das Stück Fleisch auf dem Teller eines alten Knechts leicht gewellt, unten drunter war es voller Maden. Das Erträgliche war damit überschritten. Der Alte erhob sich und forderte, daß sie nicht mehr wie die Hunde behandelt würden. Er bekam ein anderes Stück Fleisch. Es ist nicht der *Panzerkreuzer Potemkin.*

Kühe am Morgen, Kühe am Abend, der Oktober-Nieselregen, die Körber voller Äpfel, die man in die Kelter schüttet, der Hühnerdreck, den man mit großen Schaufeln entfernt, Schweiß und Durst. Aber auch der Dreikönigskuchen, das Vermot-Jahrbuch,* die gerösteten Kastanien, Faschingsdienstag, geh nicht weg, wir backen Crêpes, der verkorkte Apfelwein und die mit einem Zweig aufgespießten Frösche. Es wäre einfach, etwas in dieser Art zu machen. Die ewige Wiederkehr der Jahreszeiten, die einfachen Freuden und die Stille der Felder. Mein Vater bearbeitete den Boden anderer, er hat seine Schönheit nicht gesehen, die Pracht von Mutter Erde und andere Mythen sind ihm entgangen.

Während des 14er Krieges blieben nur die jungen Leute wie mein Vater und die Alten auf den Höfen. Man faßte sie mit Samthandschuhen an. Er folgte dem Vormarsch der Armeen auf einer Karte, die in der Küche hing, entdeckte die Boulevard-Zeitungen und ging in Y . . . ins Kino. Jeder las die Untertitel laut mit, viele schafften es nicht in der Zeit, sie zu Ende zu lesen. Er sagte Slang-Wörter, die sein auf Urlaub heimkehrender Bruder mitbrachte. Die Frauen im Dorf überwachten jeden Monat die Wäsche derjenigen, deren Mann an der Front war, um zu prüfen, ob auch nichts fehlte, kein Wäschestück.

* eine Art »Who's who?«

Der Krieg brachte alles durcheinander. Im Dorf spielte man Jo-jo, und in den Cafés trank man Wein statt Apfelwein. Auf den Bällen hatten es die Mädchen immer weniger mit den Bauernburschen, denen ständig ein Geruch anhaftete.

Durch das Regiment hat sich meinem Vater die Welt aufgetan. Paris, die Metro, eine Stadt in Lothringen, eine Uniform, durch die sie alle gleich waren, Kameraden, die von überall herkamen, die Kaserne, größer als ein Schloß. Er hatte das Recht, die vom Apfelwein zerfressenen Zähne gegen ein Gebiß auszutauschen. Er ließ sich häufig photographieren.

Nach seiner Heimkehr wollte er nicht mehr in die »Bodenkultur« zurück. So nannte er immer die Landarbeit, die andere Bedeutung von Kultur, die geistige, nutzte er nicht.

Natürlich keine andere Wahl als die Fabrik. Am Ende des Krieges wurde Y . . . allmählich industrialisiert. Mein Vater trat in eine Seilerei ein, die Jungen und Mädchen von ihrem 13. Lebensjahr an einstellte. Es war eine saubere Arbeit, ohne den Unbilden des Wetters ausgesetzt zu sein. Es gab Toiletten und Ankleideräume, nach Geschlechtern getrennt, feste Arbeitszeiten. Wenn abends die Sirene geheult hatte, war er frei, und auf ihm lastete nicht mehr das Melken. Der untersten sozialen Schicht entkommen. In Rouen oder Le Havre gab es besser bezahlte Arbeit, nur hätte er die Familie, die Mutter in ihrer Qual verlassen und sich den gewieften Stadtburschen stellen müssen. Er war alles andere als ein Draufgänger: acht Jahre Viecher und Felder.

Er war ein ernsthafter Mann, das heißt für einen Arbeiter, er verstellte sich nicht, trank nicht, trieb sich nicht herum. Kino und Charleston ja, aber keine Kneipen. War bei den Chefs wohl angesehen. Weder Gewerkschaft noch Politik. Er hatte sich ein Fahrrad gekauft, jede Woche legte er Geld beiseite. Meine Mutter muß das alles sehr geschätzt haben, als sie ihm, nachdem sie in einer Margarinefabrik gearbeitet hatte, in der Seilerei begegnete. Er war groß, dunkelhaarig, hatte blaue Augen, hielt sich sehr gerade und hatte ein gewisses Selbstvertrauen. »Mein

Mann hat nie wie ein Arbeiter ausgesehen.« Sie hatte ihren Vater verloren. Meine Großmutter saß zu Hause am Webstuhl, wusch und bügelte für andere, um die letzten ihrer sechs Kinder großzuziehen. Sonntags kaufte meine Mutter mit ihren Schwestern beim Konditor eine Tüte Kuchenkrumen. Sie haben sich nicht sofort treffen können, meine Großmutter wollte nicht, daß man ihr die Töchter zu früh nahm, bei jedem Mal gingen damit drei Viertel eines Lohns verloren.

Die Schwestern meines Vaters, die im Haus feiner bürgerlicher Familien angestellt waren, betrachteten meine Mutter von oben herab. Den Fabrikmädchen wurde vorgeworfen, daß sie keine Betten machen könnten, sich herumtrieben. Im Dorf meinte man, sie habe einen schlechten Geschmack. Sie wollte die Mode aus den Zeitungen nachahmen, hatte sich als eine der ersten die Haare kurz schneiden lassen, trug kurze Röcke und bemalte sich Augen und Fingernägel. Sie lachte laut. In Wahrheit hat sie sich nie in den Toiletten betatschen lassen, sie ging jeden Sonntag zur Kirche und versah ihre Bettücher selbst mit Hohlsaum, bestickte selbst ihre Aussteuer. Sie war eine lebhafte, schlagfertige Arbeiterin. Einer ihrer Lieblingssätze: »Diesen Leuten reiche ich bei weitem das Wasser.«

Auf ihrem Hochzeitsphoto sieht man ihre Knie. Unter dem Schleier, der ihre Stirn bis zu den Augen verhüllt, blickt sie fest ins Objektiv. Sie ähnelt Sarah Bernhardt. Mein Vater steht aufrecht neben ihr mit einem kleinen Schnurrbart und einem echten »Vatermörder«. Keiner von beiden lächelt.

Der Liebe hat sie sich immer geschämt. Sie haben nie miteinander gekost, auch keinerlei zärtliche Gesten füreinander gehabt. Vor mir küßte er sie mit einem plötzlichen Ruck des Kopfes auf die Backe, wie aus Verpflichtung. Häufig sagte er ordinäre Dinge zu ihr, dabei sah er sie jedoch fest an, und sie senkte die Augen, das Lachen verbeißend. Als ich größer wurde, begriff ich, daß er sexuelle Anspielungen machte. Er summte häufig »Parlez-moi d'amour«, sie sang bei Familienmahlzeiten sinnverwirrend »Voici mon corps pour vous aimer« (Hier ist mein Körper, um Sie zu lieben). Er hatte gelernt, welche Voraussetzung wesentlich war, um nicht in das gleiche Elend wie die Eltern zu verfallen: sich nicht bei einer Frau zu *vergessen.*

In Y ... mieteten sie eine Wohnung in einem Häuserblock an einer belebten Straße, der auf der anderen Seite auf einen großen Gemeinschaftshof hinausging. Zwei Räume unten, zwei im ersten Stock. Für meine Mutter vor allem war der Traum der »Zimmer oben« verwirklicht. Mit dem Gesparten meines Vaters hatten sie alles, was sie brauchten, ein Eßzimmer und ein Schlafzimmer mit Spiegelschrank. Als eine kleine Tochter geboren wurde, blieb meine Mutter zu Hause. Sie langweilte sich. Mein Vater fand bei einem Dachdecker eine besser bezahlte Stelle als in der Seilerei.

Sie war es, die die Idee hatte, als mein Vater eines Tages ohne Stimme nach Hause gebracht wurde. Er war von einem Dachstuhl gefallen, den er reparierte, nur eine starke Gehirnerschütterung. Ein Geschäft aufmachen. Sie begannen von neuem zu sparen, viel Brot und viel Wurst. Unter all den Möglichkeiten kam für sie nur eine in Frage, wo kein übermäßiges Eigenkapital und keine besonderen Fähigkeiten erforderlich waren, einfach nur Kauf und Wiederverkauf von Waren. Ein Geschäft, das nicht teuer ist, weil man dabei wenig verdient. An Sonntagen sahen sie sich mit den Fahrrädern in ihrem Viertel die kleinen Kneipen an und auf dem Land die Krämerläden. Sie erkundigten sich, ob es in der Nähe keine Konkurrenten gab. Sie hatten Angst, übers Ohr gehauen zu werden, alles zu verlieren und schließlich wieder in den *Arbeiterstand zurückzufallen.*

L ... dreißig Kilometer von Le Havre entfernt: Im Winter heben sich dort den ganzen Tag die Nebel nicht, vor allem nicht in dem kesselförmig eingeschlossenen Teil der Stadt, am Fluß entlang, im Tal, dem Vallée. Ein Arbeiterghetto umgab eine Textilfabrik, bis in die fünfziger Jahre eine der größten im Gebiet, die der Familie Desgenetais gehörte und dann von Boussac gekauft wurde. Nach der Schule traten dort die Mädchen am Webstuhl an, eine Kinderkrippe nahm später von sechs

Uhr morgens an ihre Kinder auf. Ebenso arbeiteten dort drei Viertel der Männer. Mitten im Kessel das einzige Café und Lebensmittelgeschäft des Vallée. Die Decke hing so tief, daß man sie mit ausgestreckter Hand berühren konnte. Dunkle Räume, die am hellen Tag beleuchtet werden mußten, ein winziger Hof mit einem Toilettenhäuschen, aus dem sich alles direkt in den Fluß ergoß. Die Umgebung war ihnen nicht gleichgültig, aber sie *mußten leben.*

Sie haben das Ganze auf Kredit gekauft.

Am Anfang das Schlaraffenland. Regale voller Nahrungsmittel und Getränke, Pastetenbüchsen, Keksschachteln. Erstaunen auch darüber, daß man jetzt so einfach Geld verdienen konnte, mit so geringem körperlichen Aufwand, bestellen, ordnen, wiegen, rechnen, danke für den Spaß. In den ersten Tagen sprangen sie beim ersten Türläuten zusammen in den Laden, vervielfachten die rituellen Fragen »und was noch?«. Es machte ihnen Spaß, und man nannte sie »Patron« und »Patronne.«

Zweifel tauchten mit der ersten Frau auf, die, nachdem sie ihre Waren eingepackt hatte, mit leiser Stimme sagte; ich bin im Augenblick nicht gut bei Kasse, könnte ich Samstag bezahlen? Ihr folgten weitere. Die Schiefertafel oder zurück in die Fabrik. Die Schiefertafel schien ihnen das kleinere Übel.

Um zurechtzukommen, bloß keine Wünsche. Niemals einen Apéritif oder gute Büchsen außer sonntags. Unbedingt den Brüdern und Schwestern aus dem Weg gehen, die sie vorher bewirtet hatten, um zu zeigen, daß sie es sich leisten konnten. Fortwährende Angst, die *Bestände aufzuessen.*

In jener Zeit kam ich im Winter häufig außer Atem und halb verhungert aus der Schule. Nirgendwo Licht bei uns. Sie waren alle beide in der Küche, er saß am Tisch und sah aus dem Fenster, meine Mutter stand am Gasherd. Dumpfes Schweigen fiel mich an. Manchmal er oder sie: »Wir müssen verkaufen.« Es lohnte sich für mich nicht mehr, mit den Hausaufgaben zu beginnen. Die Leute gingen *anderswo* hin, zum Coop, zum Familistère, ganz gleich wo. Der Kunde, der dann ganz unschuldig die Tür aufstieß, wirkte wie eine einzige Verhöhnung. Er wurde wie ein Hund aufgenommen, und er bezahlte für all diejenigen, die nicht kamen. Wir fühlten uns verlassen.

Das Laden-Café des Vallée brachte nicht mehr als den Lohn eines Arbeiters ein. Mein Vater verdingte sich auf einer Baustelle an der unteren Seine. Er arbeitete mit Riesenstiefeln im Wasser. Schwimmen zu können war keine Voraussetzung. Meine Mutter führte das Geschäft tagsüber allein. Halb Kaufmann, halb Arbeiter, an zwei Fronten zugleich, das bedeutete Einsamkeit und Mißtrauen. Er gehörte keiner Gewerkschaft an. Er fürchtete sich vor den Croix-de-Feu, die durch L... marschierten, und vor den Roten, die ihm seinen Besitz nehmen würden. Er behielt seine Gedanken für sich. *Man braucht sie im Geschäft nicht.*

Allmählich haben sie es zu etwas gebracht, immer dem Elend nahe und kaum je darüber hinaus. Der Kredit verband sie mit den kinderreichen Arbeiterfamilien, jenen, die am wenigsten hatten. Sie lebten von den Bedürfnissen der anderen, aber mit Verständnis, und lehnten es selten ab, es »anzuschreiben«. Dennoch fühlten sie sich im *Recht,* den Unbekümmerten eine *Lektion zu erteilen* oder einem Kind zu drohen, das seine Mutter zum Ende der Woche absichtlich ohne Geld zum Einkaufen schickte. »Sag deiner Mutter, sie soll sich anstrengen, zu bezahlen, sonst verkauf ich ihr nichts mehr.« Zu den am stärksten Gedemütigten gehören sie hier nicht mehr.

Sie war mit ganzem Herzen Chefin, die »Patronne«, und zwar im weißen Kittel. Er behielt beim Bedienen seinen Arbeitsanzug an. Sie sagte nicht wie die anderen Frauen: »Mein Mann macht Krach, wenn ich dieses kaufe oder wenn ich irgendwohin gehe.«

Sie machte ihm die Hölle heiß, damit er wieder zur Messe ging, was er im Regiment aufgegeben hatte, und damit er sich seine *schlechten Manieren* abgewöhnte (das heißt die der Bauern und der Arbeiter). Er überließ es ihr, sich um die Bestellungen und den Umsatz zu kümmern. Sie war eine Frau, die überall hingehen, anders ausgedrückt, die sich über die sozialen Schranken hinwegsetzen konnte. Er bewunderte sie, aber er machte sich über sie lustig, wenn sie sagte: »Mir ist ein Wind entfahren.«

Er bekam eine Anstellung in den Ölraffinerien von Standard an der Seine-Mündung. Er machte Schichtarbeit. Tagsüber konnte er nicht schlafen wegen der Kunden. Er fing an aufgedunsen auszusehen, der Ölgestank hing immer an ihm, er steckte in ihm und ernährte ihn. Er aß nicht mehr. Er verdiente viel, und es gab eine Zukunft. Man versprach den Arbeitern eine prächtige Stadt mit Badezimmern und Toiletten in den Wohnungen, einen Garten.

In dem Vallée hoben sich die Herbstnebel den ganzen Tag nicht. Bei starken Regenfällen überflutete der Fluß die Häuser. Um mit den Wasserratten fertigzuwerden, kaufte er eine kurzhaarige Hündin, die ihnen mit einem Biß das Rückgrat brach.

»Andere waren unglücklicher als wir.«

36, die Erinnerung an einen Traum, das Erstaunen über eine Macht, die er nicht für möglich gehalten hätte, und die Resignation in der Gewißheit, daß sie sie nicht halten könnten.

Das Laden-Café machte niemals zu. Er bediente nun während seines bezahlten Urlaubs. Die Familie kam häufig und ließ es sich wohl sein. Sie freuten sich, daß sie dem Kupfer schmiedenden Schwager oder dem Eisenbahner den Anblick des Überflusses bieten konnten. Hinter ihrem Rücken wurden sie als Reiche bezeichnet, ein Schimpfwort. Er trank nicht. Er versuchte, seine Würde zu bewahren. Mehr den Eindruck eines Kaufmanns als den eines Arbeiters zu machen. In der Raffinerie war er zum Vorarbeiter aufgestiegen.

Ich schreibe langsam. Während ich den wesentlichen Faden eines Lebens innerhalb einer Gesamtheit von festen Gegebenheiten und den Möglichkeiten der Wahl aufzurollen versuche, habe ich den Eindruck, als ob mir das eigentümliche Gesicht meines Vaters allmählich entglitte. Der Entwurf ist dabei, den ganzen Platz einzunehmen, der Gedanke, sich zu verselbständigen. Wenn ich dagegen die Bilder aus der Erinnerung an mir vorbeiziehen lasse, sehe ich ihn wieder, wie er war. Sein Lachen, seinen Gang, wie er mich an der Hand zum Rummelplatz führt und die Karussells mir Angst machen; alle die Merkmale eines sozialen Standes, den man mit anderen teilte, werden mir gleichgültig. Jedesmal reiße ich mich selbst aus der Falle des Individuellen.

Natürlich keinerlei Freude am Schreiben, da ich mich bei diesem Unterfangen so genau wie möglich an den Sinn der gehörten Worte und Sätze halte, die ich manchmal durch Kursivsetzung unterstreiche. Dies tue ich nicht, um den Leser auf eine Doppeldeutigkeit hinzuweisen und das Vergnügen einer Komplizenschaft anzubieten – sie lehne ich in all ihren Formen, Nostalgie, Pathos oder Spott, ab. Einfach nur, weil diese Worte und diese Sätze die Farbe und die Grenzen der Welt mitteilen, in der mein Vater gelebt, in der ich gelebt habe. Und dort konnte man kein Wort durch ein anderes ersetzen.

Das kleine Mädchen ist eines Tages mit Halsschmerzen aus der Schule gekommen. Das Fieber ging nicht herunter, es war Diphtherie. Wie alle die anderen Kinder des Vallée war es nicht geimpft. Mein Vater war in der Raffinerie, als es starb. Als er nach Hause kam, hörte man ihn schon von oben auf der Straße brüllen. Wochenlang Stumpfsinn, dann Anfälle von Melancholie, er blieb stumm am Tisch sitzen und starrte aus dem Fenster. Er *regte sich auf* wegen nichts. Meine Mutter erzählte, wobei sie ein Tuch aus ihrem Kittel zog und sich die Augen wischte: »Sie starb mit sieben Jahren, wie eine kleine Heilige.«

Ein Photo, aufgenommen im kleinen Hof am Flußufer. Ein weißes Hemd mit aufgekrempelten Ärmeln, eine Hose, zweifellos aus Flanell, abfallende Schultern, die Arme leicht angewinkelt. Unzufriedener Gesichtsausdruck, vielleicht weil er vom Objektiv überrascht wurde, bevor er sich in Positur gestellt hatte. Er war vierzig Jahre alt. Nichts auf dem Bild, das Aufschluß über vergangenen Schmerz oder Hoffnung geben könnte. Einfach nur die deutlichen Merkmale der Zeit, ein bißchen Bauch, die schwarzen Haare, die sich an den Schläfen lichteten, die diskreteren des sozialen Standes, diese Arme, die vom Körper abstanden, die Toilettenhäuschen und das Waschhaus, die ein kleinbürgerliches Auge nicht als Hintergrund für ein Photo gewählt hätte.

1939 wurde er nicht eingezogen, schon zu alt. Die Deutschen steckten die Raffinerien in Brand, und er machte sich mit dem Fahrrad über die Landstraßen davon, während sie das Glück hatte, in einem Auto mitgenommen zu werden, sie war im sechsten Monat schwanger. In Pont-Audemer trafen ihn Granatsplitter ins Gesicht, und er ließ sich in der einzigen Apotheke, die offen hatte, verbinden. Die Bombardierung ging weiter. Er fand seine Schwiegermutter und seine Schwägerinnen mit ihren Kindern und Paketen auf den Stufen der Basilika von Lisieux wieder, die ebenso wie der Platz davor schwarz von Flüchtlingen waren. Sie glaubten sich in Sicherheit. Als die Deutschen sie eingeholt hatten, kehrte er nach L . . . zurück. Der Laden war von oben bis unten von denen geplündert worden, die nicht hatten fliehen können. Meine Mutter ist dann auch zurückgekommen, und ich wurde im darauffolgenden Monat geboren. Wenn wir in der Schule ein Problem nicht begriffen, nannte man uns Kriegskinder.

Das Epos der bis in die Mitte der fünfziger Jahre reichenden Epoche mit den Kommunions- und Weihnachtsfeierlichkeiten wird durch mehrere Stimmen deutlich werden. Immer wieder tauchen die Themen der Angst, des Hungers und der Kälte während des Winters von 1942 auf. *Wir mußten trotz allem leben.* Jede Woche schaffte mein Vater in einem Wägelchen, das hinten am Fahrrad befestigt war, aus einem dreißig Kilometer entfernten Lager die Waren herbei, die die Großhändler nicht lieferten. Während in jenem Teil der Normandie 1944 unablässig die Bomben fielen, holte mein Vater weiter die Lebensmittel, forderte Zuschläge für die Alten, die kinderreichen Familien, für alle, die an den Schwarzmarkt nicht herankamen. Man betrachtete ihn im Vallée als Helden der Proviantbeschaffung. Es war nicht Neigung, sondern Notwendigkeit. Später die Sicherheit, eine Rolle gespielt, in jenen Jahren wirklich gelebt zu haben. Sonntags schlossen sie den Laden, gingen in den Wäldern spazieren und picknickten mit Pudding, an dem die Eier fehlten. Singend und pfeifend trug er mich auf den Schultern. Bei Alarm quetschten wir uns mit der Hündin unter den Billardtisch. Bei alldem dann das Gefühl, daß »es Schicksal war«. Bei der Befreiung lehrte er mich die Marseillaise, fügte jedoch am Schluß »tas de cochons« (Haufen Schweine) hinzu, um es mit »sillon« zu reimen. Wie alle Leute ringsum war er ausnehmend fröhlich. Hörte man ein Flugzeug, führte er mich an der Hand auf die Straße und forderte mich auf, den Himmel, den Vogel zu betrachten: der Krieg war zu Ende.

Von der allgemeinen hoffnungsfrohen Stimmung 1945 mitgerissen, beschloß er, das Vallée zu verlassen. Ich war oft krank, und der Arzt wollte mich in eine Lungenheilstätte schicken. Sie verkauften den Laden, um nach Y . . . zurückzukehren, da ihnen das windige Klima, ohne daß ein Fluß oder ein Bach in der Nähe wären, gut für die Gesundheit erschien. Der Umzugswagen, in dessen Fahrerhäuschen wir untergebracht waren, kam in Y . . . mitten im oktoberlichen Jahrmarktsrummel an. Die Stadt war von den Deutschen niedergebrannt worden, die Buden und Karussells ragten zwischen den Trümmern heraus. Drei Monate lang wohnten sie in einer möblierten Zwei-Zimmer-Wohnung ohne elektrisches Licht und mit Lehmfußboden, die ihnen ein Verwandter geliehen hatte. Kein Geschäft, das ihren Mitteln entsprach, stand zum Verkauf. Er ließ sich von der Stadt zum Aufschütten der Bombenlöcher einstellen. Abends sagte sie, während sie sich an der Stange für die Küchentücher festhielt, die die alten Herde umgab: »Was für eine Stellung!« Er gab nie eine Antwort. Nachmittags ging sie mit mir in der ganzen Stadt spazieren.

Nur das Zentrum war zerstört worden, die Geschäfte waren in Privathäusern untergebracht. Um das Ausmaß der Entbehrung zu ermessen, ein Bild: Eines Tages – es ist schon dunkel – glitzern in der Auslage eines kleinen Fensters, dem einzigen, das in der Straße erleuchtet ist, ovale, rosafarbene, mit Puderzucker bedeckte Bonbons in Cellophantüten. Ohne Marken hatte man kein Recht darauf.

Sie fanden einen Laden, der den Verkauf von Lebensmitteln, Holz und Kohle mit einem Café verband, außerhalb des Zentrums, auf halbem Weg zwischen Bahnhof und Krankenhaus. Früher ist dort meine Mutter als kleines Mädchen einkaufen gegangen. Ein bäuerliches Haus, das durch einen roten Backsteinanbau erweitert worden war, mit einem großen Hof, einem Garten und einem halben Dutzend Häuschen, die als Lager dienten. Im Parterre verband ein winziger Raum den Lebensmittelladen mit dem Café. Von dort führte die Treppe zu den Schlafzimmern und zum Speicher. Obwohl dieser Raum die Küche geworden war, benutzten die Kunden ihn immer wieder als Durchgang vom Laden zum Café. Auf den Treppenstufen waren bis hinauf zu den Schlafzimmern jene Produkte gelagert, die keine Feuchtigkeit vertrugen, wie Kaffee und Zucker. Im Parterre gab es keinen privaten Ort. Die Toiletten waren im Hof. Wir lebten endlich in der *guten Luft.*

Das Leben meines Vaters als Arbeiter endet hier.

Es gab mehrere Cafés in der Nähe des seinen, aber weit und breit kein weiteres Lebensmittelgeschäft. Das Zentrum wurde lange Zeit nicht wieder aufgebaut, und die schönen Lebensmittelgeschäfte aus der Zeit vor dem Krieg waren in gelben Baracken untergebracht. Niemand, der ihnen hätte *schaden* können. (Dieser Ausdruck ist wie viele andere untrennbar mit meiner Kindheit verbunden, ich muß schon scharf nachdenken, um daraus die Drohung herauszuschälen, die damals in dem Wort steckte.) Die Bevölkerung des Viertels, nicht durchgehend Arbeiterschaft wie in L . . ., setzte sich aus Handwerkern, Angestellten des Gaswerks oder kleinerer Fabriken und Pensionären des Typus »wirtschaftlich schwach« zusammen. Mehr Distanz zwischen den Leuten. Durch Gitter voneinander getrennte Mühlsteinhäuschen neben Blöcken von fünf oder sechs etagenlosen Häusern mit Gemeinschaftshof. Überall kleine Gemüsegärten.

Ein Café für Stammgäste, Leute, die regelmäßig vor oder nach der Arbeit trinken, für die der Ort heilig ist, Bauarbeiter, einige Kunden, deren *Situation* es ihnen erlaubt hätte, sich einen weniger volkstümlichen Ort auszusuchen, ein pensionierter Marineoffizier, ein Beamter der Sozialversicherung, also *keine stolzen* Leute. Sonntags eine andere Kundschaft, ganze Familien zum Apéritif, Apfelsaft für die Kinder, alles gegen elf Uhr. Nachmittags die Alten aus dem Altersheim, die bis sechs Uhr Ausgang hatten, fröhlich lärmend, ein paar Schlager trällernd. Manchmal mußte man sie in einem Gebäude im Hof auf einer Decke ihren Rausch ausschlafen lassen, ehe man sie wieder vorzeigbar zu den guten Schwestern schicken konnte. Der Sonntagsausflug ins Café ersetzte ihnen die Familie. Das gab meinem Vater das Gefühl, eine notwendige soziale Funktion zu haben und all denen, über die er sagte »sie sind nicht immer so gewesen«, ohne klar sagen zu können, warum sie so geworden waren, einen Ort zu bieten, wo sie in aller Ungezwungenheit feiern konnten. War aber offensichtlich für solche, die dort nie ihren Fuß reingesetzt hätten, »eine widerliche Kneipe«. Die Mädchen kamen aus der in der Nähe gelegenen Fabrik für Unterwäsche und begossen die Geburtstage, Hochzeiten und Abschiede. Sie holten sich im Laden Kekse, tauchten sie in den Schaumwein und brachen in prustendes Gelächter aus, wobei sie halb auf den Tischen lagen.

Wenn man schreibt, bewegt man sich auf einem schmalen Pfad zwischen dem Versuch, eine als minderwertig angesehene Lebensform wieder zu Ehren kommen zu lassen, und dem Bekenntnis, daß man sich ihr zwangsläufig entfremdet hat. Denn diese Art zu leben war nun einmal die unsere, war sogar ein Glück, aber dazu gehörten auch die demütigenden Grenzen unseres sozialen Standes (Bewußtsein, daß »es bei uns nicht fein genug ist«), und deswegen möchte ich in einem Atemzug das Glück und die Entfremdung nennen. Aber es entsteht eher der Eindruck, daß man bei diesem Widerspruch von der einen Setie zur anderen schwankt.

Um die Fünfzig herum noch im besten Mannesalter, sehr gerade gehaltener Kopf, die Miene sorgenvoll, als ob er fürchtete, das Photo könne mißlungen sein, er trägt eine Kombination, dunkle Hose, helle Jacke über einem Hemd mit Krawatte. Das Photo war an einem Sonntag aufgenommen, in der Woche trug er seinen Arbeitsanzug. Jedenfalls wurde sonntags photographiert, mehr Zeit, und man war besser gekleidet. Ich bin neben ihm abgebildet, in einem mit Volants besetzten Kleid, die Arme ausgestreckt auf der Lenkstange meines ersten Fahrrads, mit einem Fuß am Boden. Bei ihm hängt eine Hand herunter, die andere hat er an seinem Gürtel. Im Hintergrund die offene Tür des Cafés, Blumen auf dem Fenstersims, darüber die Lizenzplakette für den Getränkeausschank. Man läßt sich mit dem photographieren, auf dessen Besitz man stolz ist, dem Laden, dem Fahrrad, später dem 4CV, auf dessen Dach er sich mit einer Hand abstützt. Durch diese Geste hat sich seine Jacke übertrieben hochgezogen. Er lacht auf keinem Photo.

Im Vergleich zu den Jugendjahren – die Schichtarbeit in der Raffinerie, die Ratten des Vallée – der Augenschein von Glück.

Wir hatten alles, was wir *brauchten*, das heißt, wir aßen, wie wir Hunger hatten (Beweis, wir kauften viermal in der Woche Fleisch beim Metzger), die Küche und das Café waren geheizt, die einzigen Räume, in denen wir lebten. Zwei Kleidungsstücke, eines für täglich, das andere für sonntags (war das erste zerschlissen, wurde es durch das sonntägliche ersetzt). Ich hatte *zwei* Schulkittel. *Das Kind entbehrt nichts.* Im Pensionat konnte niemand sagen, daß ich *schlechter dran war als die anderen,* ich hatte *ebensoviel* Puppen, Radiergummis, Bleistiftspitzer, gefütterte Winterstiefel, einen Rosenkranz und ein lateinisches Meßbuch wie die Landwirts- und Apothekerstöchter.

Sie konnten das Haus verschönern, indem sie all das hinausschafften, was an alte Zeiten erinnerte, die Holzbalken, den Kamin, die Holztische und Strohstühle. Mit seiner blumenverzierten Tapete, seinem frisch gestrichenen glänzenden Tresen, seinen Tischen und Beisetztischen aus unechtem Marmor sah das Café sauber und fröhlich aus. PVC in großem, gelbbraunen Würfelmuster bedeckte den Parkettfußboden der Schlafzimmer. Einziges Kümmernis war lange Zeit nur die schwarzweiße Fachwerkfassade, die neu zu verputzen ihre Mittel überstieg. Als eine meiner Lehrerinnen einmal vorbeikam, meinte sie, das Haus sei hübsch, ein typisches Haus der Normandie. Mein Vater dachte, sie habe das nur aus Höflichkeit gesagt. Wer unsere alten Sachen bewunderte, die Wasserpumpe im Hof, das für die Normandie typische Fachwerk, wollte uns bestimmt das vermiesen, was er selbst an Modernem schon längst hatte, Leitungswasser im Spülstein und ein weißes Häuschen.

Er lieh sich Geld, um Eigentümer der vier Wände und des Grundstücks zu werden. Das war in der Familie noch niemand gewesen.

Unter der Oberfläche des Glücks die Anspannung, die mit dem so mühsam erworbenen Wohlstand einhergeht. *Ich hab keine vier Hände. Nicht mal ne Minute, um aufs Örtchen zu gehen. Die Grippe mache ich im Gehen ab.* Etc. Das tägliche Lied.

Wie die Sicht einer Welt beschreiben, in der alles *teuer* ist. Da ist der Duft der frischen Wäsche an einem Oktobermorgen, der letzte Schlager aus dem Radio klingt im Kopf nach. Plötzlich verhakt sich meine Tasche an der Lenkstange meines Fahrrads, und das Kleid zerreißt. Das Drama, die Schreie, der Tag ist hin. »Dieses Gör achtet auf nichts!«

Obligate Verherrlichung von Sachen. Und in allen Worten dieser und jener, auch in den meinigen, Neid und ständige Vergleiche heraushören. Als ich sagte: »Da hat ein Mädchen die Loire-Schlösser besucht«, gleich die Verärgerung: »Du hast noch genügend Zeit, dort hinzufahren. Freu dich über das, was du hast.« Ein ewiges Gefühl der Unvollkommenheit, ohne Grund.

Aber Begehren um des Begehrens willen, weil man im Grunde nicht weiß, was schön ist, was man lieben sollte. Mein Vater hat sich, was Farben und Formen anging, immer auf die Ratschläge des Malers oder Tischlers verlassen, *was man macht.* Unmöglich, sich vorzustellen, man könnte sich mit Gegenständen umgeben, von denen man jeden einzelnen sorgsam ausgesucht hat. In ihrem Schlafzimmer keinerlei Zierat, nur gerahmte Photos, kleine, zum Muttertag gearbeitete Tischläufer, und auf dem Kamin eine große Kinderbüste aus Ton, die der Möbelverkäufer als Prämie für den Kauf eines großen Sessels beigefügt hatte.

Leitmotiv: *Man sollte nicht höher hinauswollen, als man gelangt ist.*

Die Angst, *deplaziert* zu sein, Scham zu empfinden. Eines Tages ist er mit einer Zweiter-Klasse-Fahrkarte aus Versehen in die erste eingestiegen. Der Schaffner ließ ihn den Aufschlag zahlen. Eine andere Erinnerung an Scham: Beim Notar mußte er als erster schreiben »vorgelesen und genehmigt«, er wußte aber nicht, wie man das schreibt, und so entschied er sich für »vorgelehsen und genähmicht«. Auf der Rückfahrt Unbehagen, an nichts anderes denken können als an diese Fehler. Der Schatten von Unwürdigkeit.

In den Filmkomödien jener Epoche sah man, wie sich viele naive, bäuerliche Helden in der Stadt oder in mondänem Milieu danebenbenahmen (die Rollen Bourvils). Man lachte Tränen über ihre dümmlichen Aussprüche und die Ungeschicklichkeiten, die man selber immer fürchtete zu begehen. Einmal habe ich gelesen, daß Bécassine*, als sie in ihrer Lehrzeit einen Vogel auf ein Lätzchen und *dasselbe* auf die anderen stik-

* Ein »trotteliges« Kindermädchen aus französischen Comics

ken mußte, mit feinsten Stichen *dasselbe* stickte. Ich war mir nicht sicher, ob ich nicht auch *dasselbe* gestickt hätte.

Menschen gegenüber, die er für bedeutend hielt, war er von einer furchtsamen Scheu, er stellte nie eine Frage. Kurz, verhielt sich intelligent. Dies heißt, daß er unsere Minderwertigkeit erkannte und sie ablehnte, indem er sie so gut wie möglich verbarg. Wir haben einen ganzen Abend damit verbracht, uns zu fragen, was die Direktorin wohl damit hatte sagen wollen: »Für diese Rolle wird Ihre Tochter *Stadtkleidung* tragen.« Scham darüber, daß wir nicht wußten, was wir ohne weiteres gewußt hätten, wenn wir nicht das gewesen wären, was wir waren, nämlich minderwertig.

Eine Zwangsvorstellung: *Was wird man von uns denken?* (Die Nachbarn, die Kunden, alle Leute)

Oberste Regel: Durch Höflichkeit, Mangel an eigener Meinung und genaue Beobachtung der Launen, die einen anzufallen drohen, fortwährend den kritischen Blick der anderen überspielen. Wenn er nicht durch ein Zeichen, ein Lächeln oder ein paar Worte dazu aufgefordert wurde, sah er sich die Gemüsebeete nicht an, die der Eigentümer gerade in seinem Garten bearbeitete. Niemals ohne Aufforderung jemanden besuchen, auch keinen Kranken in der Klinik. Keine Frage stellen, in der Neugierde oder Neid zum Vorschein kommen könnte; der Gesprächspartner könnte dadurch einen Vorteil uns gegenüber gewinnen. Ein Satz, der untersagt war: »Wieviel haben Sie dafür bezahlt?«

Ich sage jetzt häufig »wir«, weil ich lange Zeit so gedacht habe, und ich weiß nicht, wann ich damit aufgehört habe.

Mundart war die einzige Sprache meiner Großeltern gewesen. Es gibt Leute, denen das »Pittoreske der Mundart« und volkstümliches Französisch gefallen. So hat Proust voll Entzücken die Fehler und veralteten Worte von Françoise hervorgehoben.

Ihm kommt es nur auf die Ästhetik an, da Françoise ja sein Dienstmädchen ist und nicht seine Mutter. Ihm selbst sind diese Wendungen nie spontan über die Lippen gekommen.

Für meinen Vater war die Mundart etwas Vergangenes und Häßliches, ein Zeichen von Minderwertigkeit. Er war stolz darauf, daß er sich zum Teil davon hatte befreien können, selbst wenn sein Französisch nicht gut war, es war doch Französisch. Bei den Kirchweihfesten von Y . . . führten redegewandte und mit normannischen Kostümen angetane Bewohner Sketches in ihrer Mundart vor und brachten das Publikum zum Lachen. Die Lokalzeitung druckte jeden Tag eine normannische Geschichte, um die Leser zu amüsieren. Wann immer der Arzt oder irgendeine andere *hochgestellte* Persönlichkeit einen auf die Gegend beschränkten Ausdruck in die Unterhaltung einfließen ließ, berichtete mein Vater voll Befriedigung einen solchen Satz meiner Mutter, glücklich in dem Glauben, daß diese an sich so schicken Leute noch etwas mit uns gemein hatten, eine kleine Minderwertigkeit. Er war davon überzeugt, daß sie sich dessen nicht bewußt waren. Denn er hat sich nie vorstellen können, daß man ganz natürlich »gut« sprechen könnte. Medizinmann oder Pfarrer – man mußte sich anstrengen, mußte sich selbst zuhören, nur bei sich zu Hause konnte man sich gehenlassen.

Redete er im Café und in der Familie viel und gern, verfiel er bei gut sprechenden Leuten in Schweigen, oder er hielt mitten im Satz inne mit den Worten »nicht wahr« oder einfach »nicht«, wobei er mit einer Geste die Person dazu aufforderte, zu verstehen und statt seiner weiterzumachen. Immer sich mit Vorsicht äußern, unsagbare Angst vor dem falschen Wort – es würde einen ebenso schlechten Eindruck machen wie einen Furz zu lassen.

Aber die großen Phrasen und neuen Ausdrücke, die »nichts besagten«, waren ihm genauso zuwider. Eine Zeitlang sagte jeder fortwährend: »Sicherlich nicht«; er verstand nicht, daß man zwei Worte sagen konnte, die einander widersprachen. Im Gegensatz zu meiner Mutter, der daran lag, als fortschrittlich zu gelten, die das, was sie gehört oder gelesen hatte, ohne eine Spur von Unsicherheit selbst anzuwenden wagte, lehnte er es ab, ein Vokabular zu benutzen, das nicht das seine war.

Als ich im Kindesalter versuchte, mich in einer gepflegten Sprache auszudrücken, hatte ich den Eindruck, in eine Leere zu stürzen.

Eine meiner Angstvorstellungen war, einen Lehrer als Vater zu haben, der mich unentwegt gezwungen hätte, richtig und gut zu sprechen, und zwar durch eine deutliche Aussprache. Man durfte nicht nuscheln.

Da meine Lehrerin mich »verbesserte«, wollte ich später meinen Vater verbessern und ihn darauf hinweisen, daß bestimmte Ausdrücke nicht *existierten*. Da überkam ihn eine unbändige Wut. Ein anderes Mal: »Wie soll man mich denn nicht verbessern müssen, wenn ihr die ganze Zeit schlechtes Französisch sprecht!« Ich weinte. Er war unglücklich. Alles, was an die Sprache rührt, ist in meiner Erinnerung – viel mehr als Geld – Anlaß zu Groll und schmerzhaften Streitereien.

Er war fröhlich.

Er scherzte mit den Kundinnen, die gerne lachten. Schlüpfrige Anspielungen, Obszönitäten. Ironie – unbekannt. Im Radio wählte er die Schlagersendungen, Spiele. War immer bereit, mich in den Zirkus, *blöde* Filme und zum Feuerwerk mitzunehmen. Auf dem Jahrmarkt fuhren wir Geisterbahn und gingen uns die dickste Frau der Welt und den Liliputaner ansehen.

Er hat nie den Fuß in ein Museum gesetzt. Er blieb vor einem schönen Garten, blühenden Bäumen oder einem Bienenstock stehen, sah den gutgebauten Mädchen nach. Er bewunderte die riesigen Häuserkonstruktionen, die großen modernen Bauten (die Brücke von Tancarville). Er liebte die Zirkusmusik, die Ausflüge im Auto aufs Land, das heißt, wenn er mit den Augen die Felder und Buchenwälder durchstreifte und wenn er das Orchester von Bouglione hörte, schien er glücklich. Gefühle, die man beim Hören einer Melodie inmitten einer Landschaft empfand, waren kein Thema für eine Unterhaltung. Als ich anfing, mich in der kleinbürgerlichen Welt von Y... zu bewegen, fragte man mich als allererstes nach meinen Neigungen, Jazz oder klassische Musik, Tati oder René Clair, dies genügte, um mir begreiflich zu machen, daß ich in eine andere Welt übergewechselt war.

Eines Sommers ist er mit mir für drei Tage zu Verwandten ans Meer gefahren. Er lief mit nackten Füßen in Sandalen herum, machte am Eingang der Blockhäuser Halt, trank auf den Caféterrassen sein Bier und ich Limonade. Für meine Tante schlachtete er ein Huhn, indem er es zwischen den Beinen hielt und ihm eine Schere in den Schnabel stieß; das dickflüssige Blut tropfte auf den Kellerfußboden. Beim Essen blieben sie alle bis in den Nachmittag hinein am Tisch sitzen, sprachen über den Krieg, die Eltern und reichten Photos um die leeren Tassen herum weiter. »Mit dem Sterben wird man sich Zeit lassen, weiter geht's!«

Vielleicht ein Hang tief drinnen, sich trotz allem nicht aufzuregen. Er entdeckte Betätigungen für sich, die ihn von dem Geschäft entfernten. Hühner und Kaninchen züchten, anbauen, eine Garage errichten. Die Anordnung des Hofes hat sich je nach seinen Einfällen oft verändert, die Toilettenhäuschen und der Hühnerstall mußten dreimal umziehen. Immer wieder die Lust, zu zerstören und neu aufzubauen.

Meine Mutter. »Er ist ein richtiger Mann vom Land, was wollt ihr?«

Er erkannte die Vögel an ihrem Gesang und betrachtete jeden Abend den Himmel, um herauszufinden, wie das Wetter werden würde, kalt und trocken, wenn er rot war, Regen und Wind, wenn der Mond im Wasser war, das heißt in den Wolken untergetaucht. Jeden Nachmittag lief er in seinen immer ordentlichen Garten. Ein schlampiger Garten mit schlecht gepflegtem Gemüse wies auf ein mieses Sich-Gehen-Lassen hin, so wie wenn man sich selbst vernachlässigt oder zuviel trinkt. In der Folge verlor man jeden Sinn für die Zeit, wie etwa, wann die Pflanzensorten in die Erde gehörten, und daß man sich auch nicht mehr um die Meinung anderer kümmerte. Manchmal nahmen notorische Säufer wieder für sich ein, wenn sie einen schönen Garten vorweisen konnten, den sie zwischen zwei Besäufnissen bearbeitet hatten. Wenn meinem Vater der Lauch oder sonstiges nicht geraten war, überfiel ihn Verzweiflung. Sobald der Tag sich neigte, leerte er den Nachteimer in die hinterste aufgegrabene Furche und geriet in Wut, wenn er beim Auskippen alte Strümpfe und Kugelschreiber entdeckte, die ich, zu faul, zum Abfalleimer hinunterzugehen, dort hineingeworfen hatte.

Zum Essen bediente er sich nur seines Taschenmessers. Er schnitt das Brot in kleine Würfel, legte sie dicht neben seinen Teller, um sich damit kleine Käse- oder Wurststückchen zu nehmen und um sie einzutauchen. Wenn er sah, daß ich den Teller nicht ganz leer aß, war er bekümmert. Man hätte den seinen wegstellen können, ohne ihn abzuwaschen. War die Mahlzeit beendet, wischte er sein Messer an seinem Arbeitsanzug ab. Hatte er Hering gegessen, stach er es in die Erde, um ihm den Geruch zu nehmen. Bis Ende der fünfziger Jahre aß er jeden Morgen Suppe, danach ließ er sich zum Milchkaffee nieder, widerwillig, als ob er weiblichen Leckereien huldigte, schlürfend trank er Löffel für Löffel – wie Suppe. Um fünf Uhr bereitete er sich sein Abendessen, Eier, Radieschen, gekochte Kartoffeln, und später begnügte er sich mit einer Suppe. Mayonnaise, komplizierte Saucen und Kuchen widerten ihn an.

Er schlief immer in Hemd und Unterhose. Um sich zu rasieren – dreimal die Woche, und zwar am Spülstein in der Küche, über dem ein Spiegel angebracht war –, knöpfte er sich den Kragen auf, ich sah die sehr weiße Haut vom Hals abwärts. Nach dem Krieg begannen sich die Badezimmer auszubreiten, ein Zeichen von Reichtum; meine Mutter ließ im ersten Stock eine Toilette einbauen, die er nie benutzte. Er bearbeitete seinen Bart weiter in der Küche.

Im Winter spuckte und nieste er voll Vergnügen im Hof.

Ich hätte dieses Portrait schon früher für einen Schulaufsatz anfertigen können, wenn es nicht verboten gewesen wäre, über das zu schreiben, was man so gut kannte. Eines Tages war das prächtige »Hatschi« eines Mädchens in der vierten Klasse Ursache dafür, daß sein Heft davonwirbelte. Die Lehrerin an der Tafel drehte sich um: »Höchst vornehm, wirklich!«

In Y . . . möchte niemand aus dem Mittelstand, Geschäftsleute aus dem Zentrum oder Büroangestellte, den Eindruck erwekken, »vom Land zu kommen«. Wie ein Bauer zu wirken bedeutet, daß man unterentwickelt ist, immer hinter dem zurück, was allgemein üblich ist, ob es sich dabei um Kleider, Sprache oder Verhaltensweisen handelt. Eine bei vielen beliebte Anekdote: Ein Bauer, der bei seinem Sohn in der Stadt auf Besuch weilt, setzt sich vor die gerade laufende Waschmaschine, bleibt dort nachdenklich sitzen und starrt auf die sich drehende Wäsche hinter dem Bullauge. Am Ende steht er auf, schüttelt den Kopf und sagt zu seiner Schwiegertochter: »Da kann man sagen, was man will, das Fernsehen ist nicht auf Draht.«

Aber in Y . . . achtete man weniger auf die Manieren der Großbauern, die erst in Kleinwagen, dann den klassischen Citroëns und schließlich den neuesten Modellen auf den Markt fuhren. Am schlimmsten war, wenn man sich wie ein Bauer gebärdete, ohne einer zu sein.

Er und meine Mutter sprachen fortwährend in vorwurfsvollem Ton miteinander, selbst wenn sie ihre Fürsorge füreinander kundtaten. »Wickel dir für draußen einen Schal um!« oder »Bleib doch noch etwas sitzen!« Man hätte meinen können, sie beschimpften einander. Sie stritten unentwegt, wegen einer Limonadenrechnung, die verlorengegangen war, oder weil einer vergessen hatte, im Keller das Licht auszuknipsen. Sie schrie lauter als er, weil ihr *alles auf den Nerv ging*, die zu spät eingetroffene Lieferung, die zu heiße Haube beim Friseur, die monatliche Regel und die Kunden. Manchmal: »Du bist wirklich nicht zum Kaufmann geboren« (man verstehe: du wärst besser Arbeiter geblieben). So beschimpft, legte er seine übliche Ruhe ab: »Zicke! Ich hätte dich besser dort gelassen, wo du warst.« Wöchentlicher

Wortwechsel: Eine Null! Nicht ganz dicht! Trauriger Nichtsnutz! Alte Vettel! Etc. Von keinerlei Bedeutung.

Wir konnten nur in einer giftelnden Art miteinander reden. Der höfliche Ton war Fremden vorbehalten. Die Angewohnheit war so stark, daß mein Vater, als er versuchte, sich in Gegenwart von anderen Leuten angemessen auszudrücken, unweigerlich in einen harten Ton verfiel, um mir das Klettern auf den Kieselsteinhaufen zu verbieten. Sein Akzent und die normannischen Schimpfworte kamen ihm ganz natürlich, so daß er den guten Eindruck, den er machen wollte, damit wieder zerstörte. Er hatte es nicht gelernt, auf vornehme Art mit mir zu schimpfen, und ich hätte die korrekt vorgebrachte Drohung einer Ohrfeige nicht ernst genommen.

Die Höflichkeit zwischen Eltern und Kindern ist mir lange Zeit ein Rätsel gewesen. Ich habe auch Jahre gebraucht, um die ungeheure Freundlichkeit zu »verstehen«, die wohlerzogene Leute in ihr einfaches »Guten Tag« legen. Ich empfand Scham, soviel Aufmerksamkeit verdiente ich nicht, es ging bei mir so weit, daß ich mir eine besondere Sympathie für meine Person einbildete. Bis ich dann erkannte, daß diese mit so interessierter Miene vorgetragenen Fragen, dieses Lächeln nicht mehr bedeuteten, als mit geschlossenem Mund zu essen oder sich diskret die Nase zu putzen.

Diese Details aufzulisten ist mir jetzt ein dringendes Bedürfnis, ja um so dringender, weil ich sie, überzeugt von ihrer Bedeutungslosigkeit, verdrängt hatte. Nur ein gedemütigtes Gedächtnis hatte mir geholfen, sie zu speichern. Ich habe mich dem Verlangen der Welt gebeugt, in der ich lebe und die alles daran setzt, einen die Erinnerungen an eine niedrige Welt vergessen zu machen, als sei es eine Frage des schlechten Geschmacks.

Wenn ich abends am Küchentisch meine Hausaufgaben machte, blätterte er in meinen Büchern, vor allem denen über Geschichte, Geographie und die Naturwissenschaften. Er hatte es gern, wenn ich ihm Fragen stellte. Eines Tages wollte er – um mir zu beweisen, daß seine Orthographie in Ordnung war –, daß ich ihm etwas diktierte. Er wußte nicht, in welcher

Klasse ich war, und so sagte er: »Sie ist bei Mlle Soundso.« Meine Schule, ein religiöses Institut, hatte meine Mutter gewollt, für ihn eine schreckliche Vorstellung, ein Reich, das wie die Laputa-Insel in *Gullivers Reisen*, über mir schwebte und meine Manieren und alle meine Gesten lenkte. »Na so was! Wenn deine Lehrerin dich sähe!« oder anders: »Ich geh zu deiner Lehrerin, die wird dir das Gehorchen schon beibringen!«

Er sagte immer *deine* Schule, und er intonierte »das Pen-sionat«, »die lie-be Schwe-ster« (So wurde die Leiterin genannt), indem er mit spitzen Lippen in affektierter Hochachtung die Silben voneinander absetzte, als ob die normale Aussprache dieser Wörter mit dem geschlossenen Ort, den sie beschworen, eine Vertrautheit voraussetzte, auf die er keinen Anspruch zu haben meinte. Er weigerte sich, sogar wenn ich Theater spielte, zu den Schulfesten zu gehen. Meine Mutter entrüstete sich: »Es gibt keinen Grund, warum du nicht dort hingehen solltest.« Er: »Aber du weißt doch, daß ich nie zu *alldem* gehe.«

Oft sehr ernst, fast tragisch: »Paß gut auf in deiner Schule!« Angst, diese seltsame Gunst des Schicksals, meine guten Noten, könnte einmal aufhören. Jeder Aufsatz gelang, später jedes Examen, das war geschafft, die Hoffnung, ich würde *besser sein als er.*

Wann dieser Traum wohl den eigenen Traum verdrängt hat, den er einmal eingestand, nämlich daß er gern mitten in der Stadt ein eigenes Café mit einer Terrasse und einer Kaffeemaschine auf dem Tresen und von Laufkundschaft bevölkert, besitzen würde? Nicht genügend Geld, Angst, neu einzusteigen, Resignation. *Was soll's!*

Aus der zweigeteilten Welt des kleinen Händlers wird er nicht mehr herauskommen. Auf der einen Seite die Guten, jene, die bei ihm einkaufen, auf der anderen Seite die Bösen, die zahlreicheren, die anderswohin gehen, in die neu aufgebauten Läden des Zentrums. Dazu gehört dann noch die Regierung, die er verdächtigt, durch die Begünstigung der *Großen* unseren Tod zu wollen. Selbst bei den guten Kunden gilt es zu unterscheiden zwischen den Guten, die alles Notwendige im Geschäft kaufen, und den Schlechten, die kommen und uns beleidigen, weil sie den Liter Öl kaufen, den sie vergessen haben, aus der Stadt mitzubringen. Und bei den Guten muß man auch noch mißtrauisch sein, denn sie sind immer zur Untreue bereit, weil sie glauben, ausgenommen zu werden. Die ganze Welt verschworen. Haß und Unterwürfigkeit, Haß auf seine Unterwürfigkeit. In seinem tiefsten Innern die Hoffnung eines jeden Händlers, der einzige in der Stadt zu sein, der seine Ware verkauft. Wir gingen einen Kilometer weit, um Brot zu kaufen, weil der Bäcker um die Ecke nicht bei uns kaufte.

Er gab seine Stimme Poujade, als eine Art Schachzug, ohne Überzeugung, »zu große Schnauze« für ihn.

Aber er war nicht *unglücklich*. Das Café immer angenehm warm, im Hintergrund Radiomusik, die üblichen Besuche der Stammgäste von sieben Uhr morgens bis neun Uhr abends, mit den rituellen Begrüßungsworten und ebensolchen Antworten: »Guten Tag, allerseits – Guten Tag, einerseits.« Unterhaltungen, der Regen, die Krankheiten, die Toten, die neue Arbeitsstelle, die Trockenheit. Feststellung der Dinge, im Wechsel Bestätigung von Offensichtlichem mit den immer gleichen Witzeleien zur allgemeinen Erheiterung, *der Fehler liegt bei mir, bis morgen, Chef, möglichst ohne Sorgen*. Aschenbecher leeren, Tische abwischen, mit dem Tuch über Stühle fahren.

Arbeitsteilung, den Platz meiner Mutter im Laden einnehmen, ohne Spaß, das Leben im Café vorziehen oder vielleicht nichts lieber tun als im Garten arbeiten oder nach seinem Gusto umbauen. Der Duft des blühenden Ligusters im späten Frühling, das klare Hundegebell im November, die Züge, die man hört als Zeichen der Kälte, ja, zweifellos all das, was der mächtigen, beherrschenden Welt mitteilt, die es in den Zeitungen schreibt: »Diese Leute sind *trotzdem* glücklich.«

Am Sonntag Ganzkörperwäsche, ein Teil der Messe, Dominospielen oder Spazierfahrten im Auto am Nachmittag. Am Montag den Mülleimer hinaustragen, Mittwoch der Spirituosenvertreter, Donnerstag die Lebensmittel etc. Im Sommer machten sie einen ganzen Tag den Laden dicht, um zu Freunden zu fahren, der Familie eines Eisenbahnangestellten, und an einem anderen Tag begaben sie sich auf Pilgerfahrt nach Lisieux. Am Morgen Besuch des Karmeliterklosters, des Dioramas, der Basilika, dann Restaurant. Am Nachmittag die Buissonnets und Trouville-Deauville. Die Hosen hochgekrempelt, gingen sie mit den Füßen ins Wasser, auch meine Mutter die ein wenig ihre Röcke schürzte. Später haben sie es dann sein gelassen, denn es war nicht mehr Mode.

Jeden Sonntag etwas Gutes essen.

Von da an immer das gleiche Leben. Aber die Gewißheit, daß *man nicht glücklicher sein kann, als man ist.*

Jenen Sonntag hatte er einen Mittagsschlaf gehalten. Er stellt sich in der Scheune vor die Dachluke. Hält ein Buch in der Hand, das er wieder in einen Kasten legen wird, den ein Offizier uns zur Aufbewahrung dagelassen hat. Ein leichtes Lächeln, als er mich im Hof sieht. Es ist ein obszönes Buch.

Ein Photo von mir allein, draußen, zur Rechten die Reihe der Garagen, die alten mit den neuen verbunden. Zweifellos habe ich noch keine ästhetischen Vorstellungen. Trotzdem weiß ich, wie ich am besten zur Geltung komme: eine Drei-Viertel-Drehung, um die in einen engen Rock gezwängten Hüften zu kaschieren, die Brust herausgestreckt, eine Locke umspielt die Stirn. Ich lächle, um mir ein weiches Aussehen zu geben. Ich bin sechzehn Jahre alt. Unten der Schatten des Oberkörpers meines Vaters, der das Photo aufgenommen hat.

Ich machte meine Hausaufgaben, hörte Schallplatten, las – immer in meinem Zimmer. Ich kam nur zum Essen herunter. Wir aßen, ohne ein Wort zu sprechen. Zu Hause lachte ich niemals. Ich machte »in Ironie«. Es war die Zeit, da alles, was sich um mich herum abspielte, mir fremd war. Unmerklich bewegte ich mich auf die Welt der Kleinbürger zu, wurde zu den Feten zugelassen, wofür die einzige, aber ach so schwierige Voraussetzung war, keine *blöde Kuh* zu sein. Alles, was ich liebte, erschien mir *bäurisch*, Luis Mariano, die Romane von Marie-Anne Desmarets, Daniel Gray, der Lippenstift und die auf dem Jahrmarkt gewonnene Puppe, die ihr pailettenbesticktes Kleid auf meinem Bett ausbreitet. Selbst die Ansichten meinesgleichen erschienen mir lächerlich, *Vorurteile* wie zum Beispiel »Man braucht die Polizei« oder »Solange man seinen Militärdienst nicht geleistet hat, ist man kein Mann«. Die Welt hatte sich für mich um 180 Grad gedreht.

Ich las die »wirkliche« Literatur, und ich schrieb Sätze und Verse ab, die, wie ich glaubte, meine »Seele« zum Ausdruck brachten, das Unaussprechliche in meinem Leben wie »Das Glück ist ein Gott, der mit leeren Händen marschiert . . .« (Henri de Régnier)

Mein Vater geriet in die Kategorie der *einfachen* oder *bescheidenen* oder *biederen Leute.* Er wagte es nicht mehr, mir Geschichten aus seiner Kindheit zu erzählen. Ich erzählte ihm nichts mehr von meiner Lernerei. Außer in Latein, da er Meßdiener gewesen war. Alles andere war ihm unverständlich, und er weigerte sich, auch nur eine Spur von Interesse zu zeigen, im Gegensatz zu meiner Mutter. Er ärgerte sich, wenn ich mich über die Arbeit beklagte oder die Unterrichtsstunden kritisierte. Umgangssprachliche Ausdrücke in diesem Bereich mißfielen ihm. Und immer wieder die Angst oder *vielleicht der Wunsch,* daß ich es nicht schaffte.

Es regte ihn auf, wenn er mich den ganzen Tag über die Bücher gebeugt sah, und führte darauf mein verschlossenes Gesicht und meine schlechte Laune zurück. Das Licht, das abends unter der Tür meines Zimmers hindurchschien, veranlaßte ihn zu der Feststellung, daß ich meine Gesundheit ruinierte. Die Lernerei fürs Gymnasium, ein mir auferlegtes Leiden, um eine gute Stellung zu bekommen und *nicht einen Arbeiter nehmen* zu müssen. Aber es erschien ihm suspekt, daß ich mir gern den Kopf zerbrach. Eine Lebensferne in der Blüte der Jahre. Er sah manchmal so aus, als dächte er, ich sei unglücklich.

Vor der Familie, den Kunden Unbehagen, fast Scham darüber, daß ich mit siebzehn Jahren noch nicht meinen Lebensunterhalt verdiente, um uns herum gingen alle Mädchen in dem Alter ins Büro, in die Fabrik oder verdienten hinter dem Ladentisch ihrer Eltern. Er hatte Angst, daß man mich für faul und ihn für einen Angeber halten könnte. Wie eine Entschuldigung: »Sie ist nie angetrieben worden, es steckte einfach in ihr.« Er sagte, daß ich leicht lernte, nie daß ich viel arbeitete. Arbeiten bedeutete allein, mit seinen Händen arbeiten.

So viel zu lernen hatte für ihn keinen Bezug zum normalen Leben. Er wusch den Salat nur einmal, deshalb blieben oft auch Schnecken darin. Ich war in der Schule mit den Prinzipien der Hygiene geimpft worden, und er war dann entsetzt, als ich ihm vorschlug, den Salat mehrere Male zu waschen. Ein anderes Mal kannte seine Verblüffung keine Grenzen, als er sah, wie ich mit einem Anhalter Englisch sprach, den ein Kunde in seinem Lastwagen mitgenommen hatte. Er konnte es nicht glauben, daß ich in der Schule eine Fremdsprache gelernt hatte, ohne ins Land selbst gefahren zu sein.

Zu jener Zeit begann er in Wut zu geraten, selten, aber ein krampfhaftes, haßerfülltes Lachen unterstrich das Ganze noch. Mit meiner Mutter verband mich eine Komplizenschaft. Es ging um die monatlichen Bauchschmerzen, die richtigen BHs, um Schönheitsprodukte etc. Sie ging mit mir in Rouen einkaufen, in der Rue du Gros-Horloge, und mit einer kleinen Gabel Kuchen essen bei Périer. Sie bemühte sich, meine Wörter zu gebrauchen, wie Flirt, super sein etc. Ihn brauchten wir nicht.

Bei Tisch brach der Streit wegen nichts los. Ich glaubte, immer recht zu haben, weil er nicht *diskutieren* konnte. Ich machte Bemerkungen über seine Art zu essen oder zu reden. Ich hätte mich geschämt, ihm einen Vorwurf deswegen zu machen, weil er mich nicht in die Ferien schicken konnte, ich war überzeugt davon, daß es legitim war, ihn dazu bringen zu wollen, seine Manieren zu ändern. Vielleicht hätte er lieber eine andere Tochter gehabt.

Eines Tages: »Die Bücher, die Musik, all das ist gut für dich. Ich brauche das nicht zum *Leben.*«

Die übrige Zeit lebte er gemächlich. Wenn ich aus der Schule kam, saß er in der Küche gleich neben der Tür, die zum Café führte, und las mit gekrümmtem Rücken die *Paris-Normandie.* Die Arme lagen ausgestreckt zu beiden Seiten der Zeitung auf dem Tisch. Er hob den Kopf: »Da ist ja die Tochter!«

»Hab' ich 'nen Hunger!«

»Das ist eine gute Krankheit. Nimm dir, was du willst.«

Glücklich, mich wenigstens versorgen zu können. Wir sagten uns dieselben Dinge wie früher, als ich klein war, sonst nichts.

Ich glaubte, daß er nichts mehr für mich tun konnte. Seine Worte und seine Gedanken waren kein Thema während des Französisch- oder Philosophie-Unterrichts oder während der Stunden auf dem roten Samtsofa von Schulfreundinnen. Im Sommer hörte ich durch das offene Fenster meines Zimmers das Geräusch eines Spatens, mit dem er die umgegrabene Erde gleichmäßig flach klopfte. Vielleicht schreibe ich, weil wir uns nichts mehr zu sagen hatten.

Statt der Ruinen bei unserer Ankunft bot nun das Zentrum von Y . . . kleine kremfarbene Wohnhäuser mit modernen Läden, die die ganze Nacht erleuchtet blieben. Samstags oder sonntags streiften all die jungen Leute aus der Umgebung durch die Straßen und sahen in den Cafés fern. Die Frauen aus dem Viertel füllten in den Einkaufs-Zentren ihre Körbe für den Sonntag. Mein Vater erhielt endlich seine Fassade weiß verputzt, seine Neonbeleuchtung im Schaufenster, schon kamen die Cafébesitzer, die den richtigen Riecher hatten, auf das normännische Fachwerk zurück, auf die falschen Deckenbalken und die alten Lampen. Die Abende wurden darauf verwandt, die Einnahmen zu zählen. »Man würde denen die Ware schenken, damit sie nicht zu Ihnen kommen.« Jedesmal, wenn in Y ... ein neuer Laden eröffnet wurde, fuhr er mit dem Fahrrad los, um sich umzusehen. Aber sie konnten sich behaupten. Das Viertel wurde proletarischer. An die Stelle der mittleren Einkommensschichten, die in die neuen Wohnhäuser mit Badezimmer umgezogen waren, kamen die Leute mit kleinem Einkommen, junge Arbeiterehepaare, kinderreiche Familien, die auf eine Sozialwohnung warteten. »Bezahlen Sie morgen, wir sind Leute mit Verständnis.« Die alten Leutchen starben, die Nachfolger durften nicht mehr betrunken heimkehren, es kam jedoch eine unfröhlichere und schneller zahlende Kundschaft von Gelegenheitstrinkern nach. Es herrschte der Eindruck, nun einen angemessenen Getränkeausschank zu haben.

Er holte mich am Ende eines Ferienlagers ab, wo ich eine Art Tutorin war. Meine Mutter schrie von weitem huhu, und so entdeckte ich sie. Mein Vater ging gebeugt und hielt den Kopf der Sonne wegen gesenkt. Seine leicht roten Ohren standen ab, bestimmt, weil er sich gerade die Haare hatte schneiden lassen. Auf dem Bürgersteig vor der Kathedrale sprachen sie sehr laut miteinander, da sie sich über den richtigen Weg für die Rückfahrt nicht einig werden konnten. Sie ähnelten all denen, die es nicht gewohnt sind, irgendwohin zu fahren. Im Auto fiel mir auf, daß er auf den Schläfen, dicht bei den Augen, gelbe Flecken hatte. Ich hatte zum ersten Mal zwei Monate weg von zu Hause in einer jungen freien Welt verbracht. Mein Vater war alt und gereizt. Ich glaubte, nicht mehr das Recht zu haben, mich an der Universität einzuschreiben.

Irgend etwas Unbestimmtes, ein Unbehagen nach dem Essen. Er nahm Magnesium, hatte Angst, den Arzt zu rufen. Schließlich entdeckte ein Röntgenspezialist eine Wucherung im Magen, die sofort wegoperiert werden mußte. Meine Mutter warf ihm ständig vor, daß er sich grundlos Sorgen machte. Dazu noch das Schuldgefühl der Kosten wegen. (Die Kaufleute waren noch nicht in den Genuß der Sozialversicherung gekommen.)

Er sagte: »Das ist ein Strich durch die Rechnung.«

Nach der Operation blieb er so kurz wie möglich in der Klinik, und zu Hause erholte er sich nur langsam. Seine Kräfte waren dahin. Wegen der Schmerzen an der Narbe konnte er keine Getränkekästen mehr heben, nicht mehr Stunden hintereinander weg im Garten arbeiten. Von nun an der Anblick meiner Mutter, wie sie vom Keller in den Laden lief, Kisten und Kartoffelsäcke schleppte, sie arbeitete für zwei. Mit 59 Jahren hatte er seinen Stolz verloren. »Ich bin zu nichts mehr nütze.« Er wandte sich an meine Mutter. In mehrerer Hinsicht vielleicht.

Doch der Wunsch war da, wieder die Oberhand zu gewinnen, sich wieder einzugewöhnen. Er suchte herauszufinden, was ihm wohltat. Er horchte in sich hinein. Essen wurde zu einer schrecklichen Angelegenheit, es war bekömmlich oder nicht bekömmlich, je nachdem, ob es gut rutschte oder *ihm als Vorwurf wieder hochkam.* Er schnupperte an jedem Stück Fleisch oder Fisch, bevor er es in die Pfanne warf. Der Anblick meines Joghurts war ihm zuwider. Im Café oder bei Familienessen berichtete er von seinen Menüs, diskutierte mit anderen über hausgemachte Suppen und solche aus der Tüte. Um die Sechzig herum hatte jeder dieses Thema am Wickel. Er aß, worauf er Lust hatte. Eine Cervelatwurst, eine Tüte Krabben. Die Hoffnung auf Glück – nach wenigen Bissen war sie oft dahin. Zugleich tat er immer so, als ob ihn nach nichts gelüstete, »ich esse eine *halbe* Scheibe Schinken«, »füllen Sie mir das Glas nur *halb* voll«, so hieß es fortwährend. Manien nun, wie das Papier von den Gauloises lösen, schlecht für den Geschmack, und sie vorsichtig neu aufrollen.

Um nicht einzurosten, unternahmen sie sonntags einen Ausflug an der Seine entlang, wo er früher gearbeitet hatte, oder auf den Dämmen von Dieppe oder Fécamp. Die Hände hingen am Körper herab, geschlossen, nach außen gedreht oder manchmal hinter dem Rücken gefaltet. Beim Spazierengehen wußte er nie, wohin mit den Händen. Abends wartete er gähnend aufs Essen. »Am Sonntag ist man müder als an den anderen Tagen.« Vor allem die Politik, *wie das wohl alles enden wird* (der Krieg in Algerien, Putsch der Generale, Attentate der OAS), komplizenhafte Vertrautheit mit *dem großen Charles.*

Ich habe mich in der *Ecole Normale* eingeschrieben, wo man zur Lehrerin ausgebildet wird. Ich wurde dort perfekt versorgt, man kümmerte sich um meine Wäsche, ein Mann für alles reparierte sogar meine Schuhe. Alles umsonst. Er empfand eine Art Respekt für dieses System der vollständigen Versorgung. Der Staat bot mir sofort meinen Platz in der Welt. Als ich mitten im Jahr die Schule verließ, war er fassungslos. Er begriff nicht, daß ich aus Gründen der Freiheit einen solch sicheren Ort aufgab, wo ich gleichsam gemästet wurde.

Ich verbrachte einige Zeit in London. In der Ferne wurde er zur Gewißheit einer unfaßbaren Zärtlichkeit. Ich begann, für mich alleine zu leben. Meine Mutter schrieb mir einen Bericht über das Geschehen um sie herum. Es ist kalt bei uns, hoffen wir, daß es nicht anhält. Am Sonntag haben wir unsere Freunde in Granville besucht. Die Mutter X ist mit sechzig gestorben, ist doch kein Alter. Sie konnte, wenn sie schrieb, keinen Witz entwickeln, die Sprache und entsprechende Wendungen bereiteten ihr schon genug Mühe. Zu schreiben, wie sie sprach, wäre noch schwieriger gewesen, sie hat es nie gelernt. Mein Vater unterschrieb. Auch ich antwortete ihnen in einem Ton der Feststellung. Sie hätten jedes Bemühen um Stil als eine affige Manier empfunden, um sie auf Distanz zu halten.

Ich kam wieder, brach von neuem auf. In Rouen bestand ich das Staatsexamen in Französisch. Sie zankten sich weniger, nur die üblichen bitteren Bemerkungen wie »Deinetwegen werden wir wieder zu wenig Orangina haben«, »Wenn du sowieso schon immer in die Kirche läufst, was kannst du da dem Pfarrer noch erzählen«, aus Gewohnheit. Er hatte Pläne für die Verschönerung von Haus und Laden, aber immer weniger begriff er, welcher Umgestaltung es bedurft hätte, um eine neue Kundschaft zu gewinnen. Er begnügte sich mit denen, die die blitzenden Supermärkte im Zentrum und die abschätzenden Blicke der Verkäuferinnen *Wie Sie angezogen sind* abschreckten. Kein weiterer Ehrgeiz. Resigniert hatte er sich darauf eingestellt, daß sein Geschäft gerade zum Überleben reichte und sich mit ihm auflösen würde.

Entschlossen nun, *noch etwas vom Leben zu haben.* Er stand später auf, nach meiner Mutter, arbeitete gemächlich im Café oder im Garten, las von vorne bis hinten die Zeitung und hatte lange Unterhaltungen mit aller Welt. Anspielungen auf den Tod, in Form von Grundsätzen, man weiß schon, was einen erwartet. Jedesmal, wenn ich nach Hause kam, meine Mutter: »Guck dir deinen Vater an, wie dick der in der Wolle sitzt!«

Gegen Ende des Sommers, im September, fängt er mit seinem Taschentuch auf der Küchenfensterscheibe Wespen und wirft sie auf die Dauerbrandplatte des schon eingeheizten Ofens. Sie verschmoren zuckend.

Weder Unruhe noch Frohlocken, er fand sich damit ab, mich dieses merkwürdige unwirkliche Leben führen zu sehen: einundzwanzig Jahre alt und immer noch die Schulbank drücken. »Sie studiert, um Lehrerin zu werden.« Für was, fragten die Kunden nicht, allein der Titel zählt, und er erinnerte sich niemals. Moderne Literatur sagte ihm genausowenig, wie es Mathematik oder Spanisch getan hätte. Er hatte Angst, daß man mich immer noch für zu privilegiert halten, daß man sie als reich ansehen könnte, denn sonst hätten sie mich nicht so angetrieben.

Aber er wagte auch nicht zuzugeben, daß ich eine Stipendiatin war, es wäre vielleicht die Meinung aufgekommen, daß wir ja wohl ein ungeheures Glück hätten, weil der Staat mich dafür bezahlte, daß ich meine zwei Hände nicht gebrauchte. Immer von Neid und Eifersucht umgeben, dies vielleicht das deutlichste Merkmal in seiner Lage. Manchmal kam ich nach einer durchwachten Nacht am Sonntagmorgen nach Hause und schlief bis zum Abend. Nicht ein Wort, fast Billigung, ein junges Mädchen kann sich ja wohl *nett* amüsieren, gleichsam ein Beweis, daß ich trotz allem normal war. Oder eine ideale Verkörperung der bürgerlichen, intellektuellen und undurchsichtigen Welt. Wenn eine Arbeitertochter schwanger heiratete, wußte es das ganze Viertel.

In den Sommerferien lud ich eine oder zwei Kommilitoninnen nach Y . . . ein, Mädchen *ohne Vorurteile,* die versicherten: »Das Herz allein zählt.« Denn so wie jene, die jedem herablassenden Blick auf die eigene Familie zuvorkommen möchten, verkündete ich: »Weißt du, bei uns ist es *einfach.«* Mein Vater freute sich, diese so gut erzogenen jungen Mädchen bei sich willkommen heißen zu können, redete viel mit ihnen und vermied aus lauter Höflichkeit, daß die Unterhaltung abbrach; er interessierte sich lebhaft für alles, was meine Freundinnen betraf. Die Zusammenstellung der Mahlzeiten gab Anlaß zur Sorge: »Mag Mademoiselle Geneviève Tomaten?« Er riß sich die Beine aus. Wenn die Familie einer dieser Freundinnen mich einlud, konnte ich ganz natürlich an einer Lebensform teilhaben, die sich durch meine Ankunft in nichts änderte. Ich durfte in ihre Welt eindringen, die keinen fremden Blick fürchtete und die sich mir geöffnet hatte, weil ich die Manieren, Vorstellungen und Neigungen der Meinen vergessen hatte. Mein Vater verlieh dem, was in diesen Kreisen nichts als ein banaler Besuch war, einen Festcharakter; er wollte auf diese Weise meine Freundinnen ehren und als jemand gelten, der etwas von Lebensart versteht. Zum Vorschein kam dabei vor allem ein Gefühl der Minderwertigkeit, die sie gegen ihren Willen erkannten, und so sagten sie zum Beispiel: »Guten Tag, Monsieur, wie geht's, wie steht's?«

Eines Tages, mit stolzem Blick: »Ich habe dir nie Schande gemacht.«

Am Ende eines Sommers habe ich einen Studenten der Politischen Wissenschaften, mit dem ich liiert war, *mit nach Hause gebracht.* Feierlicher Ritus, der das Recht, in eine Familie einzutreten, weihte und der sich in den modernen, ungezwungenen Milieus verloren hat, wo die Freunde frei ein- und ausgingen. Zum Empfang dieses jungen Mannes band er eine Krawatte um, tauschte seinen Arbeitsanzug gegen eine Sonntagshose aus. Er war sicher, daß er meinen zukünftigen Mann als seinen Sohn betrachten könnte und sich über die Bildungsunterschiede hinaus ein Einverständnis unter Männern bilden würde; dies ließ ihn frohlocken. Er zeigte ihm seinen Garten, die Garage, die er ganz allein mit seinen Händen gebaut hatte. Angebot dessen, was er alles konnte, in der Hoffnung, daß dieser Junge, der seine Tochter liebte, seinen Wert erkennen würde. Für ihn reichte es, daß er *gut erzogen* war, eine Eigenschaft, die meine Eltern am meisten schätzten, sie schien so schwer zu erlangen. Sie versuchten nicht herauszubekommen, wie sie es bei einem Arbeiter gemacht hätten, ob er mutig war oder auch nicht trank. Tiefe Überzeugung, daß Wissen und gute Manieren das Zeichen für angeborenen inneren Anstand seien.

Etwas, auf das man vielleicht seit Jahren gewartet hat, eine Sorge weniger. Gewißheit jetzt, daß ich nicht *irgend jemanden nehmen* oder eine *Übergeschnappte* werden würde. Ihm lag daran, dem jungen Paar mit seinem Gesparten zu helfen, und so wollte er durch eine grenzenlose Großzügigkeit den Mangel an Bildung und Macht ausgleichen, der ihn von seinem Schwiegersohn trennte. »Wir brauchen nicht viel!«

Beim Hochzeitsmahl in einem Restaurant mit Blick auf die Seine hält er den Kopf leicht nach hinten gebeugt, die Hände liegen auf den Knien auf der Serviette, und er lächelt leicht ins Leere wie alle Leute, die sich langweilen und auf den nächsten Gang warten. Dieses Lächeln will auch besagen, daß hier heute alles sehr schön ist. Er trägt einen maßgeschneiderten, blaugestreiften Anzug, ein weißes Hemd mit – zum ersten Mal – Manschettenknöpfen. Ein Schnappschuß der Erinnerung. Ich hatte inmitten meines Gelächters den Kopf zu seiner Seite gedreht, da ich sicher war, daß er sich nicht amüsierte.

Später hat er uns immer mehr nur aus der Ferne gesehen. Wir wohnten in einem Touristenort in den Alpen, wo mein Mann einen Verwaltungsposten innehatte. Wir bespannten die Wände mit einem Jutestoff, boten Whisky zur Apéritifstunde an und hörten klassische Musik im Radio. Ein paar höfliche Worte für die Concierge. Ich bin in diese Welt hineingerutscht, in der der Nächste nur Zierat ist. Meine Mutter schrieb, ihr könnt zu uns kommen und euch erholen, sie wagte nicht zu bitten, wir möchten um ihrer selbst willen kommen. Ich fuhr allein, verschwieg die wahren Gründe der Gleichgültigkeit ihres Schwiegersohns, Gründe, die zwischen ihm und mir nicht ausgesprochen wurden und die ich als selbstverständlich hinnahm. Wie hätte sich ein Mann, der in eine titelfreudige Bourgeoisie hineingeboren war und alles ironisierte, sich in der Gesellschaft von *biederen Leuten* wohlfühlen können, deren unbestrittene Freundlichkeit in seinen Augen nie jenen wesentlichen Mangel ausgleichen könnte: eine geistreiche Unterhaltung zu führen. Wenn man zum Beispiel in seiner Familie ein Glas zerbrach, rief alsbald jemand: »Berührt es nicht, es ist kaputt!« (Vers von Sully Prud'homme)

Immer war sie es, die am Gleis, wo der Zug aus Paris hielt, ganz in der Nähe der Ausgangsschranke, auf mich wartete. Sie nahm mir mit Gewalt den Koffer ab: »Er ist zu schwer für dich, du bist das nicht gewohnt.« Im Laden hörte er für eine Sekunde auf, die ein oder zwei Personen zu bedienen, und umarmte mich schroff. In der Küche setzte ich mich hin, während sie stehenblieben, sie an der Treppe, er im Rahmen der Tür, die zum Café hin offen war. Zu jener Stunde beschien die Sonne die Tische, die Gläser auf dem Tresen, manchmal einen Kunden, der uns in der Flut des Lichts zuhörte. In der Ferne hatte ich meine Eltern in ihren Gesten, ihren Worten und ihren prachtvollen Körpern idealisiert. Nun hörte ich wieder, wie sie »a« statt »elle« sagten und laut redeten. Ich fand sie so wieder vor, wie sie immer gewesen waren, ohne diese »Besonnenheit« in der Haltung und ohne die korrekte Sprache, die mir nun so natürlich erschienen. Ich fühlte mich von mir selbst getrennt.

Ich hole aus meiner Tasche das Geschenk hervor, das ich ihm mitgebracht habe. Er wickelt es freudig aus. Eine Flasche After-Shave. Verlegenheit, Lachen, wozu soll das gut sein? Dann: »Ich werde wie eine Kokotte riechen!« Aber er verspricht, es zu benutzen. Lächerliche Szene eines unpassenden Geschenks. Ich möchte weinen wie früher. »Er wird sich also niemals ändern!«

Wir sprachen über die Leute in unserem Viertel, verheiratet, tot, aus Y . . . weggezogen. Ich beschrieb die Wohnung, den Louis-Philippe-Sekretär, die mit rotem Samt bezogenen Sessel, die Hi-Fi-Anlage. Sehr schnell hörte er nicht mehr zu. Er hatte mich großgezogen, damit ich einen Luxus genoß, den er selbst nicht kannte, er war glücklich, aber das 2-Meter-Bett oder die antike Kommode hatten keinen anderen Sinn für ihn, als meinen Erfolg auszuweisen. Häufig, um abzukürzen: »Ihr tut recht daran, es zu genießen.«

Ich blieb nie lange genug. Er übergab mir eine Cognacflasche für meinen Mann. »Aber ja doch, das ist für ein anderes Mal.« Stolz darauf, nichts nach außen zu zeigen, *man schluckt und schweigt.*

Der erste Supermarkt entstand in Y . . ., zog von überall die Arbeiterkundschaft an, endlich konnte man einkaufen, ohne irgend jemanden um etwas bitten zu müssen. Aber man störte unentwegt den kleinen Lebensmittelhändler um die Ecke wegen des Päckchens Kaffee, das man in der Stadt vergessen hatte, wegen der Milchtüte und des Bounty, die man mit in die Schule nehmen wollte. Er begann, an den Verkauf ihres Geschäfts zu denken. Sie würden in ein Nebenhaus ziehen, das sie damals zur selben Zeit wie das Geschäft hatten kaufen müssen, zwei Zimmer mit Küche, einen Keller. Er würde den guten Wein und die Konservendosen mitnehmen. Er würde Hühner wegen der frischen Eier züchten. Sie würden uns in Savoien besuchen. Nun schon mit 65 das Recht auf Sozialversicherung zu haben erfüllte ihn mit Genugtuung. Wenn er von der Apotheke zurückkehrte, setzte er sich an den Tisch und klebte glücklich Etiketten.

Er liebte das Leben immer mehr.

Seit ich im November mit diesem Bericht begonnen hatte, sind mehrere Monate vergangen. Ich habe mir viel Zeit genommen, da es mir nicht ebenso leichtfiel, vergessene Begebenheiten ans Licht zu bringen, wie neue zu erfinden. Das Gedächtnis leistet Widerstand. Ich konnte mich nicht auf meine Erinnerung verlassen; in dem Schnarren der Glocke eines alten Ladens, dem Geruch einer zu reifen Melone finde ich nur mich selbst und meine Sommerferien in Y . . . wieder. Die Farbe des Himmels, die Pappeln, die sich in der nahen Oise widerspiegelten, hatten nichts, was mir auf die Sprünge geholfen hätte. Ich suchte das Bild meines Vaters in der Art, wie die Leute sich in den Wartesälen hinsetzen und sich langweilen, wie sie nach ihren Kindern rufen und sich auf den Bahnsteigen auf Wiedersehen sagen. In anonymen Menschen, die ich irgendwo traf, an denen ohne ihr Wissen Zeichen der Kraft oder der Demütigung hafteten, fand ich die vergessene Wirklichkeit seines Lebens wieder.

Es gab keinen Frühling, ich hatte den Eindruck, in einer Zeit eingeschlossen zu sein, die sich seit November nicht geändert hatte, kühl und regnerisch, kaum kälter im tiefsten Winter. Ich dachte nicht an das Ende meines Buches. Jetzt weiß ich, daß es sich nähert. Seit Juni hat die Hitze eingesetzt. Am Duft des Morgens spürt man, daß es schön werden wird. Bald werde ich nichts mehr zu schreiben haben. Ich würde gern die letzten Seiten hinausziehen, damit ich sie für immer vor mir hätte. Aber es ist nicht einmal mehr möglich, zu weit zurückzuschweifen, an Fakten zu rühren oder neue hinzuzufügen, noch mich zu fragen, wo das Glück dabei geblieben war. Ich werde einen Morgenzug nehmen und erst abends ankommen, wie gewöhnlich. Dieses Mal bringe ich ihnen ihren zweieinhalbjährigen Enkel mit.

Meine Mutter wartete an der Ausgangsschranke; sie hatte ihre Kostümjacke über die weiße Bluse gezogen und ein Kopftuch um die Haare gebunden, die sie seit meiner Hochzeit nicht mehr färbt. Das Kind, nach dieser endlosen Reise vor Müdigkeit stumm und verloren wirkend, ließ sich umarmen und an der Hand mitziehen. Die Hitze hatte etwas nachgelassen. Meine Mutter geht immer mit schnellen kurzen Schritten. Mit einem Mal wurde sie langsamer und rief: »Wir haben kurze Beinchen bei uns, also bitte!« Mein Vater erwartete uns in der Küche. Er schien mir nicht älter geworden. Meine Mutter ließ die Bemerkung fallen, daß er am Vorabend zum Friseur gegangen war, um seinem kleinen Jungen Ehre zu machen. Eine wirre Szene mit Ausrufen, Fragen an das Kind, ohne die Antwort abzuwarten, Vorwürfen untereinander, höchst ermüdend für diesen armen kleinen Mann, schließlich das Vergnügen. Sie versuchten herauszufinden, wo seine Vorlieben lagen. Meine Mutter führte ihn vor die Bonbongläser. Mein Vater in den Garten, um die Erdbeeren zu begucken, dann die Kaninchen und die Enten. Sie bemächtigten sich gänzlich ihres Enkels, entschieden über alles, was ihn betraf, als ob ich ein kleines Mädchen geblieben wäre, unfähig, mich um ihn zu kümmern. Voller Zweifel gegenüber den Erziehungsprinzipien, die ich für notwendig hielt, wie einen Mittagsschlaf halten und keine Süßigkeiten. Wir aßen alle an dem Tisch vor dem Fenster, das Kind auf meinen Knien. Ein schöner, ruhiger Abend, ein Augenblick, der einem Freikauf ähnelte.

Mein altes Zimmer hatte die Hitze des Tages gespeichert. Für den kleinen Mann hatten sie ein kleines Bett neben das meine gestellt. Ich bin nicht vor zwei Uhr eingeschlafen, nachdem ich versucht hatte zu lesen. Kaum war das inzwischen schwarz gewordene Kabel der Nachttischlampe angeschlossen, gab es Funken, und die Glühbirne verlosch. Eine kugelförmige Lampe, die auf einem Marmorfuß mit einem Hasen aus Kupfer stand. Der Hase war aufrecht, die Läufe gekrümmt. Ich hatte sie einst sehr schön gefunden. Sie war bestimmt schon seit langem kaputt. In dem Haus ist nie etwas repariert worden, Gleichgültigkeit den Dingen gegenüber.

Jetzt, das ist eine andere Zeit.

Ich bin spät aufgewacht. Im Nebenzimmer sprach meine Mutter leise mit meinem Vater. Sie erklärte mir, er habe sich bei Morgengrauen übergeben, er habe es nicht einmal bis zur Toilettenschüssel geschafft. Sie vermutete eine Verdauungsstörung auf Grund von Geflügelresten vom Vortag. Ihn beunruhigte vor allem, ob sie auch den Boden gewischt habe, und er klagte über irgendeinen Schmerz in der Brust. Seine Stimme schien mir anders zu sein. Als der kleine Mann sich ihm näherte, schenkte er ihm keinerlei Aufmerksamkeit, sondern blieb regungslos flach auf dem Rücken liegen. Der Arzt stieg direkt ins Schlafzimmer hinauf. Meine Mutter bediente gerade unten. Sie ging dann auch hinauf, und sie sind beide wieder in die Küche heruntergekommen. Unten an der Treppe flüsterte der Arzt, man müsse ihn ins Krankenhaus von Rouen bringen. Meine Mutter geriet außer sich. Seit es angefangen hat, sagte sie zu mir, »will er immer all das essen, was ihm nicht bekommt«, zu meinem Vater, als sie ihm Mineralwasser brachte: »Du weißt doch, daß du einen empfindlichen Magen hast.« Sie zerknüllte die saubere Serviette, die beim Abhorchen benötigt worden war, und sah nicht so aus, als ob sie verstünde. Sie weigerte sich, die Schwere eines Leidens zu realisieren, das wir ja noch nicht einmal erkannt hatten. Der Arzt nahm sein Wort zurück, wir könnten bis heute abend warten und dann entscheiden, vielleicht war es ja nur ein Hitzschlag.

Ich ging die Medikamente holen. Der Tag versprach schwül zu werden. Der Apotheker erkannte mich wieder. Kaum mehr Autos auf den Straßen als bei meinem letzten Besuch im Jahr zuvor. Für mich war seit der Kindheit alles zu gleich geblieben, als daß ich mir meinen Vater hätte ernsthaft krank vorstellen können. Ich kaufte Gemüse für eine Ratatouille. Einige Kunden waren beunruhigt, weil sie den Patron nicht sahen, weil er bei diesem schönen Wetter noch nicht aufgestanden war. Sie fanden für seine Übelkeit einfache Erklärungen, als Beweise dienten ihre eigenen Empfindungen: »Gestern waren es mindestens 40 Grad in den Gärten, mich hätte es umgehauen, wäre ich wie er dort geblieben«, oder »Bei dieser Hitze fühlt man sich nicht wohl, ich habe gestern nichts gegessen«. Sie schienen wie meine Mutter zu glauben, daß mein Vater krank war, weil er gegen die Natur hatte angehen und den jungen Mann spielen wollen, er bekam seine Strafe, aber er sollte nicht wieder in die selben Fehler verfallen.

Als zur Stunde seines Mittagsschlafs das Kind nahe an seinem Bett vorbeiging, fragte es: »Warum schläft der Monsieur?«

Meine Mutter ging immer wieder zwischen zwei Kunden hinauf. Jedesmal, wenn es unten läutete, brüllte ich wie früher hinauf: »Kundschaft da!«, damit sie herunterkomme und sie bediene. Er trank nichts als Wasser, aber sein Zustand verschlimmerte sich nicht. Am Abend erwähnte der Arzt das Krankenhaus nicht mehr.

Jedesmal, wenn am nächsten Morgen meine Mutter oder ich ihn fragte, wie er sich fühle, seufzte er wütend auf oder beklagte sich, daß er seit zwei Tagen nichts mehr zu essen bekommen habe. Der Arzt hatte nicht ein einziges Mal, wie es sonst seine Art war, versucht zu scherzen: »Das ist ein Furz verkehrt 'rum.« Offenbar wartete ich immer darauf oder auf irgendeinen anderen Witz, wenn ich ihn herunterkommen sah. Am Abend murmelte meine Mutter mit niedergeschlagenen Augen: »Ich weiß nicht, was das geben wird.« Ihr war die Möglichkeit, daß mein Vater sterben könnte, noch nicht in den Sinn gekommen. Seit dem Vorabend nahmen wir die Mahlzeiten gemeinsam ein, wir kümmerten uns um das Kind, ohne untereinander über die Krankheit meines Vaters zu sprechen. Einmal habe ich geantwortet: »Wir werden es sehen.« Als ich um die achtzehn Jahre alt war, bekam ich manchmal von ihr zu hören: »Wenn dir ein *Unglück* passiert, weißt du, was du zu tun hast.« Was für ein Unglück, war nicht nötig zu präzisieren, da wir beide wußten, worum es sich handelte, ohne jemals das Wort auszusprechen, schwanger werden.

In der Nacht von Freitag auf Samstag begann mein Vater tief und unregelmäßig zu atmen. Dann wurde ein sehr starkes Rasseln, unabhängig von der Atmung, hörbar. Es war schrecklich, weil man nicht wußte, kam das nun aus den Lungen oder aus den Eingeweiden, es war, als ob das ganze Innere sich untereinander verständigte. Der Arzt gab ihm eine Beruhigungsspritze. Mein Vater entspannte sich. Am Nachmittag räumte ich die gebügelte Wäsche in den Schrank. Aus Neugierde holte ich ein Stück rosa Drillich heraus und faltete es am Fußende des Bettes auseinander. Da setzte er sich auf, um mir zuzusehen, und sagte mit seiner veränderten Stimme zu mir: »Damit soll deine Matratze neu überzogen werden, mit dieser hier hat sie es schon gemacht.« Er zog an der Decke, so, als ob er mir die Matratze zeigen wollte. Seit Beginn seiner Attacke war es das erste Mal, daß er sich für irgend etwas um ihn herum interessierte. Wenn ich mir diesen Augenblick ins Gedächtnis zurückrufe, glaube ich, daß für mich damals noch nichts verloren war, zeigten doch seine Worte, daß er nicht sehr krank war, wohingegen gerade diese Anstrengung, sich an die Welt zu klammern, bedeutete, daß er sich von ihr entfernte.

Es war das letzte, das er zu mir gesagt hat. Er war bei vollem Bewußtsein, drehte sich um, wenn die Schwester mit den Spritzen kam, auf die Fragen meiner Mutter, ob ihm etwas weh tue oder ob er Durst habe, antwortete er mit ja oder nein. Gelegentlich begehrte er auf, als ob darin der Schlüssel zur Heilung liege, den ihm irgend jemand verweigerte. »Wenn ich doch wenigstens essen könnte!« Er rechnete nicht mehr nach, seit wie vielen Tagen er schon nüchtern war. Meine Mutter wiederholte: »Ein bißchen Diät schadet nichts.« Der Junge spielte im Garten. Ich paßte auf ihn auf, während ich versuchte, die *Mandarine von Paris* von Simone de Beauvoir zu lesen. Ich konnte mich nicht richtig hineinlesen, bei einer bestimmten Seite in diesem dicken Buch würde mein Vater nicht mehr leben. Die Kunden erkundigten sich immer wieder nach seinem Befinden. Sie hätten gern genau gewußt, was er nun eigentlich habe, einen Infarkt oder einen Sonnenstich, die vagen Antworten meiner Mutter riefen Ungläubigkeit hervor, sie dachten, man wolle etwas vor ihnen verbergen. Für uns hatte der Name der Krankheit keine Bedeutung mehr.

Am Sonntagmorgen weckte mich ein singendes Gemurmel, von Minuten des Schweigens unterbrochen. Die Letzte Ölung des Katechismus. Etwas Obszöneres gibt es nicht – ich vergrub den Kopf im Kissen. Meine Mutter muß sehr früh aufgestanden sein, um den Priester am Schluß seiner ersten Messe zu erwischen.

Später bin ich, als meine Mutter gerade bediente, zu ihm hinaufgestiegen. Ich fand ihn mit gebeugtem Kopf auf dem Bettrand sitzend vor, wie er verzweifelt den Stuhl neben dem Bett anstarrte. Er hatte den Arm ausgestreckt und hielt sein leeres Glas in der Hand. Sie zitterte heftig. Ich begriff nicht sofort, daß er das Glas auf den Stuhl stellen wollte. Endlos scheinende Sekunden betrachtete ich die Hand. Seinen Ausdruck der Verzweiflung. Schließlich nahm ich das Glas und legte ihn wieder hin, indem ich ihm die Beine hochbettete. »Ich kann das machen«, oder »Ich bin doch wirklich groß genug, um das selbst zu machen.« Ich wagte, ihn wirklich anzusehen. Sein Gesicht hatte nur noch eine entfernte Ähnlichkeit mit dem, das er immer für mich gehabt hatte. Um seine Zahnprothese herum – er hatte sich geweigert, sie herauszunehmen – waren die Lippen über das Zahnfleisch hochgezogen. Er war zu einem dieser bettlägrigen Alten geworden, vor deren Betten im Hospiz uns die Direktorin der Klosterschule hatte Weihnachtslieder gröhlen lassen. Doch schien es mir, als ob er selbst in diesem Zustand noch lange leben konnte.

Um halb eins legte ich das Kind schlafen. Es war nicht müde und sprang federnd mit aller Kraft auf seinem Bett herum. Mein Vater atmete mühsam, die Augen waren weit geöffnet. Meine Mutter schloß das Laden-Café wie jeden Sonntag gegen ein Uhr. Sie ging wieder zu ihm hinauf. Während ich den Abwasch machte, trafen mein Onkel und meine Tante ein. Nachdem sie meinen Vater gesehen hatten, ließen sie sich in der Küche nieder. Ich setzte ihnen Kaffee vor. Ich hörte meine Mutter oben langsam hin und her gehen, dann, wie sie die Treppe herunterkam. Ich dachte trotz ihres langsamen, ungewöhnlichen Schritts, sie komme ihren Kaffee trinken. Genau an der Biegung der Treppe sagte sie leise: »Es ist zu Ende.«

Das Geschäft existiert nicht mehr. Es ist heute ein Privathaus mit Tergalvorhängen an den alten Schaufenstern. Mit dem Auszug meiner Mutter löste der Laden sich auf. Sie lebt in einer Einzimmerwohnung in der Nähe des Zentrums. Auf das Grab hat sie einen schönen Marmorstein setzen lassen. A... D... 1899-1967. Nüchtern und erfordert keine Pflege.

Ich habe mein Unterfangen beendet, das Erbe freizulegen, das ich auf der Schwelle zur bürgerlichen Welt niederlegen mußte und das ich gepflegt habe, als ich mich in diese Welt begab.

Eines Sonntags stieg ich, als ich zwölf Jahre alt war, mit meinem Vater die große Treppe zum Rathaus hinauf. Wir suchten die Tür zur Stadtbibliothek. Wir waren noch nie dort hingegangen. Ich machte mir ein Fest daraus. Man hörte keinen Ton hinter der Tür. Mein Vater stieß sie gleichwohl auf. Es war still, stiller als in der Kirche, das Parkett knarrte und vor allem dieser merkwürdige Geruch. Von einem hochstehenden Pult aus, das den Zugang zu den Regalen versperrte, sahen zwei Männer uns kommen. Mein Vater ließ mir den Vortritt: »Wir würden gern ein paar Bücher ausleihen.« Darauf einer der Männer: »Was für Bücher möchten Sie?« Zu Hause hatten wir nicht darüber nachgedacht, daß wir uns vorher überlegen mußten, was wir wollten, daß wir in der Lage sein mußten, Titel genauso leicht zu zitieren wie die Marken von Keksen. So wählten andere für uns, *Colomba* für mich, einen *leichten* Roman von Maupassant für meinen Vater. Wir sind nicht wieder hingegangen. Meine Mutter mußte die Bücher zurückbringen, vielleicht mit Verspätung.

Er fuhr mich mit dem Fahrrad zur Schule. Fährmann zwischen zwei Ufern, bei Regen und bei Sonnenschein.

Vielleicht sein größter Stolz oder sogar die Rechtfertigung seiner Existenz: daß ich der Welt angehöre, die ihn mißachtet hatte.

Er sang: *C'est l'aviron qui nous mène en rond.* (Es ist das Ruder, das uns im Kreise führt.)

Ich erinnere mich eines Titels: *L'expérience des limites* (Die Erfahrung von Grenzen). Der Anfang entmutigte mich, es ging darin nur um Metaphysik und Literatur.

Während der ganzen Zeit, als ich schrieb, korrigierte ich auch Schulhefte, ich lieferte Vorlagen für Aufsätze, schließlich werde ich dafür bezahlt. Dieses Gedankenspiel rief in mir die gleichen Empfindungen hervor wie der *Luxus*, ein Gefühl von Unwirklichkeit, Lust zu weinen.

Letztes Jahr im Oktober erkannte ich in der Kassiererin am Ende der Schlange, in der ich mit meinem Einkaufswagen wartete, eine frühere Schülerin. Das heißt, ich erinnerte mich, daß sie vor fünf oder sechs Jahren meine Schülerin gewesen war. Ich wußte weder ihren Namen, noch in welcher Klasse sie bei mir gewesen war. Um etwas zu sagen, als ich an der Reihe war, fragte ich sie: »Geht es Ihnen gut? Gefällt es Ihnen hier?« Sie antwortete: »Ja, ja.« Nachdem sie dann die Konservendosen und Getränke eingetippt hatte, verlegen: »Mit dem CET* hat es nicht geklappt.« Sie ging offenbar davon aus, daß ich ihre Berufspläne noch im Kopf hatte. Aber ich hatte vergessen, warum sie aufs CET geschickt worden war und auf welchen Zweig. Ich sagte zu ihr: »Auf Wiedersehen.« Sie nahm sich schon mit der linken Hand der nächsten Einkäufe an und tippte, ohne hinzusehen, mit der rechten.

November 1982–Juni 1983

* Centre d'Education Technique (Technische Berufsschule)

Danièle Sallenave

Ehegespräche

1

Eines Abends gegen neun Uhr, zu Hause.

Sie Was wir jetzt brauchten, wäre eine Katze.

Er Warum? Weil wir keine Kinder haben?

Sie Aber das hat doch damit nichts zu tun.

Er Eben.

Sie Viele Leute haben Katzen und Hunde, Kinder und Katzen.

Er Ich habe darüber mal gelesen, Hunde und Katzen, vor allem Katzen, müssen dazu herhalten, Enttäuschungen aufzuwiegen, die man bei der Erziehung von Kindern erfährt. Sie sind wie Kinder, die nicht erwachsen werden. Kinder, die nicht widersprechen. Kinder, die immerfort folgsam sind, immerfort abhängig. Nimm mal bloß das Schnurren.

Sie Das Schnurren? Wieso das Schnurren?

Er Na ja, der Verfasser erläutert, daß eine Wildkatze, eine frei lebende Katze, niemals schnurrt. Sobald sie sich von der Katzenmutter gelöst hat, schnurrt sie nicht mehr. Die Hauskatze ist eine infantilisierte Katze.

Sie Nun hör mal, das ist doch alles Humbug, diese Psychogeschichten von Katzen. *Pause.* Sie schnurren, wenn es mit ihnen zu Ende geht. Eine alte Katze, weißt du, die sich für nichts mehr interessiert, die nicht mehr spielt, die nur noch frißt und schläft. Eines Tages verkriecht sie sich unter ein Sofa, unter einen Schrank und will da nicht wieder vorkommen. Sie frißt nicht mehr, macht die Augen nicht mehr auf. Und schnurrt, schnurrt immerzu. Ich erinnere mich, meine Eltern hatten so eine. Der Tierarzt wurde geholt, er sagte, da ist nichts mehr zu machen, das ist ein Zeichen, ein klinisches Zeichen. Am nächsten Morgen, oder auch am übernächsten, war die

Katze tot. Ich weiß noch ganz genau, es roch sehr unangenehm.

Er *nach einer Weile* Na, das sind ja schöne Aussichten. *Schweigen.* Und hast du auch daran gedacht, was werden soll, wenn wir in Urlaub fahren? Und sie wird sich in die Gardinen krallen oder unsere alten Ledersessel zerkratzen.

Sie Um die ist es sowieso nicht mehr schade. *Einen Augenblick Schweigen.* Sicher hast du recht. Aber trotzdem, zu einem richtigen Haus fehlt noch was.

Er Ein bißchen Geduld, wir sind ja gerade erst eingezogen.

Sie Nein, nein, solange wir keine Katze haben, ist das kein richtiges Haus.

Er Möchtest du nicht vielleicht auch eine Grille am Herd haben?

Sie *ruhig* Bei Odette ist eine. Neulich habe ich sie ganz deutlich in der Küche gehört. Wir haben überall nachgesehen, aber nichts gefunden. Odette meinte, das Geräusch käme aus der Zentralheizung. *Pause.* Aber es ist so. Zu einem richtigen Haus gehört auch eine Katze. Die umherspaziert . . . ihr Revier hat.

Er Überall hinmacht, jawohl, um ihr Herrschaftsgebiet zu markieren. Was für dich ein Haus ist, ist für sie sonstwas. Ein wilder Ort voller Gerüche, die sie mag, die sie anziehend findet. Die des Mülleimers, der schmutzigen Wäsche. Und die sie gegen fremde Übergriffe verteidigt, indem sie in alle vier Himmelsrichtungen pißt. Und zwar regelmäßig, viermal am Tag, aus Angst, der Duft könnte verfliegen.

Sie Was du da beschreibst, ist das Verhalten eines Katers. Eines vollständigen Katers. Unsern werden wir kastrieren lassen.

Er Oh, ich sehe das Bild schon deutlich vor mir! Das fette Miezekätzchen, den fetten Eunuchen, der bei Madame auf dem Schoß sitzt und schnurrt. So verfettet und kurzatmig, daß er nicht mal mehr imstande ist, auf einen Küchenstuhl zu springen.

Sie Es wird sowieso eine Katze genommen und kein Kater.

Er Ebenfalls kastriert, natürlich, um das melodische Gemauze in Sommernächten auf dem Balkon zu unterbinden.

Sie Eine Katze wird nicht kastriert, sondern operiert. Man entfernt, was weg muß, und das fehlt ihr überhaupt nicht.

Er Was du schon davon weißt!

Sie Eine süße kleine graue Katze, mit einer zierlichen Schnauze, eine Kartäuserkatze. Oder noch besser, eine dreifarbige, das sind die hübschesten.

Er Eine blau-weiß-rote, die die Marseillaise singt.

Sie Ach, hör doch auf. Gehen wir schlafen, es ist spät geworden.

Er Ich werde ihr dann Mäuse kaufen, zum Üben. Das bringt Fröhlichkeit und Leben ins Haus, das du ja so traurig findest.

Sie Das habe ich nie behauptet. Also komm schlafen.

2

Sonntagmorgen, neun Uhr. Draußen scheint die Sonne. Es ist Winter.

Sie *im klagenden Ton* Nein, rück mal ein Stück, hörst du! Nimm die Beine hoch.

Er *beschreibt, ohne von seiner Zeitung aufzublicken, mit den ausgestreckten Beinen große Kreise in der Luft* Aber nun mach doch Schluß, du willst uns doch nicht den ganzen Vormittag damit traktieren! *Sanft* Komm, stell ihn ab.

Sie Nein, laß mich zu Ende machen. Überall Staubflocken und Zigarettenasche, das sieht man ja von hier aus.

Er Das sind deine Haare.

Sie Meine Haare? Mach Platz, sei so gut, laß mich mal hier runter.

Er Ja, deine Haare, die ziehen den Staub an, sieh mal. *Er nimmt ein Haar zwischen die Finger, es haftet etwas Staub daran.*

Sie Na so was.

Das Brummen des Staubsaugers hört auf. Sie dreht sich um, er hat die Schnur aus der Steckdose gezogen.

Ach, nein, ich bitte dich. Laß mich zu Ende saugen, du bist doch auch froh, wenn alles sauber ist.

Er Ich? Wenn du wüßtest, wie schnuppe mir das ist. Schmutz stört mich überhaupt nicht.

Sie Im Gegenteil.

Er Dafür aber der Krach.

Sie Also mich stört es. Ich mach es meinetwegen, nicht deinetwegen.

Er Dann mach es, wenn ich nicht da bin.

Sie Das heißt?

Er Nachmittags, bevor ich heimkomme, wenn Madame es sich gegen drei Uhr auf dem Sofa bequem macht und mir abends dann erzählt, ach, ich weiß gar nicht, was ich habe, ach, ich bin nicht in Form.

Sie erwidert nichts darauf, verrückt mit großem Getöse den Tisch, wobei sie leise vor sich hin pfeift.

Er Du wirst noch das Parkett zerschrammen, heb ihn doch hoch.

Sie stellt den Tisch wieder zurück und macht das Fenster auf.

Bist du verrückt? Weißt du, wie kalt es ist?

Sie Es riecht nach Rauch.

Er Wer raucht denn hier?

Sie Ich, na und? Das ist doch kein Grund, zu behaupten, es rieche nicht nach Rauch.

Er ist in die Küche gegangen und kommt mit einer Tasse Kaffee zurück.

Er Möchtest du?

Sie Ja, gern. *Sie trinkt.* Danke, mein Augenstern.

Er Ist dein Saubermachefimmel nun verraucht? Dein »furor domesticus«?

Sie Weißt du, im Grunde genommen ist das nichts weiter als Gymnastik, und die tut gut.

Er Sehr sogar, wenn sie vorbei ist.

Sie Oh, sie ist keineswegs vorbei. Nachher kommt gleich noch die Bibliothek an die Reihe, und du wirst mir helfen, die Bücher herunterzunehmen.

Er Erbarmen!

3

An einem Nachmittag. Eine Fotoausstellung.

Er Das da, ja, das da. Gerade noch so. Das da.

Sie Oh, das ist nicht das einzige. Sieh doch mal.

Er Ja? Bei dem weiß ich nicht, was es darstellen soll, ich finde es uninteressant.

Sie Vielleicht. Nein, es ist witzig.

Er Witzig? Ich mag Humor in der Kunst nicht, ich weiß nicht mal, ob es das überhaupt gibt.

Sie Statt dessen magst du so was hier, morbides Zeug.

Er Aber woher denn, da liegt sogar ein besonders heiteres Licht darüber, das ist absolut nicht morbid.

Sie Na weißt du! Und das da, ist das vielleicht kein Leichenwagen?

Er Ja, gewiß, könnte man meinen, aber das ist doch nicht das eigentliche Thema.

Sie Und die andere Wand, haben wir die gesehen?

Er Ja, als wir reinkamen.

Sie Aber wir sind doch nicht von dieser Seite reingekommen.

Er Gewiß.

Sie Aber nein, bestimmt nicht. *Sie geht nachsehen und kommt lächelnd zurück.* Du hattest recht.

Er Wie immer.

Sie Geschenkt. Sieh sie dir noch einmal an. *Pause.* Stimmt, sie sind gut, sie sind beeindruckend. Ich erinnere mich an einen ehemaligen Kolonialfriedhof in Afrika, es könnte derselbe sein. Überall lagen vertrocknete Kokosnüsse herum, wie Schädel, mit langen Haaren. *Pause.* Kannst du das entziffern?

Er Ja, zwei Daten: 1823–1881. Wie viele Jahre sind das?

Sie Sechzig, etwas weniger, achtundfünfzig, wie Papa.

Er Ein Leben. Nicht mehr als ein Strich zwischen zwei Daten.

Sie Es ist nicht gerade das beste Stück aus der Reihe, ich finde es ein bißchen flach.

Er Was willst du. Auch ein Grab ist flach.

4

Eines Abends in ihrem Schlafzimmer.

Er Mach das Licht aus.

Sie Warte, einen Augenblick noch, ich bin gleich fertig.

Er Mach aus, komm, komm doch. *Er drängt sich im Bett an sie.*

Sie O nein, nicht jetzt, ich will das Kapitel erst zu Ende lesen.

Er Es wird dir leid tun, ich bin müde.

Sie Kannst du nicht noch ein kleines bißchen warten?

Er Nein, jetzt oder nie.

Sie Hör zu. *Sie liest ihm vor.* »Er drückte seine Lippen auf ihre Schulter und schloß die Augen. Nie war sie ihm so fern gewesen wie jetzt, da er sie in seinen Armen hielt.«

Er Was soll der Quatsch? Und was für ein Französisch! »Wie jetzt, da er sie in seinen Armen hielt . . .«

Sie Das spielt keine Rolle. Hauptsache, es ist wahr und treffend.

Er Und was ist daran treffend?

Sie Na, daß man sich eben sehr fern von jemandem fühlen kann, während . . . man ganz nah ist . . . im selben Bett . . .

Er Manchmal, ja? Hast du das auch schon erlebt?

Sie Und ob, warum nicht? Und was man nicht selber kennt, kann man sich immerhin gut vorstellen.

Er *gähnt* Ich habe den Wecker auf halb sieben gestellt.

Sie Ach nein, nicht schon halb sieben.

Er Du vergißt, daß ich morgen den Achtuhrzug nehme.

Sie Den schaffst du sowieso nicht, wenn . . . *Schweigen.* Soviel Zeit, wie du brauchst, um dich rauszuputzen.

Er Mich rausputzen? Stell dir vor, ich muß mich jeden Tag rasieren. Übrigens werde ich mir einen Bart stehen lassen.

Sie Um Himmelswillen. Einen grau durchwachsenen Bart, wie André, einfach scheußlich!

Er Grau durchwachsen? Na, nun mach mal einen Punkt, besten Dank.

Sie Laß doch mal, ich weiß gar nicht mehr, was ich lese, du unterbrichst mich ja dauernd.

Er Wie langsam du liest! So einen Schmöker, zweihundert Seiten, hätte ich in zwei Stunden erledigt.

Sie Natürlich, wenn du die Hälfte überspringst.

Er Ich überspringe gar nichts.

Sie Na, na, zum Beispiel die Beschreibungen.

Er Also gut, die Beschreibungen. Jetzt komm, genug gelesen, und was das Springen angeht ...

Sie Du bist ordinär und dumm.

5

Beim Frühstück. Draußen scheint die Sonne.

Er Was ist denn das?

Sie Butter.

Er Butter. Ach, mein Schatz, das ist alles andere, nur keine Butter.

Sie Was soll das heißen? Ich habe das Papier weggeworfen, aber du kannst es dir noch raussuchen. Es ist sogar Butter aus der Normandie.

Er Gewiß, mein Schatz, so steht es vielleicht auf der Verpakkung, das bestreite ich ja gar nicht, aber ich bezeichne so etwas nicht als Butter.

Sie Und als was sonst?

Er Ich überlege gerade. Margarine, Schweinefett, Schmalz.

Sie Ich hätte sie eher aus dem Kühlschrank nehmen oder in das Extrafach legen müssen.

Er Das ist keine Kühlschrankfrage. Nein, es geht um die Butter als solche, die ...

Sie Hör mal, ich werde dir deine Butter trotzdem nicht persönlich aus der Normandie holen.

Er Aus der Charente, mein Schatz, wenigstens aus der Charente, wenn du schon fährst.

Sie zuckt mit den Schultern.

Zuck nicht mit den Schultern, mein Schatz, ich kann nichts dafür, an mir liegt es nicht. Und ich habe einen ganz besonderen Widerwillen gegen dieses bretonische Erzeugnis voller Salzkörner.

Sie Da sind keine Salzkörner drin, es ist ungesalzene Butter.

Er Das ist der Gipfel!
Sie Du glaubst mir nicht? *Sie steht entrüstet auf und fängt an, im Mülleimer zu wühlen.* Hier, bitte!
Er Du weißt doch, mein Schatz, wenn sie alles mögliche in die Butter hineinmengen, dann können sie auch alles mögliche auf die Verpackung drucken.

6

Mitternacht. Eine einzige Lampe brennt in der Diele. Sie machen sie aus, bevor sie in ihr Schlafzimmer gehen.
Er Wer war denn dieser Kerl? *Er zieht einen Schuh aus und schaut hinein.* Die drücken, es ist eine einzige Qual.
Sie Es liegt am Absatz. Das ist bei Bally-Modellen immer so.
Er Nein, es ist gar nicht am Hacken, es ist an der Seite. Wer war der Kerl?
Sie Ich weiß nicht, wen du meinst.
Er Ist er dir nicht aufgefallen? Der sich unaufhörlich Notizen gemacht hat.
Sie Während des Essens?
Er Während des Essens und auch danach. Er war für einen Augenblick verschwunden, ich dachte, er will sich seine Zigaretten holen, und dann kam er mit einem kleinen schwarzgebundenen Notizheft wieder. Vorher hatte er auf einen Metrofahrschein geschrieben.
Sie Auf einen Metrofahrschein? Ist mir nicht aufgefallen.
Er War gar nicht zu übersehen. Er hat ja sogar die Stirn gehabt zu verlangen, Alain solle noch einmal wiederholen, was er gesagt hat.
Sie Und er hat es sich notiert?
Er Nicht gleich, aber das ist ja egal, man hat ihm deutlich angesehen, daß er sich alles zu merken versuchte.
Sie Ist ja nicht zu fassen.
Er Vielleicht ist er ein Soziologe, der seine Doktorarbeit über die Eßgewohnheiten in der Stadt schreibt.
Sie Ach so, natürlich. Jetzt erinnere ich mich – im »Kirschgarten« oder in der »Möwe«.
Er Wie bitte?

Sie Ich meine, das ist so wie die eine Figur bei Tschechow, »das könnte den Stoff für eine kleine Erzählung hergeben«. Er ist ganz einfach Schriftsteller.

Er Nein, ich erinnere mich nicht, ich begreife von all dem überhaupt nichts mehr. *Er massiert sich wie zuvor die Füße.*

Sie Und das hat dich schockiert?

Er Nein, überrascht, erstaunt, verärgert. Was weiß ich. Ein Gefühl des Fröstelns, man hätte meinen können, er überwacht uns, er beobachtet uns, als kämen wir von einem anderen Stern.

Sie Genau so. Das ist ganz natürlich, ein Schriftsteller macht sich alles zunutze, was um ihn her ist.

Er Ja, gut, aber mich soll er gefälligst verschonen. *Pause.* Wenn er Zahnarzt wäre, würde er ja auch nicht sagen: Lassen Sie doch mal diese Krone da sehen, ist ja interessant, wer hat sie Ihnen denn gemacht?

Sie Es sind eben eigenartige Leute, ein bißchen weltfremd.

Er Ich glaube eher, sie wähnen sich etwas Besseres, fühlen sich uns, dem »vulgum pecus«, überlegen. Ihr, ihr lebt nur so dahin, gebt euch damit zufrieden. Ich hingegen beobachte, ich bin schöpferisch! Er soll sich mit seinen Beobachtungen zum Teufel scheren.

Sie Hast du was von ihm gelesen?

Er Nein, ich habe mir nicht mal seinen Namen gemerkt.

Sie Morgan, er heißt Morgan.

Er Ach nein, das soll Morgan sein? Du scherzt.

Sie Oh, ich bin ganz sicher, er war die ganze Zeit über mit Alains Frau zusammen. Sie hat ihn heute abend nicht aus den Augen gelassen.

Er Dabei ist er verheiratet, hat er das nicht gesagt?

Sie Doch, doch.

Er *nach kurzem Schweigen* Seine Bücher, zumindestens die ich gelesen habe, spielen jedenfalls nicht in unseren Kreisen, es sind eher Krimis, phantastische Kriminalromane, im übrigen bin ich nicht verrückt danach.

Sie Nun, vielleicht täuschst du dich. Er hatte sein Konto bei der Bank überzogen, jetzt aber alles beglichen.
Pause

Er Ach, der Schuft! Jetzt hab ich's raus. Er wird ein Tagebuch führen.

Sie Dann brauchen wir uns für die nächsten fünfzig Jahre nicht zu sorgen.

Er Das meinst du. Solche wie der warten keine fünfzig Jahre ab. Sie veröffentlichen jedes Jahr ein Stückchen, und sie scheuen nicht davor zurück, die Namen in Großbuchstaben zu setzen.

Sie Was faselst du da?

Er »2. Mai. In der Stadt zu Abend gegessen. Zutiefst langweilig. Immerhin eine hübsche Brünette am anderen Ende der Tafel.«

Sie Bin ich das, die hübsche Brünette?

Er Rate mal. *Pause.* In Wahrheit hat er für vier gegessen und getrunken.

Sie Und du? Gib zu, es war köstlich.

Er Ja, aber ich bin eben kein Schriftsteller.

7

Mittags. Sie haben gerade gegessen.

Er Zeig mir mal deine Hand.

Sie Was ist denn mit meiner Hand?

Er Laß mal sehen.

Sie Hier. *Sie streckt ihm die Hand entgegen.* Geht es um meine Fingernägel?

Er Wer spricht denn von deinen Fingernägeln? Ich bitte dich, mir deine Hand zu geben, nichts weiter.

Sie Ich weiß, ich habe kleine Häutchen um meine Nägel, ich kann nicht umhin, sie abzureißen.

Er Aber wer spricht denn von deinen kleinen Häutchen? Ich wollte deine Hand anfassen, deine Hand streicheln, deine Hand küssen, so was tut man doch manchmal.

Sie *macht den Arm steif und hält ihm schroff die Hand hin* Also bitte.

Er Wie soll ich eine Hand küssen, die mir unter die Nase geschwenkt wird, eine Hand, die sich gefühllos ausstreckt, wie eine Männerhand? Ich will doch nicht die Hand der

Concierge küssen, besten Dank! *Er stößt die Hand unsanft zurück.*

Sie Wie roh du bist! Du hast mir weh getan. *Pause.* Ich könnte genausogut deine Hand nehmen, ganz sacht, und sie küssen, so . . .

Er Hör auf.

Sie Warum denn? Warum soll eine Frau nicht die Hand eines Mannes küssen dürfen?

Er Hör auf mit dieser Komödie, findest du nicht, daß es jetzt lächerlich wird?

Sie Was ist denn daran lächerlich?

Er Findest du nicht, daß wir uns ein bißchen lächerlich machen mit dieser Handküsserei, nachdem wir uns stundenlang darüber gestritten haben?

Sie Stundenlang? Nein, das ist es gar nicht. *Pause.* Ich soll einfach sofort auf deine Wünsche eingehen, wenn nicht, nimmst du es übel.

Er Richtig, wenn du mich liebst.

Sie Ach, wenn ich dich liebe.

Er Ja, was ist daran so sonderbar?

Sie Nichts. *Pause.* Diese Hände werden jetzt also den Tisch abräumen und abwaschen, so wird alles enden.

Er Ich mag keine Hände, die nach Abwasch riechen.

Sie Das ist nun aber mal so.

8

An einem Sonntag, gegen Mittag.

Sie In einer Stunde, ist es dir recht?

Er *in gezwungenem Ton* Aber gewiß.

Sie Hast du Hunger?

Er Ich kann warten.

Sie Dann also in einer knappen Stunde, ich erledige schnell noch was.

Er Ja, ja.

Sie Also gut, ich merke schon, in einer halben Stunde.

Er Stimmt, genaugenommen verspüre ich doch schon ein bißchen Hunger.

Sie Trotz der Menge Konfitüre und Zwieback heute früh!
Er Zwieback!
Sie Ja, an Brot muß man eben abends denken. Du kommst als erster nach Hause, du mußt es einkaufen.
Er Wenn du schon mal bis sechs arbeitest!
Sie Was hältst du von Eiern?
Er Na bitte! Eine gute Idee, mal was anderes.
Sie Und wie? Gekocht?
Er Ja, gestern hatten wir Omelett.
Sie Wenn du sie gekocht haben willst, setz schon Wasser auf. Falls du nicht doch lieber Rühreier möchtest, ich würde es probieren.
Er Was du als Rühreier bezeichnest, ist das so ein verunglücktes Omelett wie neulich?
Sie Aber nicht doch, ich habe noch nie welche gemacht.
Er Dann möchte ich doch lieber gekochte. Vorausgesetzt, du gestattest mir, Brotstückchen einzutauchen.
Sie Natürlich nicht. Ach, du machst ja doch, was du willst, aber das ist eine widerliche, kindliche Angewohnheit.
Er Im Gegenteil, gerade weil ich es als Kind nicht durfte.
Sie Aber was machst du denn, du zerschlägst sie ja!
Er Scheiße, jetzt gibt es doch Rühreier. Sind Trüffeln da?
Sie Trüffeln? Nein, aber wir können Tomaten dazugeben, frische Tomaten, die sind noch besser.
Er Hast du denn frische Tomaten?
Sie Nein, natürlich nicht, aber es wäre gut.
Er Lassen wir es dabei. Ich rühre. *Pause.* Und keinen Salat!
Sie Wolltest du denn welchen?
Er Nein, es war ja keine Frage, sondern eine vorwegnehmende Feststellung.
Sie Aber eine gute Idee, wir essen nicht genug rohes Gemüse, ich werde uns Mohrrüben raspeln.
Er Ich mag ja Salat über alles, wenn du nur nicht immer dieses scheußliche chinesische Gewürz darüberschütten würdest.
Sie Koriander, heißt es eigentlich der oder die Koriander?
Er Genus oder Geschlecht von dem Zeug kümmern mich wenig. Ich finde, es riecht nach zerquetschten Wanzen.
Sie Eher nach Ameisen. Aber es ist dein Schaden, wenn du

keinen Salat ißt, wirst du mit vierzig Jahren zu hohen Blutdruck und einen schlechten Cholesterinspiegel haben.

Er Und mit fünfzig Skorbut. Hier, sieh mal! *Er zieht die Oberlippe hoch, zeigt auf sein Zahnfleisch.* Es fängt schon an.

Sie Du lachst darüber, aber mit fünfundsechzig wirst du kindischen Unsinn reden.

Er Das ist unvermeidlich. Mit fünfundsechzig redet jeder mehr oder weniger kindischen Unsinn.

Sie Nicht unbedingt.

Er Stimmt, man kann schon vorher ins Gras beißen.

9

An einem Wochentag, zur Kaffeezeit.

Sie Weißt du, daß du einen schönen Körper hast?

Er Wer, ich?

Sie Sicher, ich rede ja nicht mit der Katze.

Er Nein, aber es überrascht ja doch ein bißchen, das so Knall und Fall nach dem Essen zu hören.

Sie Weil ich gerade daran denken muß.

Er Und du hast nicht einen klitzekleinen Hintergedanken dabei?

Sie Nicht den geringsten. Ich sagte das ohne Berechnung, einfach so, als Ergebnis einer ästhetischen Betrachtung.

Er Na schön. Möchtest du einen Kaffee?

Sie Besonders die Hüften.

Er Nun ist es aber genug.

Sie Ich kann nicht mal über deine Hüften sprechen?

Er Doch, natürlich kannst du das.

Sie Es ist dir unangenehm, wenn ich über deine Hüften spreche?

Er Aber nein. Du kannst sogar über meinen . . .

Sie Über was?

Er Über meinen Hintern sprechen. Ich weiß, ich habe einen sehr schönen Hintern.

Sie Und woher weißt du das? Beguckst du dich im Spiegel?

Er Nein, man hat es mir gesagt.

Sie Man?
Er Man.
Sie Am Strand?
Er Am Strand.
Sie Ich habe absichtlich Strand gesagt, weil das ein guter Ort ist, sich die Hintern der Leute anzusehen. Aber es muß nicht der Strand sein.
Er In der Tat. Also möchtest du nun einen Kaffee?
Sie Wenn es dir keine Umstände macht; aber bitte nicht wieder so stark wie neulich.
Er Es ist nicht meine Schuld, das Wasser läuft nicht durch, die Maschine ist verkalkt.
Sie *nachdenklich* Ich dürfte gar keinen trinken. Er strapaziert meine Leber, ich bekomme Mundgeruch davon.
Er Ja, das stimmt.
Sie *entsetzt, zornrot, springt auf* Wie? Du hast das bemerkt und mir nichts gesagt?
Er Aber es war doch nicht schlimm, ehrlich, mein Schatz, gerade so wie bei Kindern, ein leichter Azetongeruch. Glaub mir. Einfach rührend.
Sie Ich darf gar nicht daran denken! Du hättest es mir wirklich sagen müssen.
Er Aber es ist gewesen, vorbei.
Sie Es sei denn, ich trinke wieder Kaffee.
Er Also trink keinen.
Sie Aber dann schlafe ich ein.
Er Na und? Soviel ich weiß, hast du sowieso nichts anderes zu tun, es regnet.
Sie *gähnt* Du hast recht.
Er Leg dich hin, geh schon. Und wenn du willst, komme ich gleich, dir meine schönen Hüften zeigen und die Schultern, die auch nicht schlecht sind.

10

An einem Samstagnachmittag. Es ist Winter.

Er Hier, lies das mal.

Sie antwortet nicht, streckt die Beine aus, gähnt.

Es ist wirklich nicht schlecht, ein bißchen abstrakt vielleicht, aber nicht übel.

Sie gähnt wieder, ihr Gähnen geht in Lachen über.

Was habe ich denn Komisches gesagt?

Sie hört auf zu lachen, richtet sich auf und blickt ihn fest an.

Aber was habe ich denn gesagt?

Sie Nichts.

Er Was heißt nichts? Erst gähnst du, dann fängst du grundlos an zu lachen, dann starrst du mich an, als hätte ich . . .

Sie Nein, ich starre dich überhaupt nicht an, warum sollte ich dich anstarren?

Er Was machst du also sonst?

Sie Ich ruhe mich aus, ich bin müde, ich habe zu nichts Lust, ich starre vor mich hin.

Er Na schön, starre also und ruh dich aus.

Sie Du wolltest mir was zu lesen geben?

Er Nein, nichts.

Sie Was war es denn?

Er Ich versichere dir, es war nichts, du willst dich ausruhen, also ruh dich aus.

Sie Aber deshalb kann ich doch lesen.

Er Es war nicht der Rede wert.

Sie Du hast recht, ich muß irgend was machen oder ein Viertelstündchen schlafen. Vielleicht lege ich auch eine Schallplatte auf. Willst du nicht ein bißchen Musik hören?

Er Nein, wirklich nicht, nicht jetzt.

Sie ist aufgestanden, geht zum Plattenspieler.

Sie Klaviermusik? Gesang?

Er Nein, ich sage doch, der Sinn steht mir jetzt nicht nach Musik.

Sie Also nehme ich die Kopfhörer. *Sie legt eine Platte auf, stellt den Ton ab und streift die Kopfhörer über. Ein Lächeln verschönt ihr Gesicht. Die Schnur ringelt sich auf dem niedrigen Tisch zwischen anderen Gegenständen hindurch.*

Er Was ist das heutzutage bloß für eine Manie mit diesen Kopfhörern?

Sie Was sagst du? Ich höre mit den Dingern nichts mehr.

Er Und brüll nicht so, ich bin doch nicht taub.

Sie Was?

Er Hör auf, laß mich lesen, bitte.

II

An einem Wintermorgen. Es hat geschneit.

Ein Spatz hat sich ans Fenster gesetzt. Er beobachtet ihn.

Sie Was gibt's denn da zu sehen?

Er Einen Spatz, streu ihm ein bißchen Brot hin.

Sie Was hast du denn? Deine Stimme klingt ja so merkwürdig.

Er Ich fühle mich nicht besonders, mir ist heiß, dann friere ich, ich habe ganz schlecht geschlafen.

Sie Du hast dich ständig hin und her gewälzt. *Sie legt ihm die Hand auf die Stirn.* Laß mal sehen. Stimmt, du hast Fieber.

Er Nicht weiter schlimm, ich werde eine Aspirin nehmen.

Sie Bleib heute früh zu Hause. Ich werde anrufen.

Er Nein, ich hasse das.

Sie Aber wenn du dich hören würdest. Du brütest eine Grippe aus, da kannst du ruhig mal schwänzen.

Er Sag nicht »schwänzen«, man könnte meinen, du sprichst von einem Kind, das nicht in die Schule gehen will.

Sie Als du zwölf Jahre alt warst, befühlte dir deine Mutter die Stirn, aber wo ist da ein Unterschied? Und sie sagte: Oh, du hast Temperatur, ich werde den Arzt holen. Sagte deine Mutter Arzt?

Er Wie sagst du denn? Den Medizinmann?

Sie Ich weiß nicht, ich bin nie krank. *Pause.* Und dann hat sie dir Fieber gemessen. Soll ich dir auch Fieber messen?

Er Nein, danke, ich bin alt genug, um mir ein Thermometer in den . . . zu stecken.

Sie Ich mag überhaupt nicht, wenn du so gewöhnlich sprichst.

Er Ausgerechnet du? Manchmal schäme ich mich deinetwegen.

Sie Meinetwegen?

Er Ja, genau. Neulich bei Alain hast du an einem Abend mindestens dreimal »beschissen« gesagt oder »das ist mir scheißegal«.

Sie Bei einer Frau wirkt das nicht so, da ist das ganz was anderes. Gewissermaßen aus zweiter Hand, ein Zitat.

Er Ach, meinst du?

Sie Also gut, du hast ja recht. Von jetzt an werde ich mich bessern, und du wachst darüber. Du wirst mir ein Bußgeld auferlegen. Sagen wir, jedesmal fünf Franc, wenn ich Scheiße sage oder so was Ähnliches.

Er Fünf? Mein armer Schatz, das hältst du nicht durch.

Sie Möchtest du noch etwas Kaffee? Oh, Scheiße, jetzt habe ich das Tischtuch bekleckert.

Er Schon geht's los. Also her mit den fünf Franc. Noch ein bißchen und ein großes Stück Zucker.

Sie Nein, das gilt nicht, ich war noch nicht darauf vorbereitet. Du nimmst viel zuviel Zucker.

Er Aber keineswegs, ich brauche das einfach. Und ich fühle mich auch schon viel besser, ich glaube, die Tablette hat bereits geholfen.

Sie Das geht ja schnell. Wie bei deinem Vater, ebensogut könnte man dir Brotkrümel zum Einnehmen geben.

Er Was macht das schon? Hauptsache, ich fühle mich wieder besser. Also, noch eine Schnitte, und dann können wir.

Sie Nein, ich hab genug.

12

An einem anderen Morgen. Sie wollen gerade das Haus verlassen.

Sie Dreh dich doch mal um. Sag selber, wir werden dir einen neuen Mantel kaufen müssen.

Er Einen Mantel? Auf keinen Fall. Ich will keinen Mantel.

Sie Lieber eine Bundjacke? Aber eine Bundjacke ist nicht warm genug, außerdem trägt man so was gar nicht mehr, höchstens ganz junge Leute oder Lieferanten, in der Banlieue.

Er Ich will keine Bundjacke, und ich will auch keinen Mantel, ich bin sehr gut angezogen.

Sie Mit deinem alten Wettermantel, wie ein Clochard.

Er Mit meinem alten Wettermantel, wie ein Clochard. Das paßt am besten zu mir und meiner Verfassung.

Sie Aber Liebling, es ist schließlich kalt, schrecklich kalt! Du hast doch gehört, was sie angesagt haben. Und es soll noch kälter werden, sogar schneien, du wirst bibbern.

Er Fünf Franc.

Sie Aber hör mal, das ist doch nun wirklich nicht vulgär. Wie soll ich denn sonst sagen? Dir wird kalt sein, mein Schatz? Wenn ich noch gesagt hätte: du wirst dir einen abfrieren. Also allerhöchstens einen Franc.

Er Einheitstarif, du brichst auch jede Vereinbarung.

Sie Weißt du, was wir machen? Am Donnerstag hole ich dich um vier ab, und wir gehen gemeinsam.

Er Wohin?

Sie Na, dir einen Mantel kaufen. Zum Beispiel einen Lodenmantel. Nicht unbedingt einen grünen, vielleicht einen nachtblauen. Grau macht ein bißchen alt.

Er Eine Bundjacke wirkt zu jugendlich, ein Lodenmantel macht zu alt. Ich bin in einem Alter, für das nichts vorgesehen ist. Da mußt du abwarten. Zwischen Lederjacke und Großvatermantel spielt sich nichts ab. Nichts. Das wußte ich schon vorher. Mir bleibt gar keine Wahl. Im übrigen ist der alte Wettermantel doch noch ganz passabel. Nimm mal bloß das Futter, todschick.

Sie Er war sehr gut, ja. Ein ausgesprochen schöner Wettermantel. Aber du solltest nicht gerade das Futter zeigen, da lösen sich alle Nähte auf.

Er Und darauf bin ich stolz. Das beweist nämlich, daß ich eine moderne Frau habe, die ihre Zeit nicht damit vertut, ihrem Mann die Klamotten auszubessern. Das ist doch sehr schmeichelhaft für mich.

Sie Aber deswegen kann ich mich doch um dich sorgen, darauf achten, daß du nicht frierst. Und so möchte ich, daß du dir einen schönen warmen Mantel kaufst.

Er Jetzt geht das wieder los. Eine Woche lang werde ich es jeden Tag zu hören bekommen. Dann flaut es ab, der Frühling rückt näher, und ich bin außer Gefahr.

Sie Aber dann, mein Schatz, ich muß dir leider widersprechen, wirst du einen neuen Wettermantel brauchen, der hier hält nicht mehr so lange.

Er Das sind Sorgen von übermorgen.

Sie Und deshalb wäre ein Lodenmantel ... Er ist warm, leicht und absolut wasserdicht.

Er Der hat so was Deutsches. Fehlt bloß noch der Tirolerhut mit dem Gamsbart. Erinnere dich mal an München, Heiligabend. Alle diese Kerle in Lodenmänteln und die Frauen in Pelzen.

Sie Na ja, das waren Geldleute.

Er Man brauchte dich nicht lange zu bitten, bilde ich mir ein.

Sie Also da täuschst du dich, ich bin kein solcher Pelznarr. Man kann sagen, was man will, so was ist antiquiert, man sieht darin aus wie ein Muttchen.

Er Und ich dann in meinem Großvatermantel aus Loden, wir gäben ein Paar ab! Aber ich glaube dir kein Wort.

Sie Stimmt, ich gebe zu, daß es auch sehr schicke gibt. Sogar unter den Imitationen.

Er Na wunderbar, also gehen wir für dich eine Pelzimitation kaufen.

Sie Ach, das ist nichts für mich.

13

Nach dem Abendessen.
Er schenkt sich noch etwas Wein ein.
Sie hält die Hand über ihr Glas.

Sie Ich versichere dir, ich muß unter allen Umständen hinfahren. Wenn du nicht mitkommen willst, macht das nichts, dann fahre ich eben allein.

Er Nein, nein, ich will schon. Aber ehrlich gesagt, einen

ganzen Tag im Zug sitzen, das ist nichts für mich. Und dann noch die Rückfahrt.

Sie Ich weiß. Aber wenn wir zurück den Fünfuhrzug nehmen, können wir um Mitternacht wieder in Paris sein.

Er Wie können wir denn den Fünfuhrzug schaffen, mein Schäfchen? Wir müssen doch erst mit ihnen essen, da beißt keine Maus einen Faden ab, und wahrscheinlich auch dort übernachten.

Sie Um so schlimmer, aber ich muß hinfahren. Du brauchst wirklich nicht mitzukommen, du hast sie ja kaum gekannt.

Er Das stimmt, aber ich möchte dich nicht allein fahren lassen.

Sie Und warum nicht?

Er Weil das traurig ist. Und dann werden sie uns für so ein modernes Paar halten, bei dem jeder seine eigenen Wege geht.

Sie Aber nicht doch, ich werde eben sagen, du hast zuviel Arbeit, Besprechungen, sie werden das bestimmt verstehen.

Er Glaubst du? Und sie, wie war sie eigentlich?

Sie Für mich war sie schon eine alte Frau, als ich noch ein Kind war. Sie mag damals so an die Fünfzig gewesen sein. Sie hatte graues Haar, trug eine graue Schürze, graue Strümpfe. Aber ihr Gesicht war rund und fröhlich, ohne eine einzige Falte. Und dabei tat sie nicht mal was dafür, niemals Hautcreme, nichts. Ihre Augen waren von einem prächtigen Blau, ganz dunkel, wie Fayence.

Er Sie war die Schwester deiner Mutter?

Sie Nein, ihre Tante. Aber sie war bloß ein paar Jahre älter als Mama. Sie fühlten sich eher wie Schwestern. Und die du für meine Cousins hältst, sind in Wirklichkeit die Cousins meiner Mutter. Ich kenne sie aber kaum. Sie dafür um so besser. Wir sind jeden Sommer hingefahren.

Er Ist es ein Dorf?

Sie Ein größerer Ort. Eine kleine Stadt. Drei- bis viertausend Einwohner. Hübsch, aber ein bißchen trist.

Er Weil du es als Außenstehende siehst.

Sie Vielleicht. Aber trotzdem, stell dir vor, im Winter, wenn es um fünf dunkel wird. Und um neun brennt kein Licht mehr, bloß noch im Schaufenster des Elektrogeschäfts. Was sollen sie denn auch machen? Gewiß, jetzt haben sie das Fernsehen.

Er Hat sie ferngesehen?

Sie Leidenschaftlich. Meine Cousins haben ihr einen großen Farbfernseher geschenkt. Ein großer Bildschirm in ihrer kleinen Küche. Sie hat sich sogar extra einen Sessel dafür gekauft, in den Galeries.

Er Wo?

Sie In den Galeries, den Nouvelles Galeries, kaum zu glauben. *Pause.* Ja, aber früher, als es noch kein Fernsehen gab?

Er Da haben sie geschlafen. Sie sind mit den Hühnern schlafen gegangen. Was willst du denn sonst tun? Nicht das Lesen ist vom Fernsehen verdrängt worden, sondern der Schlaf. Und die Erotik.

Sie Erotik, in Chemillé?

Er Du hast ja keine Ahnung!

14

Sie fahren für acht Tage weg. Sie sitzen im Auto.

Sie Wir können anhalten, wo du möchtest.

Er Können wir damit noch warten? Ich hatte das bloß so gesagt.

Sie Nein, nein, halten wir an. Ich habe sowieso erst mal genug von der Fahrerei.

Er Schon? Aber wir sind noch lange nicht da.

Sie Wir haben ja Zeit.

Er Trotzdem können wir nicht alle fünf Minuten anhalten.

Sie Ich möchte nur bemerken, daß es schließlich dein Vorschlag war.

Er Ich hab doch gesehen, wie du unruhig wurdest.

Sie Du hast gesagt, bei dem kleinen Wald da machen wir Rast.

Er Von weitem sah es aus wie ein Wald, jetzt sind es gerade ein paar kahle Bäume.

Sie Und ich bin nicht unruhig geworden. Eher etwas müde.

Er Na dann schlaf, mein Schatz, ich sehe nichts, was dagegen spräche. Wenn was ist, wecke ich dich.

Sie *stellt den Sitz etwas nach hinten, schließt die Augen* Mir ist gar nicht mehr nach Schlafen, eher nach Essen.

Er Nein, dann wird dir bloß schlecht.

Sie Hör mal, ich bin doch kein Baby, sprich nicht in solchem Ton zu mir.

Er Im Handschuhfach liegen Kekse, aber wie ich dich kenne, wirst du darüber herfallen und in fünf Minuten sagen: Oh, mir ist etwas schlecht.

Sie Überhaupt nicht. *Sie nimmt das Päckchen und reißt es auf.*

Er Langsam! Du solltest dich bloß mal sehen! Immer so hastig! Es nimmt dir doch keiner deine Kekse weg.

Sie Das ist ganz egal, es bleiben ohnehin keine übrig.

Er Was für ein Geständnis! Hast du dir etwas zu lesen mitgenommen?

Sie *mit vollem Mund* Ja.

Er Und was?

Sie »Marie-France«, »Marie-Claire«, »Elle«, und das ist schon alles.

Er Na besten Dank.

Sie Du schäfst doch sowieso immer gleich ein, du fällst um wie ein Klotz. Es ist jedesmal dasselbe; gib es zu, frische Luft bekommt dir gut.

Er Stimmt, ich bin müde; vielleicht habe ich ein Recht dazu.

Sie *sanft* Aber ich mache dir doch keine Vorwürfe, mein Schatz, ich finde es schön, dir zuzusehen, wenn du schläfst.

Er Und schläfst du etwa nicht? Um acht spielt sich doch nichts mehr ab. Madame hat schon beim Dessert ganz kleine Augen.

Sie lachen.

Er Wenn wir ständig schlafen, wann wollen wir dann ... Richtig, es bleiben ja noch die Nachmittage.

Sie Kommt überhaupt nicht in Frage, die Siesta ist etwas für den Sommer, ich will mich vom Wind durchpusten lassen, lange Fußmärsche unternehmen.

Er Ach so?

Sie *mit vollem Mund* Ich kann nicht mehr, mir ist etwas schlecht.

15

An einem Vormittag, hier und dort im Wohnzimmer beschäftigt.

Sie Ich frage mich, ob es eine so gute Idee war, zu heiraten.

Er Und wer wollte es denn?

Sie Du.

Er Ich? Das ist das letzte. Du weißt ganz genau, was ich von der Ehe halte.

Sie Eben.

Er Eben was? Das ist der typische Anfang von Diskussionen, die kein Ende finden. Außerdem kannst du gar nicht diskutieren.

Sie Ich und nicht diskutieren können? Du übrigens auch nicht.

Er Also lassen wir das lieber.

Sie Richtig, lassen wir das lieber. *Pause.* Aber ich bleibe dabei, daß es keine so gute Idee war, zu heiraten.
Schweigen.
Und diese illegitimen Paare, die mit zwei Namensschildern am Briefkasten alt werden, sind auch lächerlich. Diese wilden Ehen aus finanziellen Gründen.

Er Wer behauptet denn das Gegenteil?

Sie Ich habe mal irgendwo gelesen, daß die Ehe nach fünf Jahren unvermeidlich auf eine Art Konversation hinausläuft. Du aber bist ja nicht mal imstande, Konversation mit mir zu machen.

Er Konversation! Aber, mein armer kleiner Liebling, du hast ja nicht die geringste Ahnung, was das überhaupt ist! Das setzt Freundlichkeit der Beziehungen voraus, Offenheit, die nicht grob ist, die Gewohnheit, die Konfrontation der Ideen zu suchen, nicht die der Menschen.

Sie *fährt fort, ohne ihm zuzuhören* In der Ehe liegt etwas Unerträgliches, es ist das Bewußtsein sicheren Besitzes.

Er Stammt das von dir?

Sie Es könnte von einem anderen stammen, ist aber von mir. Stell dir vor.

Er *behutsam* Da haben wir's schon wieder. »Stell dir vor.« Der spitze Ton, die schiefe Schnute, wie auf dem Schulhof. Mädchen. Mädchen in der Hofpause, würde ich sagen.

Sie Weil es bei den Jungs natürlich anders ist?

Er O ja, völlig anders.

Sie Erklär das mal.

Er Das kann man nicht erklären. Das muß man erlebt haben.

Sie Die männliche Brüderlichkeit, die schönen Rempeleien, stumm alle miteinander, den Walkman auf den Ohren?

Er Wir hatten keinen Walkman auf den Ohren.

Sie Ach, stimmt ja, du in deiner Provinz.

Er Das hat nichts mit der Provinz zu tun. *Er kaut an einem Keks.* Das ist eine Frage der Zeit.

Sie Richtig, ich vergaß den Unterschied!

Er Welchen Unterschied?

Sie Den Unterschied *sie hebt die Stimme* unseres Alters!

Er zuckt mit den Schultern.

16

Wahrscheinlich am gleichen Tag, vielleicht auch am nächsten.

Sie Du wirst sagen, ich käme immer wieder auf dieselben alten Kamellen zurück, aber neulich hast du etwas zu mir gesagt, was ich wirklich nicht ...

Er *fällt ihr ins Wort* Was du wirklich nicht was ...?

Sie Nimm dir noch etwas. Mehr ist nicht da.

Er Schmeckt merkwürdig, halb süß, halb salzig. Verblüffend, aber es schmeckt gut. Recht gut.

Sie Das ist ein Rindfleischgericht auf chinesische Art, ein Rezept, das ich noch verändert habe. Nimm dir doch noch Ananas.

Er Nein, danke, trotzdem nicht. *Ruhig.* Also, was hast du gesagt.

Sie Wann? Ich erinnere mich nicht mehr.

Er Nun tu doch nicht so, gerade eben, ich hätte da etwas gesagt.

Sie Ach so, ja. Jetzt weiß ich wieder! Oh, das ist zu süß, fast widerlich, ich werde noch etwas Essig dazugeben.
Sie steht auf.

Er Was habe ich also gesagt?

Sie Wir sprachen über die Ehe.

Er Das ist ein Thema, das ich persönlich nie anschneide. Und zwar aus gutem Grund.

Sie Aus gutem Grund?

Er Gewiß, was soll man darüber sagen? Entweder ist man verheiratet oder man ist es nicht. Punkt eins. Punkt zwei: Entweder ist man dafür oder dagegen. Das ergibt immer nur vier Möglichkeiten. Zu den Unverheirateten gehören wir nicht. Also die Verheirateten. Unter ihnen gibt es welche, die sich glücklich schätzen, es zu sein.

Sie *ihn unterbrechend* Und welche, die es bedauern.

Er Und welche, die es bedauern.

Sie Gehörst du zu letzteren?

Er Nein.

Sie Also zu denen, die sich glücklich schätzen.

Er Auch nicht.

Sie Also?

Er Nicht also. Ich rede nicht darüber.

Sie Ach doch, bitte, reden wir darüber.

Er Nein, wir reden nicht darüber.

Sie Du willst nie über was reden.

Er Doch, über alles, nur nicht über die Ehe. *Pause.* Hier, nimm dir Salat.

Sie Ich mag nicht, danke.

Er Nun mach nicht so ein Gesicht.

Sie Ich mache kein Gesicht, ich wollte mit dir einmal ein ernstes Thema erörtern. Das der Ehe.

Er Das unserer Ehe.

Sie In gewisser Weise, ja.

Er In gewisser Weise! Du bist zu durchschauen wie klares Wasser, mein Schäfchen.

Sie Ich bin nicht dein Schäfchen.

Er Du begibst dich nur auf das Gebiet des Allgemeinen, wenn du den besonderen Fall nicht anzupacken wagst.

Sie den besonderen Fall! Also gut. Es gibt da etwas, was mich beunruhigt.
Er Nun komm, sprich dich aus, mein Goldschatz.
Sie Nein, im Ernst, Lieber, wirklich! *Sie bricht in Tränen aus.*

17

In Paris, an einem Winterabend im Auto.
Sie fahren in Richtung Banlieue. Es hat geregnet.
Sie Jetzt links.
Er Ja, links, ich weiß, ich blinke ja schon links, wie du bemerkt haben wirst.
Sie Entschuldige, aber ich dachte, du fährst weiter geradeaus.
Er Stell dir vor, ich kann gar nicht anders, ich kann ja schließlich nicht bei rot abbiegen.
Sie Ach, Entschuldigung! Ich hatte nicht gesehen, daß die Ampel rot zeigt.
Er Sperr deine Guckerchen auf.

18

Etwas später; oder auch ein andermal.
Er Sieh doch mal auf dem Plan nach, wir können ja schließlich nicht die ganze Nacht lang immerzu im Kreis herumfahren.
Sie Ich glaube nicht, daß wir im Kreis rumfahren, ich finde einfach die Straße nicht.
Er Also nimm den Plan.
Sie Mit dem Gurt komm ich nicht ran.
Er Dann schnall dich ab.
Sie Ich sehe nichts, soll ich mal Licht machen?
Er Nein, das stört beim Fahren. Übrigens glaube ich, daß die Lampe auf deiner Seite hinüber ist.
Sie Das macht nichts; wenn du unter einer Laterne anhältst, sehe ich ganz gut, fahr langsam.
Er Na schön, geht es so?

Sie Warte. Ich frage mich nur, ist das nun im elften oder im zwölften Arrondissement?

Er Im elften.

Sie *blättert* Im zwölften, ich hatte recht. M 9. Aha, hier, ganz in der Nähe. Aber in der entgegengesetzten Richtung, wir müssen noch einmal die Runde drehen und von der anderen Seite kommen.

Er Ich werde hier parken, und wir gehen zu Fuß.

Sie Es regnet!

Er Gut, ich drehe die Runde, aber wenn wir uns verfahren, dann schieb nicht mir die Schuld zu.

19

Eines Abends.

Sie Ich langweile mich, mir reicht's jetzt, ich langweile mich.

Er Aha! Du willst mir etwas sagen.

Sie Hab ich doch. Ich langweile mich. Und wenn das so weitergeht, fange ich noch an zu weinen.

Er Du hast überhaupt nichts gesagt. Außer: Ich langweile mich. Dahinter verbirgt sich doch etwas.

Sie Aber nein, gib dir keine Mühe.

Er Nun hör mal. Wie soll ich dir glauben? Ich kenne dich doch. Du redest um den heißen Brei herum.

Sie Ja, du vielleicht! Ich nicht.

Er Ich?

Sie Ja, du, wenn du sagen würdest: Ich langweile mich, dann wüßte ich schon, was los ist.

Er Und was wäre dann los?
Sie antwortet nicht.
Also, langweilst du dich mit mir?

Sie Nein.

Er Aber du langweilst dich.

Sie Ja.

Er Nun sei doch mal logisch!

Sie Aber ich sage ja nichts, was der Logik widerspricht. Ich langweile mich eben. Mir langt's: Ich langweile mich.

Er Du langweilst dich in meiner Gegenwart, du langweilst

dich neben mir, aber du langweilst dich nicht mit mir? Vielleicht wegen mir?

Sie So ist es.

Er Na dann ist ja alles klar, du weißt es bloß noch nicht, kein Zweifel. Das erklärt alles.

Sie Was alles?

Er antwortet nicht.

Er Du hast jemanden getroffen?

Sie Ja, oft.

Er Wieso oft?

Sie Ich treffe jeden Tag Leute, aber nicht deshalb langweile ich mich. Ich kann dir nichts anderes sagen. Ich langweile mich, wenn ich wach werde, ich langweile mich den ganzen Tag; wenn ich einschlafe, ein bißchen weniger.

Er Mein Gott! Und wenn wir . . .

Sie Auch. Ein bißchen weniger zwar.

Er Danke.

Sie Habe ich dich verletzt? Verzeih mir.

Er Aber ganz und gar nicht, im Gegenteil. »Wissen Sie, mein Herr, wenn ich mit Ihnen bumse, langweile ich mich ein bißchen weniger als sonst.«

Sie Das stammt nicht aus meinem Vokabular.

Er Ich weiß, und das ist der Nachteil.

Sie Warum?

Er Weil, weil es dir hälfe, den Dingen ins Gesicht zu sehen, wenn du sie beim Namen nennen würdest.

Sie Das ist kein sehr schöner Name.

Er Aber so heißt das nun mal. *Pause.* Gehen wir das alles noch mal durch. Du langweilst dich, aber nicht wegen mir. Du hast die Nase voll, aber nicht von mir. Dir reicht's, aber ich habe damit nichts zu tun.

Sie Dachtest du, ich habe dich im Visier?

Er Was heißt im Visier? Getroffen. Mitten ins Herz. Man kann alles schlucken, alles. Alles hinnehmen. Aber nicht, langweilig zu sein.

Sie Du hast recht.

Er Ach, du gibst es zu!

Sie Ja, es gibt nichts Schlimmeres, als langweilig zu sein.

Er Und du siehst in mir also einen langweiligen Menschen.

Sie Aber nein, nicht du bist langweilig, das Leben ist es.
Er Aber ich bin doch ein Teil davon.
Sie Und ich langweile dich nie? Langweilst du dich nicht auch mit mir?
Er Manchmal schon.
Sie Na bitte.
Er Ich sage das aus Spaß.
Pause.
Sie Du weißt genau, daß man nie spaßt.

20

Eines Abends nach dem Essen.
Sie Es ist fürchterlich.
Er Was denn, mein Schatz?
Sie Es ist fürchterlich. Wir sitzen hier und wärmen uns am Kaminfeuer.
Er *ruhig* An welchem Kaminfeuer? Ich sehe keins.
Sie Während Tausende von Menschen auf den Straßen, den Bürgersteigen sterben. *Pause.* Es war ein literarisches Bild.
Er Und das verfälscht die Wirklichkeit.
Sie Ach, und die Leute, die wirklich auf den Bürgersteigen krepieren, ist das vielleicht Literatur?
Er Auf jeden Fall ist es nicht wörtlich zu nehmen. Zwei oder drei, hier und da, insgesamt an die zehn im Jahr.
Sie Immerhin! Das sind zehn zuviel!
Er Einverstanden. Aber schau mal, ich habe extra Wollsokken anziehen müssen, die ich verabscheue, weil die Heizung nur lauwarm ist, und das nennst du sich an einem schönen Kaminfeuer wärmen.
Sie Das kann man nicht vergleichen. Denk mal an diese armen Teufel. Alle zehn Sekunden stirbt einer von ihnen.
Er In Paris? Also bitte.
Sie Du machst dich immer lustig. Nein, auf der ganzen Erde.
Er Das muß dann an der Hitze liegen, es ist ja nicht überall so kalt. Und dann bedenke auch, daß alle fünf Sekunden einer geboren wird.

Sie *beunruhigt* So viele?
Er Ja, und deshalb werden wir im Jahre 2010 auch fünf Milliarden sein.
Sie Fünf Milliarden? Du scherzt!
Er Du wirst ja sehen. Und bald bedauerst du, daß nicht noch mehr sterben.
Sie Fünf Milliarden! *Pause.* Wie alt werde ich im Jahre 2010 sein?
Er Ich spreche vom Schicksal unseres Planeten, und du . . .
Sie Du meinst also, trotz allem fünf Milliarden.
Er Vielleicht noch mehr.
Sie Apropos Gedränge, diesen Sommer müßten wir schon Ende Juni verreisen.
Er Wenn ich es einrichten kann.
Pause.
Sie *nimmt die Zeitungslektüre wieder auf* Und sag mal, im Iran sieht es auch nicht gut aus.
Er Es sieht nirgendwo gut aus.
Sie Außer hier bei uns.
Er Denk an die armen Geschöpfe auf dem Bürgersteig.
Sie Also ich bin ja nicht bei der Heilsarmee.
Er Was für eine Kehrtwendung.
Pause.
Sie Ich habe kalte Füße.
Er Ich auch.

21

Ein andermal oder am selben Abend etwas später, im Auto.
Er Ich bitte dich, rauch nicht mehr, man erstickt ja fast.
Sie Mach das Fenster auf.
Er Das geht nicht, der Regen kommt von der Seite, es pladdert voll rein.
Sie Warte, ich mache meins auf.
Er Nein, Vorsicht! *Man vernimmt ein lautes Geräusch.* Du weißt doch, der Mechanismus ist nicht in Ordnung.
Sie Entschuldige, hatte ich völlig vergessen.
Er Macht ja nichts, es ist bloß verdammt schwer zu reparieren.

Sie Und deshalb rauche ich ja! *Sie wirft ihre Zigarette durch die Tür hinaus.*

Er Da kann man wirklich nur den Kopf schütteln.

22

Bei der Rückkehr von einer Abendgesellschaft oder am nächsten Morgen.

Sie Meinst du, die beiden, die da am Ende der Tafel saßen, waren verheiratet?

Er Welche beiden denn?

Sie Na die in Rosa und der mit der Brille.

Er Eigentlich setzt man Verheiratete nie nebeneinander.

Sie Also ich möchte dich ja nicht enttäuschen, aber ich glaube, sie waren verheiratet.

Er Warum fragst du mich dann? *Pause.* Und wieso sollte mich das enttäuschen?

Sie Weil es mir so schien, als wäre der Typ zu ihrer Linken mit ihr verheiratet.

Er Nun, möge er es bleiben. Aber im Gegenteil, es enttäuscht mich nicht, es ist mir ganz recht.

Sie Es ist dir recht?

Er Gewiß. Eine verheiratete Frau ist bei weitem nicht so belastend. All die Typen, denen du vielleicht gefällst . . .

Sie *unterbricht ihn* Ich hoffe wahrhaftig, daß ich den »Typen«, wie du sagst, noch gefallen kann.

Er Das meinte ich ja gar nicht. Wenn du mir gestattest, meinen Satz zu Ende zu bringen?

Sie Ich gestatte.

Er Also, die Typen, denen . . .

Sie Männer, junge Männer.

Er So ist es, darf ich jetzt?

Sie Aber bitte.

Er Diese Männer, denen du gefällst, du mußt doch zugeben, daß es sie mächtig beruhigt zu erfahren, daß du verheiratet bist.

Sie *ironisch* Du förderst mich also.

Er In gewisser Weise ja. Es ist ihnen klar, daß die Geschichte nicht allzu weit gehen kann, daß du etwas zu verlieren hast, wenn du dich mit ihnen einläßt.

Sie Nicht allzu weit gehen *könnte*. Daß ich etwas zu verlieren *hätte*. So ist das.

Er Möglich. Außer wenn ...

Sie Ist das deine Überlegung, wenn du einer verheirateten Frau begegnest?

Er Alle Männer stellen solche Überlegungen an.

Sie Und du natürlich auch.

Er Da haben wir's wieder!

Sie Ach was, dein Fall interessiert mich überhaupt nicht. Ich spreche ganz allgemein. Mich interessiert das Problem an sich. Das ist bei Frauen doch ganz anders!

Er Was du nicht sagst!

Sie Ich verabscheue verheiratete Männer, schon früher, noch bevor ich dich kannte, verabscheute ich sie, wenn es um die Frage ging.

Er Um welche Frage?

Sie Um eben die. Ich blickte sie mit einer Art Geringschätzung an, ich mußte gleich an alle ihre kleinen Tricks denken, wie postlagernde Briefe, heimliche Telefongespräche..

Er Wie willst du es sonst machen? *Pause*. Aber du scheinst dich auf dem Gebiet auszukennen.

Sie Das kann man sich doch ganz leicht vorstellen! Ihr seid einer wie der andere.

Er Ach? Und du siehst auch mich auf diesem Pfad wandeln?

Sie Na klar!

Er Klar?

Sie Als wäre ich dabei. *Pause*. Komisch. Unser Gespräch ist schon komisch. Genauso habe ich mir bei den verheirateten Männern, denen ich begegnet bin, immer die Gespräche mit ihren Frauen vorgestellt.

Er Weil du natürlich so vielen begegnet bist.

Sie Darum geht es ja gar nicht. Oder ...

Er Oder was?

Sie Oder ... Ach, nichts, mein Schatz.

23

An einem Sonntagvormittag. Auf dem Teppich im Wohnzimmer eine offene Werkzeugkiste.

Er Was ich überhaupt nicht ausstehen kann, ist eine handwerkelnde Frau. *Sie will aufbrausen, er unterbricht sie* Ich weiß, was du sagen willst. Daß ich das genaue Gegenteil der Männer meiner Generation bin, das ist schon möglich, und ich beklage mich nicht darüber. Schlappe, ungeschickte Typen, die außer sich geraten, wenn eine Frau eine Steckdose reparieren kann.

Sie hält eine Lampe in der Hand, blickt ihn an.

Ich weiß, was du denkst. Nein, überhaupt nicht. Um nichts in der Welt. Ich lasse dich oft Auto fahren, und du weißt genau, daß ich mich nie weigere, das Geschirr abzuwaschen. Aber . . .

Sie Gib mir mal einen Schraubenzieher.

Er gibt ihn ihr.

Mit dem Griff bitte! Du hättest mich verletzen können.

Er Nein, was mich stört, ist die Umkehrung des Stereotypen. Die zerbrechliche Frau, einverstanden. Obwohl . . . Die Sportlichen unter deinen Freundinnen mag ich ebenso.

Sie Unter meinen Freundinnen? Welchen Freundinnen?

Er Na die beiden, mit denen du bei Paul zum Essen warst.

Sie Ach die! Aber das sind doch nicht meine Freundinnen. Und sie sind sehr hübsch, vor allem die blonde.

Er Ich weiß nicht, sie kamen mir muskulös vor. Und dann, aber nein, ich nehme zurück, was ich gesagt habe. Schöne Muskeln, ein gebräunter Rücken, das gefällt mir auch an einer Frau . . .

Pause.

Sie Aber handwerkeln ärgert dich.

Er Genau, darüber haben wir ja gerade gesprochen. Weil es euch Frauen, wenn ihr handwerkelt, völlig an Zartheit fehlt. Sieh mal einem zu, der das berufsmäßig macht, einem Klempner, einem Elektriker: was für eine Zartheit in ihren Handbewegungen. Was für eine Exaktheit, was für ein Fingerspitzengefühl. Bei dir geht alles buff und baff! Fahrige, unkontrollierte Griffe, Flüche! Eine völlig falsche Vorstellung von Männlichkeit, die ihr unbedingt nachahmen zu müssen glaubt.

Sie *verdutzt, den Schraubenzieher in der Luft haltend* Ich fluche bei solchen Arbeiten?

Er Ja.

Sie Hilf mir mal, halt das hier mal fest!

Er läßt es los.

Also wie unbeholfen du dich auch anstellst.

Er Verdammter Mist, elender, ich habe einen gewischt bekommen.

Sie Du hättest natürlich aufpassen müssen, für so was drehe ich die Sicherung nicht raus. Oh, du bist ja ganz blaß.

Er Du sagst es. Das hat mir vielleicht einen Schlag versetzt, Teufel auch, das könnte einen glatt umbringen!

Sie Oh, umbringen!

Er Mein Arm ist noch ganz steif. *Er reibt ihn.*

Sie Also ich renne jetzt nicht los, mach du das.

Fügsam, sich noch immer den Arm reibend, geht er.

Schalt aus! Nein, schalt wieder ein. Meine Güte, dauert das lange!

Er *von weitem* Ich sehe nichts.

Das Licht geht wieder an.

Sie Oh, aber die Steckdose ist hin, gehst du mir eine neue holen, Schatz, sei so nett, ja?

Er Morgen.

Sie Nein, bitte jetzt gleich! Ich will das noch fertigmachen.

Er *zieht seinen Mantel an* Na schön, ich gehe.

Sie Nimm dir das Modell mit!

Er *schon draußen* Ach, das sind doch alles die gleichen.

Sie *allein* Ganz und gar nicht. *Pause.* Oh, und wenn es nicht paßt, kehrst du um.

24

Bei Tisch.

Sie Du wirst langsam alt.

Er Ich werde langsam alt?

Sie Ja, du wirst langsam alt.

Er Was soll denn das nun schon wieder?
Sie Du faselst. Mindestens drei-, wenn nicht gar viermal fragst du mich jetzt, an welchem Tag wir zu Martin zum Essen kommen sollen.
Er Ich kann mich wirklich nicht erinnern, stimmt.
Sie Und du verlierst das Gedächtnis für Namen, vor allem für Eigennamen.
Er Glaubst du, dieser Typ von damals, der sich immer Notizen machte, wird auch da sein?
Sie Das hat dich wohl beeindruckt.
Er Neulich habe ich in der Bahnhofsbuchhandlung von Montparnasse ein Buch von ihm gesehen.
Sie Was hattest du denn am Bahnhof Montparnasse zu suchen?
Er Wenn du den Umschlag gesehen hättest!
Sie Eine nackte Frau?
Er Nicht mal. Das scheint sich auch so zu verkaufen.
Sie Heute abend gehen wir ins Konzert, Freitag zu Martin und am Sonnabend ins Théâtre de la Ville.
Er Was gibt es denn?
Sie Ballett, modernen Tanz, es fängt schon um sechs an.
Er Na ja, auf die Weise wird es wenigstens nicht so spät. Aber warum bleiben wir nicht mal einfach einen Abend zu Hause?
Sie So ist das nun mal. Es gibt eben solche Wochen. Übrigens macht es mir überhaupt nichts aus, zu Hause zu bleiben. Du findest es doch langweilig. Fast wie auf englischen Kupferstichen, »Das eheliche Glück« und so, Monsieur renkt sich beim Gähnen die Kiefer aus, und Madame zieht ein schiefes Gesicht.
Er Was für ein Geständnis!
Sie Ich möchte nicht, daß du dich langweilst.
Er Nein, das liegt an den Filmen im Fernsehen. Ehrlich! Man sieht nichts, man versteht schlecht.
Sie Du wirst schwerhörig, gib es zu.
Er Filme, wo oben, unten, rechts, links was abgeschnitten ist, und alles synchronisiert, immer dieselben Stimmen, immer die Stimmen solcher abgehalfterten Schauspieler wie dein Schwager.

Sie Mein Schwager? Adrien?
Er Natürlich. Wovon, glaubst du, lebt er denn, wenn er kein Engagement hat?
Sie Es kann ja schließlich nicht jeder Beamter sein.
Er Sicher nicht.
Sie Aber es gibt den Filmclub, die alten Schwarzweißfilme.
Er Und dafür haben wir uns also einen Super Sony de luxe gekauft.
Sie Hör auf, du provozierst mich.
Er Ich provoziere dich immer, wenn ich die Wahrheit sage.
Sie Ja, so ist es. Es gibt nichts Provozierenderes als die Wahrheit.

25

Am Nachmittag.
Er Ich wäre gern Archäologe geworden.
Sie Was bringt dich jetzt darauf?
Er Eine Sache, die ich in »Sciences et Voyages« gelesen habe.
Sie In diesem Käseblatt? Das hast du doch von André?
Er Ja.
Sie Unglaublich! Und du weißt, daß sie das wegen der Steuer tun.
Er Wieso?
Sie Ja, wegen der Steuervergünstigungen, die Abonnements setzen sie als berufsbedingte Ausgaben ab. Gelesen wird das nie.
Er Na meinetwegen, mir hätte es gefallen.
Sie Puh, Scherben, zerbrochenes Geschirr, sengende Hitze, schwitzende Erdarbeiter.
Er Du hast ja keine Ahnung! Eines Morgens ist es plötzlich soweit: Du stößt auf etwas Hartes, oder unter deiner Hand tut sich ein Hohlraum auf, darunter eine Stadt, eine ganze Stadt, die seit zweitausend Jahren niemand zu Gesicht bekommen hat.
Sie Die sind doch blöd, das war gar nicht nötig. Sie hätten doch weiterhin Jérome angeben können.
Er Er ist vierundzwanzig.

Sie Er ist nicht Andrés Sohn, aber das macht ja nichts, er liegt ihnen auf der Tasche.

Er Stimmt haargenau!

Sie Was stimmt haargenau?

Er Daß er ihnen auf der Tasche liegt! Und nicht Andrés Sohn ist! Wenn ich diesen Idioten schon sehe, mit seinen Kopfhörern und seinem fettigen Haar.

Sie Das ist kein fettiges Haar, sie schmieren sich so ein Gel rein, damit die Strähnen Halt haben.

Er Meinetwegen kann er sich auf den Kopf schmieren, was er will, aber wenn ich denke, wie André in dem Alter war ...

Sie Das ist eine andere Generation, du verstehst sie nicht. *Pause.* Ich fühle mich ihnen natürlich näher. Colette und er kommen prächtig miteinander aus. Ich bin ganz gerührt, zu sehen, wie gut sie sich verstehen.

Er Mir tut der arme André leid. Also, um noch mal auf die Archäologie zurückzukommen ...

Sie Hättest du mich mitgenommen?

Er Schwer zu sagen. Eine Frau bei Dreharbeiten, das bringt immer Probleme mit sich.

Sie Dreharbeiten? Was erzählst du denn da?

Er Seltsam, es geht mir alles durcheinander. Ich dachte, ich wollte sagen, ich hätte auch gern Filme über Archäologie gemacht.

Sie Sag bloß! Und ich hätte darin die schöne geheimnisvolle Sklavin gespielt, die seit drei Jahrtausenden in der verborgenen Kammer der Pyramide schläft.

Er So ist es. Für eine Schaumbadwerbung.

Sie Abends, nach der Arbeit, würden wir dann Reis essen und süßen Wein trinken. Dann ginge der Mond auf, und einer deiner Leute, ein junger Mann mit pechschwarzem Haar ...

Er Natürlich.

Sie ... würde anfangen zu singen. Das wäre großartig, unvergeßlich.

Langes Schweigen.

Er Kommst du mit?

Sie Wohin? Nach Ägypten?

Er Nein, auf die Bank, ich habe um fünfzehn Uhr einen Termin, und stell dir vor, es gibt wegen der Bauarbeiten im ganzen Viertel keine Parkmöglichkeit.

Sie Sag nicht »fünfzehn Uhr«, ich hasse das. Wenn Leute sagen, also wir essen dann gegen zwanzig Uhr, zwanzig Uhr fünfzehn, paßt Ihnen das? Übrigens, mit Freitagabend bist du doch einverstanden, oder?

Er Da ich gerade schon von Archäologie sprach . . .

Sie Also, das ist bösartig, wirklich bösartig. *Sie verbeißt sich mühsam das Lachen.* Die Arme, nach allem, was ihr widerfahren ist. *Pause.* Stimmt, darüber ist sie wirklich gealtert.

26

Am Abend, ziemlich spät.

Sie Ich frage mich, was wirklich mit einem geschieht, wenn man stirbt.

Er Du wirst es schon noch rechtzeitig erfahren.

Sie Manchmal, nachts im Bett, wenn du schon schläfst, denke ich darüber nach. Ich liege wach und denke darüber nach.

Er Du solltest lieber wieder einschlafen.

Sie Du weißt genau, daß man das nicht erzwingen kann: Mit dem Schlaf ist es wie mit dem Verlangen nach Liebe oder dem Appetit, so etwas kommt oder es kommt nicht. Da läßt sich nichts machen.

Er Oh, ich weiß.

Sie Was weißt du? Gar nichts weißt du. Nicht, weil ich hin und wieder keine besondere Lust hatte . . .

Er Keine besondere Lust! Ein unmißverständliches Gähnen oder ein irres Lachen.

Sie Ein irres Lachen?

Er Ja, ich gestehe dir, daß mich so was nun wirklich nicht erregt.

Sie Aber mein Schatz, das hast du doch gar nicht nötig, du bist es sowieso immer.

Er Was willst du damit sagen? Daß ich wie ein Tier bin? Ein Tier . . .

Sie Nein, aber gib zu, daß du in Hochform bist, und ich mache dir auch keinen Vorwurf. Wenigstens nicht auf diesem Gebiet.

Er Weil, auf anderen . . .

Sie *ohne ihm zuzuhören* Ich versuche es. Ich schließe die Augen, halte den Atem an, oder ich reiße sie in der Finsternis ganz weit auf und sage mir, so muß es sein, man sieht nichts, man glaubt, es ist stockdunkel, aber es ist gar nicht dunkel, im Gegenteil, es ist heller Sonnenschein. Und man sieht trotzdem nichts.

Er Das ist ja total lächerlich. Hör mit diesen krankhaften Vorstellungen auf.

Sie Weißt du, neulich mußte ich genau in dem Augenblick daran denken.

Er In welchem Augenblick?

Sie Zwing mich nicht, gewöhnlich zu werden, ich weiß nicht, wie ich mich ausdrücken soll. *Pause.* Aber mir scheint, daß es so ähnlich sein muß, daß es ein bißchen dieselbe Wirkung hat.

Er Hm.

Sie Immerhin ist es schon sehr beängstigend.

Er Zu sterben? Wahrscheinlich.

Sie Nicht zu sterben. Zu . . . zu . . .

Er Sag es. Nun sag es endlich mal.

Sie *lachend, verlegen* Mir fällt kein anständiges Wort ein.

Er Dann verwende eben ein anderes. *Pause.* Weißt du, wie die Jungs bei der Armee dazu sagen?

Sie Nein, und ich will es auch nicht wissen, es ist bestimmt nicht gerade gewählt.

Er Nein, aber ich versichere dir, sehr ausdrucksstark.

Sie steht auf, legt ihm die Hand auf den Mund, er wehrt sich, faßt nach ihrer Hand und küßt sie. Pause.

Sie *versonnen* Einmal habe ich mir dabei sogar auf die Zunge gebissen; es hat richtig geblutet.

Er Mit mir war das aber nicht.

Sie Ach nein?

Er Nein, das hätte mich stutzig gemacht.

Sie Ach, sieh mal an.

27

An einem Vormittag, gegen zehn Uhr.

Sie Das hättest du nie zu mir sagen dürfen!
Er antwortet nicht.
Hörst du überhaupt, was ich sage?

Er Ich höre.

Sie Und was denkst du darüber?

Er Dasselbe wie du.

Sie So?

Er Ja.

Sie Daß du das nie zu mir hättest sagen dürfen?

Er Meinetwegen. Ich denke so wie du.

Sie Oh, dieser Ton!

Er Wechseln wir lieber das Thema.

Sie Falls wir eins finden.

Er Wenn nicht, können wir ja auch schweigen.

Sie Nein, eben nicht. Wir können eben nicht schweigen. Ist dir eigentlich klar, was du getan hast?

Er Was ich getan oder was ich gesagt habe?

Sie Was du getan hast, indem du sagtest, was du gesagt hast.

Er Ich versuche zu begreifen. Was ich gesagt habe, indem ich tat, was ich getan habe, nein, umgekehrt, was ich getan habe, indem ich sagte, was ich gesagt habe.

Sie Hör bitte auf.

Er Und was habe ich getan?

Sie Hör auf. *Pause.* Was soll's? Ich kann dir das nicht erklären. Ich sollte dir das auch gar nicht erklären müssen. Es gibt Dinge, die man von ganz allein begreift. Man weiß selber, wie weit man gehen kann, das weiß man eben.

Er Und was du mir da jetzt gerade sagst, hältst du das nicht für verletzend?

Sie Verletzend? Ich versuche nur, dir was klarzumachen.

Er Du versuchst mir klarzumachen, daß ich ein Wesen ohne Herz und Verstand bin; das weder Vernunft noch Gefühl besitzt und Böses tut, ohne es absichtlich zu tun, wie ein Kind, wie ein Tier, wie ein Blöder.

Sie Ich schließe nicht aus, daß du es absichtlich getan hast.

Er Das ist mir lieber. Absichtlich weshalb?

Sie Um mir zu sagen, was du gerade gesagt hast.
Er Gerade eben?
Sie Nein, vorhin, du weißt ganz genau, wann.
Er Uff, mir dreht sich der Kopf, das halt ich nicht aus!
Sie Und ich? Glaubst du etwa, mir wird das nicht zuviel?
Er Mit einem Mann verheiratet zu sein, der kein Herz hat?
Sie Du bist nicht herzlos. Wenn du willst. Aber du verbirgst es. Du schämst dich, zärtlich zu sein.
Er Ich, der ich die Zärtlichkeit in Person bin! Du hingegen! Keine Geste, nichts, nicht eine kleine spontane Regung, so wie das hier zum Beispiel. *Er streicht ihr über den Kopf.*
Sie Und ob! Mach ich doch immerzu.
Er Es ist mindestens sechs Monate her, daß du mir mal über das Haar gestrichen hast.
Sie Tatsächlich? *Sie tritt zu ihm und zaust ihm unwirsch das Haar in die Stirn.*
Er *es mit der Hand wieder ordnend, verärgert* Eben.
Sie Ach! Und neulich, im Bett, hast du sogar zu mir gesagt, daß ...
Er Im Bett! Das ist doch ganz was anderes, im Bett! Ein rein sinnlicher Reflex, du klammerst dich an etwas, du bist sehr konvulsiv, weißt du.
Sie Danke, neulich hast du mir vorgeworfen, ich wäre zu kalt.
Er Das ist doch kein Widerspruch.
Sie Aber um gleich mal darauf zurückzukommen, es ist doch sonderbar, daß du das nicht bemerkt hast.
Er Ich bitte dich um Verzeihung.
Sie *strahlend* Wofür? Nimmst du zurück, was du gesagt hast?
Er Nein.
Sie Nein?
Er Nein, da ich überhaupt nicht weiß, worum es geht. Ich bitte dich ganz allgemein um Verzeihung.
Sie Ganz allgemein? Aber das ist ja noch schlimmer, damit machst du dich ja über mich lustig.
Er Schon gut, schon gut!

28

Eines Abends beim Essen.

Sie Es ist doch seltsam, daß Männer noch immer früher als Frauen sterben. Bei weitem. Statistisch gesehen ist das beeindruckend.

Er Ich sehe da mehrere Gründe.

Sie So? Aber die Frauen haben sich doch den Männern angeglichen, sie trinken und rauchen genauso wie sie.

Er Sogar noch mehr. Wenn man den Beispielen glauben soll, die wir in unserer nächsten Umgebung haben. Um nicht zu sagen, vor unseren Augen.

Sie Sprichst du von mir?

Er Deine Freundin Chose steht nie vom Tisch auf, ohne ihr Glas mitzunehmen.

Sie Tatsächlich?

Er Ja, es ist erstaunlich. Wenn alle nach nebenan gehen, um ihren Kaffee zu trinken, bleibt sie noch einen Augenblick sitzen. Sie gießt sich bedächtig ihr Glas voll, dann kommt sie uns nach und stellt es seelenruhig vor sich hin.

Sie Mag sein. *Pause.* Aber das erklärt doch nun überhaupt nicht, warum die Männer vor uns sterben.

Er Du hast mich ja gerade an der Stelle unterbrochen, wo ich dir sagen wollte, wie ich das sehe.

Sie Sag es. Übrigens kann ich es mir denken.

Er Wenn du es schon weißt, wozu dann noch?

Sie Warte. Du willst sagen, weil wir euch strapazieren, oder auch, weil . . .

Er Das nennt man Fragen stellen und gleich selber beantworten. Deine Definition von Meinungsaustausch. *Pause.* Aber du hast nicht ganz unrecht.
Sie bewahrt Schweigen,
Die Ehe hat etwas Erschöpfendes für den Mann.
Sie antwortet noch immer nicht.
Aber mir kommt noch ein anderer Gedanke. Ich glaube, wir tun es aus Höflichkeit.

Sie Aus Höflichkeit?

Er Ja, wir schulden euch das wohl. Es ist ein Geschenk, das wir euch machen.

Sie *sichtlich interessiert* Ach ja?

Er Ja. Wir überlassen euch das Geld, das Haus, so rechtzeitig, daß ihr noch was davon habt. Das macht euch interessant, wir wissen, daß ihr so was schätzt.

Sie Wirklich? Du bist also der Meinung, daß der Tod deines Vaters deine Mutter interessant gemacht hätte?

Er Mehr oder weniger, ja.

Sie Sieh einer an!

Er Ich will damit zum Ausdruck bringen, daß das euer Wertgefühl steigert, diese Bürde, die großen Worte von Treue, das Gewicht der Erinnerung, das ganze Drumherum. Es ist immer interessant zu überleben. Ja, ein schönes Geschenk.

Sie So gesehen, schuldet ihr uns das wirklich.

Er Siehst du.

Sie Ja, für alles das, was wir von euch ertragen mußten. Und für alles, was wir euch gewährt haben.

Er Ihr, das heißt du, denn es dreht sich ja immer um dich und mich. Was hast du mir denn gewährt?

Sie Sprechen wir mal ganz allgemein. Eure Freiheit, von der Freiheit, die wir euch lassen, zahlt ihr uns in gewisser Weise etwas zurück.

Er Von welcher Freiheit?

Sie Von allen! Einschließlich der hauptsächlichsten.

Er Und welche ist das?

Sie Zwinge mich nicht, deutlicher zu werden.

Er Aber da du doch nur ganz allgemein sprichst.

Sie Zwinge mich nicht.

Er Und deiner Meinung nach habe ich das ausgenutzt?

Sie Wir sprechen ja nicht von dir.

Er Sprechen wir also von mir, du stirbst ja vor Verlangen, es zu tun.

Sie Was denkst du darüber?

Er Aber ich wollte ja deine Meinung hören.

Sie Solltest du lieber nicht.

Er Was?

Sie Meine Meinung hören.

29

Sie sitzt schreibend an einem Tisch, den Rücken ihm zugewandt.

Sie Hast du deine Glückwunschkarten geschrieben?

Er Was für Glückwunschkarten? Ich schreibe keine, an wen soll ich Glückwünsche schicken?

Sie Zum Beispiel an deine Familie. An deine Tanten.

Er Was soll ich ihnen wünschen? Wenn ich daran denke – nur daran denke –, läuft es mir kalt über den Rücken. Die da bei Amiens wohnt, du weißt, welche ich meine? Sie lebt seit fast dreißig Jahren allein in ihrem großen Haus. Ganz allein, es kommt nie jemand. Das Obergeschoß hat sie abgesperrt, sie hält sich unten in zwei Räumen auf, im Winter bloß in einem. Was soll ich der nun wünschen? Daß sie nochmals dreißig Jahre so leben möge?

Sie Du weißt ganz genau, daß das Höflichkeitsfloskeln sind, Umgangsformen. *Pause.* Du könntest sie immerhin mal besuchen.

Er Wann denn? *Pause.* Und du, besuchst du deine Verwandten?

Sie Lassen wir meine Verwandten aus dem Spiel.

Er Würdest du denn mitkommen?

Sie Das hängt davon ab. Aber schreibst du deinen Freunden nicht? *Pause.* Deinen Freundinnen von früher?

Er Worauf willst du hinaus?

Sie Auf nichts. Aber es vergeht kein Jahr, daß ich nicht an Luce oder an ihren Bruder schreibe.

Er Oder an ihren Bruder.

Sie Genau.

Er Ich habe eben keine solchen alten Bindungen.

Sie Alte Bindungen, was für ein Wort! Du weißt, Luce war stinksauer, als ihr Bruder diese dumme Pute heiratete. Sie war wütend, daß er nicht mich genommen hat. Es wäre beinahe mal so gekommen. *Pause.* Aber es ist nicht so gekommen.

Er Schade.

Sie Wer weiß?

Er Stimmt, er sieht einfach hinreißend aus mit seinem kahlen Kugelkopf.

Sie Der Ärmste. Was kann er denn dafür. Mit dreißig hatte er kein einziges Haar mehr.

Er Mit dreißig? Na hör mal! Auf dem Foto sieht er schon ganz schön kahl aus.

Sie Auf welchem Foto?

Er gibt keine Antwort.

Woher hast du gewußt, daß er es ist?

Er Es stand auf der Rückseite.

Sie Also tu dir bloß keinen Zwang an. Mache ich deine Briefe auf?

Er Mach auf, was du willst.

Sie *nach einer Pause* Die Legendres, weißt du, die lesen ihre Post gemeinsam.

Er Wie denn das?

Sie Wer früh die Post herausnimmt, macht alle Briefe auf und liest sie laut vor.

Er Laut?

Sie Das ist immerhin besser, als die Taschen zu durchwühlen.

Er sagt nichts.

Postlagernd ist gar keine so schlechte Sache.

Er antwortet nicht.

Unter falschem Namen, mit einem falschen Ausweis. *Sie seufzt.* Was für Komplikationen! Und wozu, fragt man sich. *Pause.* Ja, das fragt man sich wirklich.

Er Wie bitte?

Sie Ach, nichts. Hast du mal einen Briefumschlag für mich?

30

An einem späten Nachmittag.

Sie sitzen in Sesseln; auf dem Parkett liegen Zeitungen herum.

Er Wolltest du nicht den Test mit mir zusammen machen?

Sie Hab ich schon längst.

Er Aber du hast doch nichts in die Kästchen eingetragen.

Sie Weil ich nicht wollte, daß du siehst, wofür ich mich entscheide.

Er Was hattest du für das vierte Kästchen vorgesehen?

Sie Ich erinnere mich nicht mehr an die Frage.

Er »Würden Sie für sich eine Erd- oder eine Feuerbestattung vorziehen?« Ich mag das Konditional. *Pause.* Also?

Sie Ich weiß nicht mehr.

Er Was heißt, ich weiß nicht mehr?

Sie Das geht mir so gegen den Strich, daß ich mich nicht entscheiden will.

Er Aber dann kannst du den Test nicht machen. Sieh mal, da steht ausdrücklich: »Falls Ihnen beide Lösungen schlecht scheinen, dann wählen Sie die aus, die Ihnen am wenigstens mißfällt.«

Sie Aber mir mißfällt die eine ebenso wie die andere.

Er Ich sehe keine dritte Möglichkeit.

Sie Aber ich.

Er Ach, und welche? Nicht zu sterben, zum Beispiel?

Sie Zum Beispiel, oder sich aufzulösen, zu zersetzen.

Er Bei einem Flugzeugunglück? Weißt du, das ist bestimmt kein Vergnügen. Man braucht mehrere Minuten, um zehntausend Meter hinunterzustürzen.

Sie Ja, oder bei der Explosion einer Atombombe. Das tut überhaupt nicht weh.

Er Vorausgesetzt, man befindet sich in der Nähe des Zentrums. Wenn du ein Stück weiter weg bist, hast du bloß Verbrennungen, und in noch größerer Entfernung nur Strahlungsschäden, und das kann dann dreißig Jahre dauern. Und das Problem ist damit auch nicht gelöst.

Sie Werden die Überlebenden von Hiroshima erdbestattet?

Er Nein, ich glaube, in Japan werden sie verbrannt. Zum zweitenmal, und diesmal richtig. *Pause.*

Sie Wird die Kiste auch mit verbrannt?

Er Welche Kiste?

Sie Na der Sarg.

Er Vermutlich. Ich habe noch nie gehört, daß der Tote herausgeholt wird und dann hopp, ab mit ihm ins Feuer.

Sie Die Asche, die man bekommt, stammt also zu drei Vierteln aus Kiefernholz.

Er Was tut das?

Sie Ich weiß nicht, aber nehmen wir mal an, du stirbst und hast schriftlich verfügt, verbrannt zu werden, schriftlich, wohlgemerkt, ich für meinen Teil will eine solche Entscheidung nicht zu treffen haben, und wenn ich die Urne dann ausgehändigt bekomme, ist kaum eine Fingerspitze voll von dir drin.

Er Du willst eine solche Entscheidung nicht treffen müssen? Und ich soll dir meine Wahl schriftlich mitteilen? Jetzt schon? Also, dann los, wenn du es so willst. Du wirst ebenfalls unterschreiben, und ich schicke das Ganze an die Gesellschaft für Thanatographie oder -philie, ich weiß nicht genau.

Sie Was ist denn das?

Er Das sind Leute, die dafür sorgen, daß der Wille derer, die sich verbrennen lassen wollen, befolgt wird.

Sie Aha, du hast dich also schon erkundigt.

Er Komm, gib mir ein Blatt Papier, wir regeln das gleich.

Sie Ich bitte dich.

Er Aber ja, irgendwann muß es ja doch gemacht werden.

Sie Bitte.

Pause.

Er Und was hast du unter sechs angegeben?

Sie Sechs?

Er Ja: »Wenn Ihr erstes Kind geboren wird, oder Sie sich entschließen, ein Kind zu haben, welches Geschlecht würden Sie sich wünschen?« Das ist harmloser.

Sie Findest du?

Er Ja, du hast recht. Also?

Sie Das habe ich auch frei gelassen.

Er Möchtest du, daß es zweigeschlechtlich ist?

Sie Genau. Zweigeschlechtlich und unsterblich.

Mireille Best

Psalm für Frédérique

Vorsicht, sagt sie und drängt mich schaudernd zurück; sie ist zerbrechlich; sie ist beinahe ein Nichts.

M. Blanchot
(*Au Moment voulu*)

Vielleicht hast Du vergessen. Alle vergessen sie. Dabei sieht man den Gedächtnisschwund als verhängnisvollstes Unglück an – ob wir alle bedroht sind?

Vormals, als die Bedrohung sich noch zurückhielt, dachte ich unbestimmt daran, ein genaues Repertorium der geringsten Einzelheiten meines Seins anzulegen. Später, gegen Ende meines zwanzigsten Lebensjahres vielleicht, würde ich die Lücken füllen: Nichts (und doch alles) sollte mir entgehen, nichts würde ich dem Vergessen preisgeben. Zum Nachschlagen. Als Selbstschutz.

Natürlich gelangte mein Wollen niemals über das Stadium des Vorhabens hinaus. Man tut nicht recht, gedankenlos zu leben, einfach so, ohne *Zeugnis*.

Von meinem Gedächtnis ist einzig das Skelett eines Blattes geblieben: Zwischen den Nerven, die fortbestehen, brennt ein sonderbares Licht, als verzehre sich dort, in dieser Leere, noch immer etwas und bedrohe damit vielleicht alles andere ...

Ich weiß nicht, was genau das Vergessen ist. Aber ich weiß, es ist nicht das Dunkel, wie ich einst dachte: Im Dunkeln erkennt man noch die Umrisse ... Das Vergessen ist wohl eher ein Zuviel an Licht, ein Licht, das blendet und jegliches Suchen vereitelt: Leuchten des Schnees, weißglühender Rachen des Sommers.

Was von der Dämmerung bleibt, das ist nicht das Vergessen, das ist die Erinnerung: schmale Stege, dem Zusammenbrechen nahe. Daher dieser so trügerische Eindruck, eine Spur gelassen zu haben, auf die man zurückfindet, wenn man sich verirrt, oder nach der man sich zumindest umwendet, um sicher zu sein.

Mit mir geschieht Sonderbares, Frédé: Ich verliere meine Spuren.

Ich wandere durch einen Wald ganz in der Nähe, jeden Tag. Es ist stets derselbe Wald, ich vermute es wenigstens. Seit Tagen wandere ich dort, vielleicht sogar seit Wochen – die Freunde, bei denen ich Unterschlupf gefunden habe, zeigen sich bereits ein wenig ungeduldig. Es sind trotz allem liebe Freunde – und niemals erkenne ich ihn wieder...

Seit Du mich gehen ließest, ohne eine besänftigende Geste, mit einem Kuß nur, zu grob fast auf die Trauer meiner Wange gedrückt, dort, wo es mir an Fleisch fehlt, wo es unter dem Wangenknochen kaum merklich eine Mulde bildet – du bekommst die Wangen deiner Mutter, sagten sie zu Hause. Und ich habe sie bekommen: Jahr für Jahr spüre ich jenes anrüchig Sanfte sich mehr und mehr hervorheben, um die Leere zu beschirmen – seit diesem barschen Kuß, der erzwungen war oder zurückgehalten wurde (und der mich stößt, wohin ich gehen muß: anderswohin), halte ich mich in einem unbestimmbaren Raum auf.

Ich versprach, Dir zu schreiben, doch ich zerreiße meine Briefe einen nach dem anderen: Sie sind wie der Wald, ich erkenne mich darin nicht wieder. Ich wollte mit Dir reden, doch dann hätte Dein furchtbarer grauer Blick, der in mich dringt, durch und durch, auf mir geruht Der mir nicht genügend Raum läßt, mich zu finden mich zu sammeln und in Blitzesschnelle eins zu werden und unteilbar unter den Unwettern, deren Toben ich darin erkenne. Hättest Du mir nicht das Wort verboten, wie Du es getan hast, ich hätte zu faseln begonnen, wie damals, als Du mich meine Lektionen mit solch unerbittlichem Ernst herbeten ließest, daß der Haß mich getrieben hätte, wäre ich überhaupt noch fähig gewesen, Dich zu hassen. Und wie damals hättest Du mit Deinen schönen breiten Schultern gezuckt. »Sag mal, kannst du nicht aufhören mit deinem Theater...«

Niemals jedoch sorgte mein »Theater« für Aufsehen, andere hätten es sonst bemerkt. Aber Du sahst alles: Aus ich weiß nicht welchem noch so flüchtigen Abgleiten meines Blikkes, der kleinsten Lähmung einer Wimper, dem unmerklichen Hauch eines Schattens unter meinem Mund erkanntest Du die geringfügigste Regung in mir ... Ich hätte Dich verabscheuen sollen und Dich fliehen. Unglaublich, daß ich daran nie gedacht habe.

Meine Bewunderung für Dich nahm mir stets ein wenig den Atem. Darum der Aufwand an Zeit, um mit Dir, für mich ganz allein, über einige Dinge zu reden, so als könntest Du sie verstehen.

Du verstehst doch so vieles, Frédé. Aber Du verstehst es in einer Gedankenlosigkeit, die die Bedeutung mildert, als ob sie die Schatten der Dinge ausradierte, ihren Anblick subtil verfälschte. Meine Empfindungen meine Gefühle meine Gedanken meine Ängste, hatte ich sie Dir einmal anvertraut, wurden kleiner schrumpften zusammen: So geschah es mit dem bereits Gedachten, bereits Erlebten, bereits Überstandenen. Ich erkannte beim Sprechen, daß ich mir nichts ausgedacht hatte.

Dennoch täuschte ich mich: Man denkt immer ein bißchen hinzu, wenigstens in den Freiräumen. Meine hätte ich mit aller Zähigkeit verteidigen sollen. Sie abstecken sollen, und Du hättest sie achten müssen. Statt dessen ließ ich es bei Annäherungen bewenden – ja, so ist es.

Noch ein Brief, der im Papierkorb enden wird, ich habe Angst davor: Es sieht aus, als wollte ich Dir den Prozeß machen, als wollte ich auf ich weiß nicht welche Ranküne setzen und die Vergangenheit trüben Mißverständnisses heraufbeschwören, da ich Dich so geliebt habe – geliebt mit einer etwas schreckhaften Liebe, immer irgendwie auf der Hut, Ausbrüchen von Worten und Ausbrüchen von Lachen unterworfen, das ist wahr. Aber geliebt ...

Doch was bedeutet das: lieben?

Wenn Du mich liebst Wenn Du mich liebtest Weil Du mich liebst ... So viele Hebel, um die Kisten mit dem Schaf fortzuschaffen. Wie aber sieht das Schaf aus?

Ich habe nicht übel Lust, feig unsere Kindheit anzurufen, das, was wir aus uns, allen zum Trotz, gemacht haben. Indes ist dieser Schritt, wenn auch nicht frei von Irrungen, die Du vorausahnst, von dem verzweifelten Bedürfnis, sich an das zu klammern, was uns vereint, vielleicht nicht gänzlich umsonst, berücksichtigt man jene berühmten »Freiräume«, die ich zu verteidigen gehabt hätte und die ich allesamt für unsere Gemeinsamkeit aufgegeben habe.

Natürlich kennst Du sie, unsere Geschichte. Aber die Geschichte in mir, diese Geschichte unter der Geschichte, die sich unter der Oberfläche abspielte, dort nämlich, wohin selbst Du mit Deinem Blick nicht dringen konntest, was davon hast Du erahnt, erraten, verborgen, Du, die beinahe alles sieht und die besonnen die Türen schließt, die man nicht öffnen darf?

Fordere keine *Erklärung*, Du weißt, dazu bin ich unfähig. Du warst es immer, die die Erklärungen gab. Ich nahm sie auf, kleine, gewichtige und fest verschlossene Kisten, wohl berechnet, sie aneinanderzureihen und zu lagern. Ich war einverstanden, niemals sah ich eine davon hervorstehen. Ich rückte sie – Zieh, mein Matrose – in eine untadelige Fluchtlinie, die *unsere* war, denn ich hatte fügsam eingewilligt. Und wenn trotzdem etwas hervorstand, wie aufgescheuerter Hanf an einem Tau, ich vergaß es, ich sah dreist darüber hinweg, aus dem einzigen Grund, ich war die einzige, die es sah.

Es gibt nichts zu erklären. Ich werde nicht alle Kisten öffnen, zudem, es sind harmlose darunter. Ich fasse nur ins Auge, was hier und dort hervorsteht, noch immer hartnäckig hervorsteht, obwohl dieses verzehrende Licht, von dem ich Dir erzählt habe, langsam wie ein kriechendes Feuer daran nagt.

Der Wald, ich wandere dort bei Tagesausklang bis in den Abend hinein. Wenn die Nacht herniederfällt und die Schatten sich unter den Bäumen versammeln, habe ich gleichermaßen das Gefühl, abermals *hindurchzugehen*, und das ebenso irrige, mich vollständig aufzulösen. Doch ich werde Dir noch einmal davon erzählen: Wenn ich das unvermittelt hier, wo es nicht hingehört, angesprochen habe, so wollte ich gerade gegen diesen Gedanken des Lichts ankämpfen, das ich nicht mehr ertrage . . .

Wir sind klein – noch sind wir klein, obwohl Du mir aus der Höhe der zwei Jahre, die Du älter warst als ich, immer sehr groß erschienen bist. Erst viel später werden diese unermeßlichen Jahre zusammenschrumpfen, bis sie ohne Belang sind. – Wir sind klein, und es ist Sommer. Solche Mädchen, sagt unsere (eigentlich Deine) Mutter und drückt ihre Fingerspitzen in die schon müden Wangen. Solche Mädchen ... Ich habe noch nie solche Mädchen gesehen!

Unser Vater hat, wie so oft, keine Meinung. Und selbst unsere Mutter, erinnerst Du Dich, hat trotz allem nicht sehr gestritten ... Einverstanden Jeans sind praktischer als Kleider Einverstanden wir dürfen auch Räuber und Gendarm spielen das ist viel lustiger als mit Puppen zu spielen Nun ja, vielleicht Man kann schon ... Unsere Mutter, die, als sie in unserem Alter war, niemals eine Bank ausgeraubt hat, klebt kreuzweise Heftpflaster auf die Risse in unserer Haut und seufzt, daß sie erst Ruhe finden wird, wenn wir verheiratet sind. Damals schon hatte ich den Gedanken, Deinen Vater zu heiraten, aufgegeben. Ich habe, wie Du, keine Meinung mehr. Bald darauf werden wir die gleiche haben, und unsere Mutter gibt wieder auf, genauso verständig und erschöpft: Einverstanden, man braucht durchaus nicht zu heiraten, doch ist es schon von Bedeutung, in der Schule ordentlich zu lernen. Und außerdem, es bleibt Zeit genug, noch einmal darüber zu reden ...

Um uns her hat man sehr bald den Mund verzogen, ratlos, dann mißbilligend, was gleichermaßen auf unsere immer so »schwache« Familie und das aus ihr entsprossene Ergebnis zurückfiel. Solche Mädchen ... So was So was.

Trotzdem hat es mich in Aufruhr versetzt: Wie sind wir denn?

Eben so, hast Du gesagt, hast die Schultern gehoben und den Mund verzogen.

Und was soll das bedeuten?

Sie mögen uns nicht.

Aber weshalb?

Weil sie saublöd sind. Wir sollen Kleider anziehen und sie beim Hinsetzen heben, damit sie nicht knittern. Wirklich saublöd, sag ich dir. Laß gut sein.

In unserem Leben oder besser, an seinem Rand, gab es »saublöde« Leute. Nachbarn meist, und Leute, die völlig unbedeutend waren außerhalb der Grenzen unseres familiären Radius, der durch den Krieg, den wir nicht kennengelernt hatten und von dem noch jederman sprach, arg eingeengt worden war. Abgesehen von Deiner Patin, die in einer anderen Stadt wohnte und nur selten auftauchte, waren da nur wir beide, unser Vater, der so zaghafte und meist schweigsame Beschützer, unsere Mutter, so sanft wie Dinge, die man benutzt, ein wenig zerstreut, ständig zwischen ihren lackierten Möbeln verloren, die sie vor unlösbare Probleme ob des immer neuen Staubs stellten, niemals ganz bei der Sache ... Und dann meine toten Eltern, auf der Kredenz, in ewiger Jugend in ihren kleinen, liebevoll abgestaubten Rahmen, einfache und unerläßliche Bezugnahme zur Klärung dieses sonderbaren Umstandes: Ich trug nicht denselben Namen wie Du, wie unsere Eltern. Vor denen, die unsere gemeinsamen waren, hatte ich andere Eltern gehabt, und ich trug den Namen dieser Toten, an die ich keinerlei Erinnerung hatte, die aber darum nicht minder zur Familie gehörten.

Als ich das Alter erreicht hatte, eine Spur zusammenhängender Rede zu verstehen, wurde mir die Sachlage erklärt: Ich war die Tochter der Zwillingsschwester, der geliebten – und toten –, unserer Mutter, und jenes anderen Vaters, der nicht Papas Bruder war, doch lassen wir das, das verstehst du nicht, aber ein Freund Ein guter Freund. Die Bomben ... erzählte unsere Mutter, die jedesmal weinte, unsere ganze Familie ist unter den Bomben umgekommen. Nur ihr nicht, meine Kleinen ... Lieber Gott im Himmel, als ich euch wiedergefunden habe!

Jetzt war ich ihre Tochter, wie Du. Es war überhaupt nichts Außergewöhnliches. Und selbst die, die ihre Münder verzogen, brachten quasi Entschuldigungen für die »Schwäche« unserer Eltern bei, wenn Erinnerungen sie überkamen.

In jenem Sommer stellte ich mir viel weniger Fragen genealogischen Inhalts, denn ich war ungemein damit ausgelastet, mit Dir auf die ödliegenden Grundstücke zu entkommen, die noch überall der Wiederbebauung harrten. Erst wenn es stockfinster war, kehrten wir heim, Hand in Hand, Du so vernünftig dreinschauend, daß jeglichem Tadel der Boden entzogen war. Ihr übertreibt! sagte unsere Mutter allenfalls und schlug unparteiisch mit dem Handrücken auf unsere vier Hände, weil sie schmutzig waren Wascht euch Kommt essen

Geht schlafen und lest nicht mehr. Eure eigene Schuld es ist viel zu spät. Ich schlief an Deinen Rücken geschmiegt, mit niemandem habe ich je wieder so geschlafen.

Was wäre anders gewesen, wenn wir tatsächlich Schwestern gewesen wären? Ich habe es mich manchmal gefragt. Ich glaubte sogar, es herausgefunden zu haben. Dieser winzig kleine Unterschied in den Beziehungen zu unseren Eltern, im übrigen im strengsten Maße gleich, hat wohl unser geheimes Einvernehmen begünstigen können: wir waren nicht *verpflichtet*, einander zu lieben. Unser Einvernehmen wurde um uns her tatsächlich beständig als ein Wunder empfunden. Du wirst es bestätigen können. Denn wir bewiesen eine unerschütterliche Schwesternliebe, der man maßlosen Beifall zollte und die man insgeheim nicht fassen konnte . . .

Vielleicht haben wir, von unserem eigenen Spiel fasziniert, noch etwas hinzugefügt – schwierig einzuschätzen, in welchem Grade sich ein Kind, das sich beobachtet weiß, natürlich gibt. Nun egal. Und ich meinerseits glaube nicht.

Doch als ich Dir diese Erklärung vorschlug – die erste und einzige, denke ich wohl, die ich je gewagt habe –, hast Du sie schulterzuckend, wie etwas Lästiges, zurückgewiesen: Aber was willst du denn! Ich bin deine Schwester, punktum basta.

Deine Schwester, sagte unsere Mutter. Kümmere dich um deine Schwester Laß deine Schwester in Ruhe. Das Wort »Cousine« erschien erst reichlich spät in unserem Wortschatz, als lapidare Mitteilung, wie man den Dingen ihren tatsächlichen Namen zuweist, doch ohne allzu sehr auf ihn zu vertrauen: Es heißt nicht Rad, es heißt Fahrrad. Eigentlich seid ihr Cousinen. Doch allen ist das schnurzegal, Cousinen. Zumindest genauso egal wie Fahrrad . . .

Vielleicht doch nicht allen. Vielleicht mir nicht wirklich, die ich in diesem Wort eine unerklärliche Verführung entdeckte, gerade in jenem Sommer.

Doch Du sagtest: Aber was willst du denn! Ich bin deine Schwester Punktum basta. In Deinen grauen Augen, die zuweilen so groß sind, daß man meint, gänzlich darin einzutauchen, sah ich, daß Du den Versuch meiner Theorie für das Verlangen genommen hast, Raum zu gewinnen, mich weniger eng an Dich zu ketten . . . Ich habe darauf verzichtet, Dir zu erklären, daß es das Gegenteil war: »Erklärungen« gelangen mir schon damals nicht. Ich betrachtete Dich wie betört von einer plötzlichen Entdeckung. Ich sagte: So ist es. Und verzog ein wenig das Gesicht, weil die Strahlen der untergehenden Sonne mich geradewegs in die Augen trafen. Bis in alle Ewigkeit, Frédé. Ich liebe Dich bis in alle Ewigkeit.

In diesen Augenblicken der Anbetung weiteten sich Deine schönen grauen Augen über diesem nachdenklichen Lächeln, das Du noch immer hast. Du nahmst meine Hand, sanft und so gebieterisch, daß ich zum Mittelpunkt der Erde geschleudert wurde . . . Ich war vielleicht zehn Jahre alt, und es war ein Sommer voll lodernder Dämmerstunden.

Danach werden die Dinge klarer, so daß man sie wirklich betrachten kann. Außerdem ist die Jugend Teil meiner weißen Jahre – der fahlen sollte ich sagen. Für alle Ewigkeit der Auslöschung anheimgegeben. Wir haben uns gestritten, glaube ich. Wenn man über fünfzehn ist, kann man die Welt kaum noch ignorieren: Es gibt sie einfach. Ungastlich im allgemeinen, und im besonderen ganz und gar rücksichtslos gegenüber denjenigen, deren Form vom auferlegten Standard abweicht. Die Nachbarn waren »saublöder« denn je, und nur sie gab es. Allein, sie hatten nicht unser Fell. Nicht einmal das kleinste Stück davon, denn neben anderen Frauen, anderen als wir, werden wir immer privilegiert sein: wir haben nie Scham gefühlt.

Ich hätte nicht von Scham sprechen sollen, ob dieses ersten und einzigen Males, da wir es vorzogen, eine Deiner geheiligten, niemals ausreichend fest vernagelten Kisten unter einem nicht abgemachten, vollkommenen, niemals gebrochenen Stillschweigen zu begraben – die nämlich, deren Nägel sich mehr und mehr lockern und aus der etwas heraussickert. Aber auch heute fühle ich keine Scham. Ich ersticke die Erinnerung, Dich so erstarrt gesehen zu haben, so zu Eis erstarrt, als wäre ich zum Feind übergelaufen, so in Deiner Betäubung verfangen. Eine ferne, unabänderliche Betäubung, die endlos ihre Runden durch meinen Schlaf zieht, so als könnte ich den Stein nicht versenken, mit dem Du mich zu Deiner Verteidigung beworfen hättest.

Allein durch Schweigen hast Du Dich verteidigt, ich weiß. Doch was für ein Schweigen, aus starkem, makellosem Glas! Wie hätte ich durch diese Scheibe zu Dir sprechen sollen? Oder wie hätte ich sie zerschlagen sollen, es sei denn, ich hätte uns mit zerbrochen? Und Du hast mich schon verdächtigt, so vieles entzweischlagen zu wollen ...

Ich betrachte mich im Spiegel Wie damals, als ich verzweifelt versuchte, Dir ähnlich zu sein – oder besser, *Du* zu sein, wenigstens für ein paar Sekunden Und Du schaust mich an, zum Beispiel ... Die Sekunden gerinnen in einem anderen Zeitablauf, in dem ich schwebe, zwischen mir und dieser anderen, die es nicht geben wird Zwischen mir und dem Nichts Zwischen dem Nichts und dem Nichts ... Und immer wieder ein tückischer Ekel, wie eine Absonderung jener eigentümlichen Form des Nichtseins, die mich am Ende von meinem Spiegelbild ablenkt.

Du betrachtest mich flüchtig, mit dem gleichen zögernden Blick, den Du von der Felsenküste wirfst, kurz bevor Du den Schritt zurück tust, der Dich außer Gefahr bringen wird Du bist wahnsinnig ...

Ich schwanke am Rande dieses Wahnsinns, den Du vermutest Den Du Dich beeilst mit verhaltenem Ruf beim Namen zu nennen damit er nicht Gestalt annimmt Den Du unter einem verschwörerischen Lächeln verbirgst ... Da ist undeutlich die Spur des Kreuzes, der Fingerspitze voll Salz, die man über die Schulter wirft, des Zeigefingers und des Mittelfingers, die sich in diesem Blick kreuzen, den Du allzu hastig zurücknimmst, bevor Du ihn mir glatt, lächelnd, befriedet, vorzeigbar wiedergibst. Du bist ja wahnsinnig, Hélène ...

Deine ruhige Stimme hat mein Schwanken auf das zurückverwiesen, was es ist: ein harmloser Wahnsinn, ohne Anmaßung, irgendwie an der Grenze und daher kaum wahrnehmbar. Es besteht kein Anlaß, mich zu überwachen.

Dieser Wald, Du weißt, er ähnelt allen Wäldern, die wir durchquert haben, seit wir erwachsen sind. Er hat nichts Befremdendes oder wirklich Bedrohliches. Nur finde ich mich darin nicht zurecht, was ich auch tue.

Wenn ich endlich hinausgelange, muß ich dem Zufall dafür danken, der Gnade der Sommernächte und meiner körperlichen Ausdauer. Erschöpft komme ich aus ihm zurück. Aber Du weißt, daß ich trotz meines fast mageren Körpers eine verläßliche Widerstandskraft besitze. Du weißt, wie lange wir ohne zu ermüden gewandert sind, und lange noch in der Müdigkeit wie in einer brennenden Rinde ... Doch in solchen Augenblicken gebe ich meinem Herzen unvermittelt einen Stoß, und ich weiß nicht mehr, ob ich eine zwei zehn bin oder eben jemandes Spur, die sich eingegraben hat.

Dennoch brauche ich diesen Wald, sein Dunkel und meinen törichten Starrsinn, in diesem Dunkel bis zu dem Augenblick herumzulaufen, da er mich zufällig freigibt – oder da er mich *herausfinden läßt*, worum ich ihn bitte und was er mir niemals gewährt –

Du kannst Mama versichern, der zu schreiben ich nicht den Mut aufbringe und die Dich mit ihren stockenden Fragen, penetrant wie die Fliegen, bombardieren wird: Mir geht es gut. Eigenartigerweise.

•

Die zähe Empfindung, bei Dir darum *herum* zu reden und daß es immer so sein wird, wie ich mich auch abmühe, um ein Minimum an Genauigkeit zu erreichen. Doch was tätest Du im Grunde anderes, wenn Du mir von ihr erzählen würdest, von Mareke? Vielleicht ist es unmöglich, sich einer Wirklichkeit zu stellen, die so glühend heiß ist, daß um sie her alles schmilzt, sich auflöst ... Immer wieder dieses Licht, das die Dinge in aller Verschwiegenheit verschlingt.

Ich bat Dich: »Erzähle«, und Du erzähltest nicht. Es war keine Ablehnung, eher die Scheu vor der Zerstückelung dessen, was eins ist und glatt. Erzählen bedeutet stets, das in Stücke zu brechen, zu zersplittern, was nach Zusammenhalt strebt. Erzählen bedeutet, die Dinge an den falschen Platz zu legen, sie in den falschen Schubkasten zu räumen ... Dennoch hast Du Dich löblich bemüht. In den Briefen war es einfacher, in ihnen kann sich das Stillschweigen nicht in der gleichen Art einschleichen, Zweifel säen.

Selbstverständlich, ich habe sie alle, Deine Briefe. Ich brauche sie nicht noch einmal zu lesen, um das Bild wiedererstehen zu lassen, das sich nach und nach abzeichnete: die Mareke aus den Tagen des schönen Wetters auf den Seine-Kais, ihre Zähne strahlen in der Sonne Die Mareke der Regentage, ihr Haar tropfnaß Die Mareke, die Bücher liest, die in ihrer Sprache geschrieben sind – eine Sprache, die nur sie versteht, sagtest Du –, sich mit der Hand die Wange reibend, bis sie wie ein kleines Mädchen in Schlaf fällt Eine Mareke, die kleiner ist als Du, als wir, die sogleich den ganzen Platz irgendwo dort einnahm, wo ich nicht war Die die Kälte verlassen hatte, die Winter mit dem zähen Schnee dem knirschenden Eis und den Schlittschuhläufern, um bei Dir in dieser Stadt zu sein, einer Stadt, die zugleich voller Menschen und gähnend leer ist, von der Du nach unendlichen Studien fortgegangen bist. Um so schlimmer für mich, wenn mein Atem zu kurz war, um Dir folgen zu können, ich, die ich viel lieber vor mich hinträume als daß ich nachdenke ...

Es ist wahr, ich hatte schon versucht, mich von Dir loszusagen, hatte Lieben ohne große Folgen ausprobiert, begonnen, mich in diesem Leben umzutun, in dem wir nicht mehr oder fast nicht mehr zusammen waren. Und daß es fortan so sein würde, und immer nur so, damit hatte ich mich, kurz gesagt, recht gut abgefunden ... So gut, daß ich Dich mit rauschendem Beifall überhäufte, Dich, die Du noch immer über Dinge und Leute hinweg zu mir redest, zu mir allein, zu mir als erster. Natürlich, der Mutter durfte man nichts sagen.

Ich bewahrte Dein Geheimnis wie ein kostbares Gut. Ich sah das Bild der Unbekannten, die Du uns eines Tages vorstellen würdest, deutlicher werden. Dein Blick hat bisweilen etwas Wahnsinniges – wohl eher Jubelndes –, doch ist er niemals wirklich seinen eigenen Wahngebilden erlegen, und sehr bald versuchtest Du wie pflichtgemäß ihre Tragweite einzuengen: »Ich weiß nicht, ob du ... Vielleicht rede ich dummes Zeug ... Es ist wie eine Krankheit, ich sehe alles verkehrt herum, doch ich habe keine Lust, die Dinge wieder in ihrer richtigen Ordnung zu betrachten. Glaub mir, das ist idiotisch!«

Mit Bedacht versagte ich es mir zu glauben, das Herz war angeknackst von dem, was ich für Ungeduld hielt und die es nach allem vielleicht auch nur war. Und ich wartete auf die nächsten Ferien, arbeitete brav – genauso brav, wie Du es getan hättest, wenn Du dazu gezwungen gewesen wärst – in diesem Büro, das ich mir auf Grund meiner Trägheit mehr oder weniger selbst zu verdanken hatte, wo die Dinge in dem gleichen Maße zusammenschrumpften wie die Stapel staubiger Formulare, die es auszufüllen galt In dem Maße der unerbittlich in Scheiben geschnittenen Tage wie niemals, niemals vorher, nicht einmal in der Schule ...

Seit einiger Zeit – seit unserer Trennung vielleicht, möglich ist es, ich habe nicht darauf geachtet – hatte ich keinen eigenen Traum mehr. Ich bin so langsam, so gleichmäßig in Deinen hineingeglitten, daß ich es nicht einmal gemerkt habe. Ich fand mich einfach in Deinem Traum wieder, ich wurde dessen gewahr ich weiß nicht wie doch weder widerwillig noch überrascht: Ich fühlte mich dort wie zu Hause, nichts war selbstverständlicher! Und darauf, die Tage die Wochen die Zeit als Ganzes alles war so unbeweglich ...

In den Ferien bist Du immer gekommen. Und immer allein. Von neuem schien es, als seien die Dinge in Bewegung geraten. Und Deine Erklärungen – auch sie hat eine Familie, und die Richtung ist nicht dieselbe ... und dann du weißt ich hab ein bißchen Bammel Mama zu sagen ... Vielleicht später wenn ich sicher bin wenn es endgültig ist ... – verbannten dieses Geisterbild, das es sowieso kaum gab, eher wieder in die Wesenlosigkeit.

So warteten wir, ohne nach dem wirklichen Grund des Wartens zu forschen und ließen die berühmte *Zeit* vergehen, von der man sagt, daß sie alles heile. Du wartetest, daß unsere Mutter ihre überholte fixe Idee, Dich zu verheiraten, aufgeben würde, Dich zuerst, denn Du bist die Ältere. Ich frage mich, wann deine Schwester sich endlich dazu durchringt, ihr Leben in geordnete Bahnen zu bringen ...

Sie macht ihr Studium zu Ende, was soll sie sonst tun?

Ja ... Ach, du kannst dich über mich lustig machen, ich weiß, was ich sage ... Einsamkeit ist für niemanden gut, sagte unsere Mutter. Gefühle auf ständiger Wanderschaft ebensowenig ... Sie ist jetzt vierundzwanzig Jahre alt, fünfundzwanzig, sechsundzwanzig ...

Manchmal fügte sie schüchtern, doppelt ratlos hinzu: Und du, Hélène? Ich zuckte mit den Schultern, und selbstverständlich drang sie nicht weiter in mich.

Wenn sie es müde ist, sagtest Du lachend, wird alles viel einfacher sein. Und wieder versuchtest Du, mir zu erzählen: Mareke, durch die Hintertür: Mit Mareke würden wir ... Neulich mit Mareke ... Ebensowenig wie diese Anspielungen machten die paar Fotos, die Du mir zeigtest, als wir allein waren, sie zu einem lebendigen Wesen. Pflichtbewußt fand ich sie: Ja, hübsch ...

Da schäumtest Du vor jäher Ablehnung. Mein guter Wille war zweifelsohne nicht zu überhören.

Hübsch ... Hübsch! Das ist es doch nicht ...

Du hattest recht, dieses unangemessene Epitheton zurückzuweisen. Fast immer hast Du recht, Frédé.

Gegen Ende der Ferien seufzte unsere Mutter: Ich frage mich ... Tatsächlich, ganz allmählich wurde sie es müde.

In diesem Sommer hast Du es endlich angekündigt: Ich komme mit meiner Freundin Mareke. *Meine* Freundin, sagte unsere Mutter, was für eine Freundin? Hast *du* schon von ihr gehört? Du hast doch ... Wo sollen wir sie unterbringen, diese Freundin? Gleisnerisch, wie gedankenlos, sagte ich, daß unser Zimmer mir das geeignetste schien und daß ich auf dem Sofa schlafen würde. Es war so einfach, daß ich mich noch immer frage, wo Du die Schwierigkeit gesehen hast: Es reicht aus, mit Mama im Ton gesunden Menschenverstandes zu reden, damit sie etwas auch für gesunden Menschenverstand nimmt, solltest Du das vergessen haben?

Die Schwierigkeit, und nur die eine gab es, war bedeutungslos: Aus irgendwelchen Gründen der Bequemlichkeit oder der Abfahrtszeiten kam Mareke ein paar Stunden vor dem Schiff an, das Dich aus England bringen sollte. Ich brauchte nur Mareke am Bahnhof abzuholen, ihr zu erklären, daß sie nicht versetzt wurde, denn wir würden gemeinsam auf Dein Schiff warten. Ich fand das Leben schön, den Himmel freundlich, und ich ertappte mich dabei, in der Rue Auguste-Blanqui, die so jäh abfällt, auf einem Bein zu hüpfen! Ich verstauchte mir kräftig den Fuß. Ich lachte laut auf, während mir der Schmerz das Wasser in die Augen trieb. Es war spät, an jenem Abend. Es wurde dunkel, und ich massierte meinen schmerzenden Knöchel, als die Straßenlampen alle auf einmal aufleuchteten. Es war frisch, und einen kurzen Augenblick lang meinte ich, die Straße weiß und reglos unter einer Schneedecke liegen zu sehen ... Diese so abschüssige Straße, die wir hinabliefen, Du erinnerst Dich, ein bißchen zu schnell bei dem eisigen Sprühregen, der sie kaum zu erreichen schien und sie glatt wie eine Eisbahn machte. Wir steckten uns an mit unserem Lachen, wir hatten fast die gleichen Mützen, die über die Ohren gerutscht waren, unsere Dufflecoats waren vom gleichen Schnitt, beige Deiner, blau meiner, die Hosen in den Stiefeln, unsere Stiefel kratzten mit ihren Beschlägen auf dem Glatteis, auf das wir nicht im geringsten achtgaben. Gleich hast Du gesagt wird es Funken sprühen! Wir gingen unter einer Straßenlaterne entlang. Ich sah Dich lachen. Dein Mützenfell voller winziger Sterne, Deine grauen Augen mit einemmal im vollen Licht, und sie spiegelten diesen feinen Rauhreifpuder, der um uns herumtanzte ...

Du siehst aus wie Heimlich, Frédé ...

Dazu Dein Lachen, in der eisigen Nacht, wie auf einer Weihnachtskarte.

Wir sind klein, und wir singen: Bald kommt der Weihnachtsmann, und heimlich ... Ich sammle Postkarten. Auf einer davon ein pausbäckiger, mit Edelsteinen übersäter Weihnachtsmann. An seiner Seite, neben dem unvermeidlichen, geschenkebeladenen Kamin, ein drolliges Heinzelmännchen mit einer dreizipfligen Mütze auf dem Kopf, an den Füßen so etwas wie

Schnabelschuhe, fröhlich lachend, mit leuchtenden Augen. Sag mal, Mama, das ist Heimlich, nicht?

Was denn? fragt unsere Mutter verdutzt.

Der da, bei dem Weihnachtsmann.

Ja, sagt Mama, das ist Heimlich. Pst ... Heute abend steigen die himmlischen Heerscharen zu uns herab ... Erinnerst Du Dich?

Ja.

Du lächelst mich im Schein der nächsten Straßenlaterne an. Ich blase allen Hauch aus meinem Mund gegen Deine Zähne. Dann nimmst Du meine Hand, die schwer ist und unbeholfen in meinem Fäustling, und wir laufen wieder zu schnell den vereisten Abhang hinunter, als hätten wir Flügel an den Fersen. Du summst die Kleine Nachtmusik von Mozart, und das pulvrige Weiß zuckert uns von allen Seiten ein.

Warum gerade dieses Bild, als ich meinen verstauchten Knöchel massiere? Ich war fünfzehn Jahre alt, Du sechzehn. Wir kamen, wie so oft, vom Gymnasium ... Hatte ich an diesem Abend Lust, meinen Schwur zu erneuern, den ich Dir in unserer Kindheit geleistet hatte und den Du wahrscheinlich vergessen hast Ich werde Dich mein ganzes Leben lang lieben ... Ich weiß nicht Doch ich war sehr glücklich mit Dir in der Kälte in der Dunkelheit in dem Geriesel Und Du summtest die Kleine Nachtmusik ...

Es war keine eigentliche Verstauchung. Ich habe mich wieder aufgerichtet, mußte ein bißchen humpeln. Ich habe mir die Nase geschneuzt, dann meinen Weg fortgesetzt, aber tief in meinem Körper war der Wunsch, mich auf die Erde zu werfen dort liegenzubleiben und auf ich weiß nicht was zu warten ... Ich hatte zu nichts mehr Lust: weder Deiner Ankunft entgegenzusehen, noch am anderen Morgen auf diese Unbekannte zu warten, die mit Dir durch Straßen schlenderte, die ich niemals kennenlernen würde. – Geht es denn? hat unsere Mutter gefragt. Ich sagte, daß ich mir nur ein bißchen den Fuß verstaucht hätte, daß das zwar unangenehm, doch nicht dramatisch wäre. Und daß ich, aber ja, natürlich trotzdem zum Bahnhof gehen könnte ...

Aufhören, darum herumzuerzählen. Dir davon erzählen. Vom Begehren vielleicht. Das ist noch eine Chance, obgleich das Licht, dabei wie anderswo, mehr verbrennt als es erhellt.

Am Anfang ist die Lust, sich einander zu nähern Die Hände ruhen zu lassen auf Mit grenzenlosem Zartgefühl, wie um sich zu vergewissern, daß da wirklich ein Knochengerüst ist, festes Fleisch, mit Haut überzogen, und keine Vision, bei der die Finger ins Leere greifen ... Am Anfang ist die Angst vor dem Trugbild, das man vielleicht heraufbeschworen hat, zu schwach, dem Hauch des Atems standzuhalten. Am Anfang vergewissere ich mich, daß es Dich gibt. Am Anfang ist die Ungläubigkeit.

Am Anfang ist die Lust, Deine Gestalt in meine Hand einzuzeichnen, damit Du einzig und erkennbar wirst unter all den anderen. Das ist nicht das Begehren Es ist eine Art zu erfühlen, die erste, vom Radarschirm aufgefangene Welle. Achtung: Da ist vielleicht jemand, dessen Umrisse und dessen leichtes, so eigenes Beben sich für alle Ewigkeit meiner Haut einprägen werden ... Ich glaube, man sollte sich nicht Menschen oder Dingen nähern, die man zu berühren keine – oder noch keine – Lust verspürt: Es ist der Hinweis auf eine unabänderliche *Fremdheit* (oder eine Verschiedenartigkeit, die zu stark konturiert ist und langes und geduldiges einander Anpassen erfordert).

Am Anfang ist immer die Erstarrung: das Warten auf ein Zeichen, welches auch immer, das das Verbot aufhebt, sich einander zu nähern, sich zu berühren Das Warten auf die Symmetrie des Erschauerns Der unbedeutendste abweichende Atemzug Das unmerkliche Versinken des Blicks Das unsichere Erzittern in einer Bewegung, das die geknebelte Leidenschaft verrät ... Wenn die Unsicherheit ohne Ende fortdauert, ist das nicht der Anfang des Unbehagens, der schmerzlichen Liebe?

Nachdem meine Hände ihren Platz gefunden haben, auf das Echo Deines Körpers gelauscht haben, dem die Lüge nicht gelingt, danach erst stellt sich eine sanfte Entrückung ein: die Lust zu streicheln, auszuweiten, was begonnen und was noch namenlos ist, seine Grenzen zurückzudrängen, bis die Identität sich verliert, bis die Erinnerung daran schwindet, daß man allein dahinleben kann und getrennt ... Da wird das Begehren geboren das übermächtig ist das sich unterwirft das schwankt bis zum Taumel zwischen Verlangen und Furcht. Furcht, daß man doch nicht völlig übereinstimme und daß etwas fehle und ausschlage an diesem unsicheren Gleichgewicht der Waagschalen, wo alles in einem Punkt konzentriert ist ...

Ich begehre Dich Und ein Spalt des Raumes in mir tut sich auf und der Vorhang hebt sich ein Stück ... Ich sage »ich«, und ich habe unrecht. Wer – »ich«? Dieses Unmaß an glühenden Punkten überall, die langsam ihren Platz suchen, bin das einzig ich? Ist das nicht auch ein Stück von Dir? Bin ich nicht in dieser Sekunde für immer durchdringbar geworden, durchlässig für jegliches Gemisch? Komm ... Verlangen Verzauberung Konvulsivischer Ruf am Rande der Leere – Komm ... Von der Leere in die Unendlichkeit gestoßen, kreisende Wellen, die breiter und breiter werden – Deine Hände auf meinem Körper, es wäre, als würde meine Haut sich langsam wenden Als würde das Innere sich nach außen kehren um in strahlender Hitze zu zucken Ich bin alles Alles Das Innere der Blätter der Bäume der Steine und der Knospen der Rosen Ich flute über meine Grenzen bis in mir kein Unterschied mehr ist zu allem das da schwingt bebt und keucht, wenn es der Sonne begegnet Ich Du Wir Alles alles alles auf einmal ...

Du hast mein Begehren nicht angenommen.

An den äußersten Rand des Bettes gedrängt beiße ich in mein Kissen, um stillzuschweigen stillzuschweigen vor allem nichts mehr zu sagen Ich zerbeiße diese Demütigung die sich in mir windet wie ein Aal die in mir für immer eine niemals heilende Verbrennung zurücklassen wird die Lust zum Töten und zum Sterben. Ich habe nicht an Selbstmord gedacht, nein: Nur dieses Tier will ich töten und die nicht endenden Zuckungen seines geschundenen Leibes Nur das in mir töten, das Dich jäh in Angst und Schrecken versetzte.

Das Stückchen Kissen in meinem Mund versagt meinen Zähnen zu knirschen Versagt nicht alles, denn Du streckst mir eine Hand entgegen, hilfreich, wenn auch vorsichtig. Die zögert, sich niederzulegen Schließlich legt sie sich auf meine Schulter. Ich schüttele Dich von mir, wie ich diese Schande abschütteln würde, diesen Pflasterstein, den man zu lockern nicht imstande ist. Wenn ich aufhöre, den Stoff zu zerbeißen, weiß ich nicht weiter mit uns beiden, die ich zerbeißen werde zerfetzen vernichten Ich zertrete Dich Ich hasse Dich Du hast mich niemals geliebt Du bist eine liebe gute Schwester, wie unsere Eltern liebe gute Eltern sind, und Ihr kotzt mich an Alle Du Du ganz besonders, die Du mich glauben gemacht hast, die Du gesagt hast ... Ich weiß nicht einmal mehr, was Du gesagt hast Ich bin allein allein allein auf unabsehbare Zeit, als hätte ich Dich gerade getötet.

Hélène ... Hör mich an Hör mich an ... Wein nicht ... Ich weine nicht, ich schlucke es. Und hüte Dich, diese Lampe anzuzünden, nach der, ich habe es gespürt, sich Deine andere Hand zögernd streckte: Ein Gespenst würdest Du erblicken, das mir aus den Augen springt aus den Ohren aus der Nase. Du würdest eine Doppelgängerin erblicken, von der Du nicht einmal eine Vorstellung hast, mit ihrer Fratze voll Blut und Gemetzel, die nichts Menschliches hat Du würdest sehen ...

Du hast Dich eng an meinen Rücken geschmiegt, Deine Arme um mein Erschauern geschlossen, Deine unendlich sanften und traurigen Hände um meine verkrampften Fäuste Und ich spürte, Du würdest weinen, vielleicht auch Du aus Scham, aber aus einer unendlich demütigeren Scham als ich: der Scham derer, von denen man alles begehrt und die nichts zu geben haben. Da hat sich das Ungeheuer, die Doppelgängerin, nenn es, wie Du willst, von mir gewälzt, als hätte es sich in Luft aufgelöst. Ich wiegte Dich, tröstete Dich, bat Dich um Verzeihung. Das Tier war getötet und von mir gefallen und zermalmte unter dem Gewicht seiner fortan schlaffen Glieder etwas winzig Kleines, Zerbrechliches, Schmerzliches, Beschädigtes.

Immer, wenn man mir von Hoffnung spricht, denke ich an dieses winzige Etwas, das eines Nachts in unserem Bett zerbrochen ist, ganz still ... Je wahnwitziger die Hoffnung, glaube ich, um so kleiner ist sie, und um so tiefer treiben sich ihre Splitter ins Fleisch, wie unsichtbare Dornen.

So sanft hast Du eine Erklärung für ich weiß nicht was gesucht, daß ich ganz von meinen Trümmern überhäuft eingeschlafen bin.

Mein Begehren, ich habe es anderen Frauen dargeboten, die Dir bisweilen ähnlich waren: Sie hatten Dein nachdenkliches Lächeln, das sich ausbreitet, ohne die kleinste Falte in Deine Wangen zu graben, als wäre die Haut unendlich dehnbar Oder sie hatten Deine zarten und festen Hände, die mich völlig verwirrten, wenn ich ihr Gewicht auf meinem Körper spürte Oder aber Deine schönen, breiten Schultern Manchmal ganz einfach graue Augen oder solche, die ich dafür hielt Aber keine ähnelte Heimlich wie Du in den Nächten des Schneegeriesels.

Du indes hast weiterhin mit hartnäckigem Eifer Deine Studien in einer Art Wüste betrieben. Niemals haben wir von dieser Nacht gesprochen ... Niemals. Möglich, daß ich sie geträumt habe.

Und dann, eines Tages, sagtest Du mir leicht zögernd Ich liebe ... Deine Augen waren so sanft wie Meeresleuchten unter einem grauen Himmel. Ich glaube, ich werde mit ihr leben, immer. Was wird Mama sagen?

Du hattest Dich so entblößt, Du, die Du immer weißt, was sich schickt, daß ich von einer Welle der Zärtlichkeit überströmt wurde. Ich legte meine Arme um Dich Ich bin da Ich werde Dich beschützen Ich werde Dich verteidigen Ich werde Dir beistehen Um Dich zu treffen, muß man zuerst mich durchbohren. Ich habe nur gesagt Mach Dir keine Gedanken, Frédé, alles wird gut werden ...

Da hast Du mich umschlungen mit Deinen Armen mit Deinem Lachen, und Du fingst an, mir zu erzählen Mareke. Und wider Erwarten kein Aufruhr, und kein Leiden tat sich kund. Nur etwas wie ein Brandmal, das vom Jubel Deines Glücks verdeckt wurde und das ich verwechselte damit, als ob wir das Ganze, noch einmal, gemeinsam träumten ...

Nun, sagte Mareke, erkennst du mich?

Ich sagte ja, aber natürlich, mit diesem zweifelsohne Zuviel an Wärme, das unsere Mutter stets tadelte, als fehle es mir an Anstand.

Man erwartet, daß du nett bist, sagte sie, nicht, daß du dich den Leuten an den Hals wirfst.

Ich hatte mich Mareke nicht an den Hals geworfen an jenem Morgen, doch ich spürte, wie ich errötete, als hätte ich es getan. Ich dich auch, sagte Mareke, mit der gleichen Wärme wie ich. Ich erkenne dich auch. Und dann sprach sie meinen Vornamen aus, ganz leise, wie nachdenklich, als handelte es sich um derart bizarr aneinandergereihte Silben, daß man ständig Gefahr lief, ihre genaue Folge zu vergessen.

In diesem Moment brachen die Wolken auf, ein Kraftakt der Sonne, der keinen Erfolg zeitigte, und etwas wie ein angedeutetes Lächeln streifte die Fassaden auf dem Boulevard. Meine anfängliche Beklemmung hatte sich verflüchtigt, machte einem nachhaltigen und berauschenden Gefühl von Vertrautheit Platz.

Ohne Zweifel hattest Du mir viel von Mareke erzählt, Du hattest ihr viel von mir erzählt. Es war, als kennten wir uns schon seit langem, mit den Leerstellen, wie sie wohl auch die Abwesenheit und das Vergessen ausheben können: die Form der Hände die Beschaffenheit der Haut des Blicks des Lächelns der Klang der Stimme und das kurze Aufleuchten in der anderen, wenn die eine etwas sagte . . . Ich hatte – wir hatten, wir haben es uns eingestanden – etwas Angst vor diesen Feinheiten, an denen unser gemeinsamer Wunsch, einander zu gefallen, scheitern konnte: Es braucht so wenig unter den Menschen, um unüberwindliche Gräben aufzutun . . . Ein zu langes Fortbleiben, oder ein vorübergehender Fremder, und heimtückisch sind die Marksteine an eine andere Stelle gerückt . . .

Aber nein, nichts. Bei der Ankunft haben wir einander ins Gesicht geschaut, und die Seiten haben sich zusammengefügt. Mareke ist vielleicht nicht schön – jedenfalls nicht so schön wie Du oder die Frauen, die ich gewöhnlich anschaue –, doch erlebte ich sogleich etwas wie ein geheimes Einvernehmen mit ihrer ganzen Person: die Form ihrer Hände, ihrer Zähne, die

Widerborstigkeit ihrer Haare, die in alle Richtungen abstanden ... Nichts an ihr überraschte mich oder erzeugte in mir dieses, wenn auch nur geringe, Zurückweichen, das das Unbekannte auf Abstand hält und das es kraft der Gewohnheit und des guten Willens zu besiegen gilt. Nichts an ihr war mir im eigentlichen Sinne *fremd*. Wir waren aus dem gleichen Stoff von der gleichen Art, wie Du und ich ...

Ich weiß nicht, was Du wirklich von diesen sofort übereinstimmenden Atomen hältst. Nachträglich vermute ich etwas ganz anderes: Es sieht aus, als könne ein Erkennensblitz zwischen Menschen aufflammen, die einander zum erstenmal sehen. Man nennt es »Liebe auf den ersten Blick«, was von ihrer Fähigkeit, sich blind hinzugeben, zeugt und Fragen nach ihrer Natur erübrigt ...

Ich meinte eben, den Finger auf etwas gelegt zu haben. Ich überlese meinen Brief und ich finde nicht mehr worauf Ich finde nicht wieder Ich weiß nicht mehr Ich gehe schlafwandlerisch in meinem eigenen Gedächtnis umher in dem ganze Wände zusammengestürzt verbrannt sind. Sicherlich haben wir lange geplaudert in diesem Café auf dem Boulevard, über dem das Grau des Himmels seinen Mißmut nicht abladen konnte Aber *wovon* haben wir gesprochen? Ich habe keine Ahnung Ich habe alles dem Vergessen anheimgegeben Zwischen dem Augenblick unseres Treffens und dem, wo wir Dich nach endlosen Zollformalitäten schließlich am Hafen umarmen konnten, gibt es nichts mehr. Wie auch nichts von dem geblieben ist, was man zu Hause erzählen konnte. Das will nichts anderes besagen, als daß es Dich vor dem Phänomen des Verlustes von Schaltstellen warnen soll. Ich bin im unklaren darüber, ich habe es Dir gesagt, was meine Erinnerungen derart verschlingt und nur die am festesten vertäuten und zweifellos am wenigsten deutlichen von ihnen fortbestehen läßt. Ich habe immer eine solche Angst davor gehabt, mein Verhalten zu erklären, es auf eine Sequenz von Gründen und Folgeerscheinungen einzuengen, die bestens ineinander passen, ohne den geringsten Raum, in dem die Luft des Zeitenlaufs zirkulieren könnte, ohne den kleinsten Spalt für das Irrationale, die Poesie, das Unaussprechliche, die flüchtige Vermutung, der man die Wahrscheinlichkeit zugesteht, niemals wieder aufzutauchen ..'. Außerdem schreibe ich nicht, um Erklärungen oder Entschuldigungen zu geben, um mich anzuklagen oder mich zu rechtfertigen. Wenn es irgendeinen Grund gibt, der mich zu Dir sprechen läßt, dann kannst Du ganz sicher sein, daß es kein Vernunftsgrund ist. Du sollst wissen. Doch weiß ich nicht recht, was.

Wie vom Anfang der Ferien nichts geblieben ist, ist von den langen Wanderungen, die wir doch zusammen unternommen haben, in mir nichts anderes geblieben, als eine unbestimmte Empfindung von Grün, Feuchtigkeit, Schritten auf weichem, dunklem Gras, Zweigen über unseren Köpfen und meinem an einem besonders angriffslustigen Strauch zerrissenen Regenmantel Und dann Deine Augen, natürlich, ihre Andeutung von Bestürzung brachte mich unmerklich in Aufruhr, und Marekes Haare, die beim kleinsten Windhauch durcheinanderwirbelten, erregend wie die hypnotisierende Bewegung der Wellen. Ich trödelte zuweilen, um nicht immer in Reichweite Eurer Stimmen zu sein, dessen, was Ihr Euch zu sagen hattet. In einer Art Betäubung des ganzen Körpers, in einem völligen Vakuum, das mich den Pflanzen ähnlich machte, fähig nur zum Atmen und am liebsten weit weg von Euch, die ich lachen hörte und mich ein paarmal rufen, sammelte ich alles, was mir unter die Hände geriet . . . Ich begriff nicht einmal, warum Dein Blick sich mit plötzlicher, fast sorgenvoller Aufmerksamkeit auf mich richtete. Warum Mareke auf den Weg zurückkam, wie von Vorwürfen geplagt, mich unterhakte und, ihr Gesicht ganz nahe an meinem, mich anlächelte.

Geht's gut?

Ja.

Es ging gut. Ich lenkte ab, ohne zu wissen weshalb, doch ohne besondere Verstimmung. Und ich dachte nicht eigentlich an etwas, versperrt waren alle Ausgänge, und ich stellte mir undeutlich vor, daß ich ausruhte . . .

Darauf ist der Brief angekommen Und Du bist für drei Tage weggefahren, ein bißchen wütend Ein bißchen belustigt.

Und wenn ich Dich zu Patchen mitnehmen würde, Mareke, was?

Mareke wurde zusehends kleiner, sie wurde ganz starr vor

Verlegenheit: Sie würde schon wollen, aber ... Du kennst Patchen nicht Alle zwei Jahre zieht sie ihr Theater vom Letzten Stündlein ab Jedesmal entführt sie mich für drei, vier Tage, die Zeit, um mir ihr zum xten Male abgeändertes Testament vorzulesen, mich mit Torte vollzustopfen, die Auferstehung von den Toten eilt zu Hilfe, worauf sie sich entschließt, nein, dieses Mal noch nicht ... Sogar Hélène weigert sich seit langem, mich zu begleiten Patchen versetzt sie in Angst und Schrecken Sie erzählt einzig und allein von ihrem Tod und von meiner Heirat Meine Aussteuer reicht bestimmt schon für drei, weißt du Gewiß hofft sie, mich mit der Masse zu erdrücken ... Bleib hier, schon gut. Ihr geht wandern, als wäre ich bei euch Ich versuche, nicht länger als zwei Tage zu bleiben. Wenn ich nämlich nein sage, ist sie aus lauter Wut imstande, allen Ernstes zu sterben.

Der Sommer brach mit Macht herein, unerträglich heiß, übergangslos, verheerend. Die Sonne lastete auf unseren Schultern, der Teer schmolz auf der Straße. Mareke, die am Strand lag, würde sicher eher sterben als Deine Patin, in einer Fast-Nacktheit, die ihr beim besten Willen nichts nützte. Sie sprach nur von Unterholz und von Flüssen. Ich hatte Erbarmen, ich borgte den Wagen von Papa, der – Du kennst ihn – nicht mehr fortkam aus dem Schatten seiner heruntergezogenen Fensterläden und auch nicht von seinem Glas mit dem ewig nachgeschenkten Pastis, der angeblich den Durst löscht ...

Wir streiften durch die Landschaft der Normandie. Die geradlinige Einsamkeit der Hochebene mit ihrem uns überall begleitenden Heugeruch und ihren so spärlichen Baumgruppen war entmutigend. Ich schlug vor, die Wanderungen auszudehnen, auf »die andere Seite des Wassers«, wo der normannische Wald der Sonne quellfrische Zufluchtsorte entgegensetzte. Mareke redete redete redete, als versuche sie, einige zu auffällige Spuren zu verwischen. So wie man abkürzt, um einen Verfolger abzuhängen. Auch ich, ich redete redete redete ... Endlich hörte ich auf Ich sagte es sei zwecklos Wir würden es nicht schaffen. Sie sagte: Nein, du hast recht. Sie sagte, es sei ihr klar.

Es war kein richtiger Wald: nur ein Wäldchen, von geraden, schmalen Furchen, wie Pfeile, durchzogen, die plötzlich abbrachen, sich zerteilten, als wären sie eingegangen in ein kreiselndes Prisma.

Danach – warum es leugnen? – sind wir glücklich gewesen Hatten es geschafft Unschuldig schnurrend, wie Tiere. Es gab, man hörte es, irgendwo Wasser. Mareke war schön. Sie war friedvoll Lauschte einem Vogel weit oben, der für sich allein das Rauschen der Blätter, das gemächliche Ziehen der Wolken besang ... Und auch ich fühlte mich schön Schön wie ich es für keine Frau je gewesen bin Wie ich es für Dich nie nie sein würde, Frédé. Du, die Du uns bereits vorludest, etwas weiter vorn in der Zeit, wie ein Gericht.

Wir würden Dir nichts sagen. Was hätten wir Dir sagen sollen? Daß wir es nicht mit Absicht getan haben, wie kleine Kinder? Bei Deiner Rückkehr würde ich eine Einladung vorgeben, und ich würde fortgehen. Was dort jetzt geschah, war nichts als eine winzige Enklave im Laufe des eigentlichen Lebens Etwas Wahnwitziges, Verfahrenes, nicht zu Beeinflussendes, wie ein nächtlicher Traum, dessen Nachhall scheu ein paar Stunden weiterlebt, der sich indes letztlich verliert, erdrückt wird vom Übermaß des Tages ... Eine Tür hatte sich aufgetan, einzig durch das Strahlen unserer Blicke, doch wir würden sie zu schließen wissen. Bald. Morgen.

Erinnerst Du Dich an die Turmschwalbe? Wir sahen sie ihre Kreise ziehen, einen Sommer, in den Ferien. Man hatte uns gerade den Unterschied erklärt zwischen der Turmschwalbe, der Unbekannten, und ihrer Schwester, der Rauchschwalbe, die man in unserer Gegend antrifft. Wir hatten sie tot im Rinnstein gefunden. Ganz schwarz und der Körper viel zu klein für ihre Flügel, wir waren zu Stein erstarrt. Niemals, für keinen anderen Vogel habe ich solches Mitleid empfunden.

Du konntest mich nicht trösten Du versprachst Eine prächtige Beerdigung Lena Lene Lenchen wein doch nicht so Eine Wahnsinnsleichenfeier sag ich dir Du weißt doch, Papa hat eine große Zigarrenkiste Er wird schön sein wie ein Bräutigam dein Vogel dort drin Ich werde sie klauen, und sie werden mich schon nicht auszanken. Ich sag dann, ich habe sie in Gedanken fortgeworfen Es wird schon klappen Wir suchen ihm einen schönen Pflasterstein für das Grab, den klau ich auch, ich habe auf dem Lagerplatz dort unten welche gesehen, und da ist niemand Und außerdem wegen einem ... Wir pflanzen Blumen darum Die jedes Jahr wiederkommen. Aber hör mal Warum weinst du denn so? Warum weinst du denn Mein Gott! Warum denn ... Ich habe Dir endlich erklärt, daß es wegen der Lider war. So schwarze Augenlider, aus hauchdünner Seide, so dichtanliegend, daß man deutlich die Form der Augenhöhle, einer Mandel gleich, und die kleine Erhöhung des Auges darunter erkennen konnte. Nirgends auch nur die kleinste Unebenmäßigkeit. Als wären die Augen des Vogels von allem Anfang an in ihre prächtigen Lider eingenäht gewesen. Als wären sie von allem Anfang an dem Tod geweiht gewesen ... Nur war ich nicht fähig, das zu sagen, und Du hast über meinen Kopf hinweggeschaut, als wäre an seiner Stelle nichts. Du hast Dich gefangen und mir den hübschen Stein beschrieben, den Du für mich stehlen wolltest – eigentlich für ihn –, einen hübschen blauen mit violetten Blumen Ich hab solche gesehen Das sind die schönsten. Es ist nie zu spät, manche Dinge aufzuhellen, weißt Du ...

Mareke streicht über ihr Gesicht, von oben nach unten, mit der ganzen Länge ihrer Finger Als legte sie eine imaginäre Maske an Wie es die Schauspieler tun, wenn sie ihre Züge zurückverwandeln. Mareke, die Augen geschlossen, ihre blonden, kaum sichtbaren Wimpern Ihre so blassen Lider, so eng anliegend, so deutlich die Form der Augenhöhlen nachzeichnend, und die kleine Erhöhung des Augapfels darunter ... Ich wurde von Schwindel übermannt Halt ein halt ein! Du siehst aus wie eine weiße Turmschwalbe. Sie verstand nicht natürlich nicht. Sie lächelte. Ein Lächeln, das nichts in Unordnung brachte, mit geschlossenem Mund. Immer hatte sie die Augen geschlossen Augen wie von allem Anfang an in ihre Lider eingenäht Wie von allem Anfang an für diesen innerlichen, beinahe ekstatischen Wahn vorgezeichnet. Als sie die Augen aufschlug, war ich längst über das Grauen hinaus, in diesen Regionen der wilden Windungen, wo die Selbstwahrnehmung auf die Größe eines Stecknadelkopfes zusammenschrumpft.

Ich fordere ihr dieses widersinnige Versprechen ab Daß Du nichts erfährst, niemals.

Sie sagt, daß sie Dich liebt Daß Du Dir möglicherweise nicht recht darüber im klaren bist Sie sagt, daß es anfing ... es war wie eine Art ganz langsamer Lähmung Sie sagt, so zu lieben, wird immer jemandem verdächtig scheinen Daß es am Anfang besser ist zu schweigen. Verstehe ich denn? Ich verstehe. Wir schweigen lange. Die Sonne sinkt. Sinkt noch immer. Sie sagt, daß Du vielleicht verstehen würdest, daß Du ganz bestimmt verstehen würdest ...

Da löst sich das, wovor ich zusammengeschrumpft war, doch nicht genügend, doch zu früh, jäh über mir auf, gräbt sich mit Krallen Schnäbeln Pranken in meinen Körper, macht einen löchrigen Fetzen aus mir und jemandem, der nein sagt. Nein, Du wirst nicht verstehen. Ich, ich *weiß*. Nein nein es ist nicht nötig, nein.

Erschreckt von diesem Ausbruch, verspricht Mareke alles, was ich will ... Du darfst ihr darum nicht böse sein: Fraglos war ich in diesem Augenblick für sie die Bedrohtere. Du, Du befandest Dich in der Sicherheit der Unkenntnis, sie hat mich zusammengeflickt, so gut sie es vermochte.

Meine Angst hat sich schließlich langsam verflüchtigt unter der gewöhnlichen Sonne eines gewöhnlichen Sommers, der nur ein paar Tage dauern sollte.

Dann bist Du zurückgekommen.

Erinnerst Du Dich an Deine erste Rückkehr nach unserer ersten wirklichen Trennung? Es regnete in Strömen. So stark, daß die Leute sich unter die Dächer der Marktstände drängten. Ganz dicht aneinander standen wir beide unter unserem zu kleinen Schirm und warteten auf das Ende der Sintflut.

Du sagst nichts mehr Du schaust mich an Und ich habe das Gefühl, in einem Wirbel einzutauchen in diesen grauen Blick – graues Ertrinken, oh Frédé! Wie habe ich in diesem

Blick gebadet, fast mein Leben lang ... –, der jetzt kurz über mir ist, denn Deine Absätze sind höher als meine. Trunken von Deiner Gegenwart, verzweifelt über diese Abwesenheit, die ich plötzlich, da sie zu Ende ist, um so stärker fühle ...

Keiner beachtet uns, obwohl wir uns recht eigenartig festhalten, mir ist es gerade aufgefallen. Wir tragen beide Hosen und Lederjacken, unsere Haare sind weder lang noch kurz ... Die Leute umstehen uns mit der gleichen griesgrämigen Diskretion, die man hervorkehrt, um ein Liebespaar nicht zu auffällig zu beobachten. Ich habe die triumphale, übermütige Vorstellung, daß wir ein Paar sind wie die anderen, bei dem man sich blindlings festlegt – bei der heutigen Mode, Sie wissen ja! –, daß der Größere der Junge sein muß ...

Mein Herr, Ihr Regenschirm tropft auf meine Socken ...

Eine barsche Stimme, nicht sehr glücklich über das, was sie tut, aber angesichts der Dringlichkeit entschlossen, es trotzdem zu tun, reißt uns aus unserer gegenseitigen Betrachtung heraus.

Mein Herr ... Bitte, Ihr Regenschirm tropft auf meine Socken!

Mit einemmal merkst Du, wie ich von einem dieser verrückten Lachanfälle anschwelle, die hervorbrechen, ohne sich anzukündigen. Du begreifst endlich, daß man sich an uns wendet. Du entschuldigst Dich, veränderst die Richtung des Schirms, ziehst mich fort aus seiner Reichweite aus der Entrüstung des Sockenverkäufers, den meine plötzliche Lähmung außer sich bringt.

Als ich endlich losplatze, trifft Dich mein Lachen in Höhe Deines Mundes. Den Bruchteil einer Sekunde habe ich in Deinen Augen etwas aufsteigen sehen Etwas wie die Lust, dieses Lachen mit Deinem Mund zu bedecken Einen unendlichen Bruchteil der Ewigkeit glaubte ich, Du würdest es tun ... Und dann hast Du Deine Hand ganz zärtlich auf meine Lippen gelegt Eine regennasse Hand, die ich noch immer spüre.

Sag es mir. Ich möchte, daß Du es mir sagst: War es so? Oder bist Du eher sicher, daß es nicht so war?

Du siehst, ich schweife fortwährend ab Ich verliere den Faden Oder ich nehme einen auf der nicht der richtige ist Niemals der richtige ... Woran soll man sich halten, um eine Erklärung zu finden für die Dinge?

Du bist wie vorgesehen zurückgekommen, trotzdem zu früh für mich, um die Zeit zu finden, etwas in sich Schlüssiges zu inszenieren – und *das* mußte es unter allen Umständen sein, ich hatte solche Angst vor diesem Blick, der alles sieht, der so durchdringend ist –, ehe ich das unauffindbare Rezept ausfindig gemacht hatte, ohne Schreck und Schererei für irgend jemanden von der Bildfläche zu verschwinden ...

Doch sind das vielleicht nur Vorwände. Vorwände, um noch einen oder zwei oder drei Tage mit Euch herauszuschinden ... Daher die Lähmung, die Ungeschicklichkeit, die kopflose Fahrlässigkeit, gegen die ich ankämpfen mußte.

Ich beobachte sie, wie sie zu Dir spricht Dich anlächelt Dich berührt. Und eine tiefe Demut überkommt mich. Und auch ein breiter Schatten, als schöbe sich eine Wolke vor die Sonne Eine Wolke, die nur mich verdunkelt und über Euch dasselbe Licht dieselbe Wärme dasselbe geheime Einvernehmen beläßt ... Es ist keine Eifersucht Es ist ein Ruf, zu leise, um gehört zu werden Die schwindelerregende Einsamkeit jemandes, der schaut und nicht angeschaut wird – vergessen, ausgeschlossen, im Out –, ist das Eifersucht? Ist es dieser Zauber, der mich lähmt, dort, unbeweglich, in Erwartung des Unmöglichen: einfach noch am Rande des Baches zu knien, mit Dir mit ihr In der Strömung meine Hände in die ihren gleiten zu lassen, sie ganz kalt und starr herauszuziehen und sie um ihren Hals zu legen, damit sie wieder von Leben durchströmt werden, während sie quietscht vor Vergnügen, mit ihren nassen Händen, die sie in der Sonne schwenkt, als hätte sie sich gerade verbrannt ... Einfach danebenzustehen und sie an Deiner Seite leben zu sehen, im Gleichklang mit dem Grau Deiner Augen und Deinen schönen großen Händen, die Du auf sie legst Auf ihr Leben – das wahnsinnige Zucken ihres Lebens, das manchmal in einem Zittern ihrer Lippen nach außen dringt ...

Ich beobachte sie, wie sie zu Dir spricht Dich berührt Dich anlächelt. Eine Wolke schiebt sich vor die Sonne ... Und ich sage es, sehr schroff: Morgen fahre ich.

Du hast uns angeschaut, erst die eine, dann die andere Sie, mit ihren Haaren, die ein leichter Wind aufgewühlt hatte Mich, die ich meine Gesichtszüge nicht mehr spürte, so waren sie mir anarchisch in alle Richtungen entglitten.

Dein Blick durchdrang mich, als wäre ich nicht mehr aus einem festen Stoff Alles hast Du gesehen, was unruhig in mir trieb, ohne einen Ort der Ruhe finden zu können. Du hast die Augen abgewandt von meinem Chaos.

Es war am Abend. Bei Tisch mußte man wohl oder übel reden Ununterbrochen mit den Eltern reden, die ohne Ende sinnlose Fragen stellten, voller Fallen, so unvorhergesehen wie unfreiwillig. Die Erklärungen, Du gabst sie alle an meiner Statt, was nie jemanden gestört hat. Bei jedem Irrweg, den meine Sätze einschlugen, hast Du mich aus dem heillosen Durcheinander gerettet. Nun, ich habe an das Unmögliche geglaubt Geglaubt, daß diese Glasscheibe zwischen uns wie durch ein Wunder in tausend Stücke gebrochen, zersprungen wäre. Du hast gesagt, Du seiest müde, uff! Gute Nacht allerseits. Alle sind zu Bett gegangen. Und ich, morgen Morgen würde ich mit Dir sprechen Morgen würde ich nicht mehr dieser dem Aussortieren vorbehaltene Fetzen in Deinem Blick sein. Morgen. Morgen.

Ich bin wahnsinnig gewesen. So hoffnungsvoll wahnsinnig, ich hätte auf Seeigeln gehen können auf Disteln auf Rasierklingen. Morgen ... Ich weiß nicht, weshalb dieses Rasen meines Herzens mich auf die Straße treibt Ich kann sie nicht mehr ertragen diese Mauern die Scheiben die Fenster. Nur hinaus Fort In der Stadt herumtorkeln wie ein betrunkener Matrose, den ein Knüppel der Militärstreife in einer geeigneten Ecke niederstreckt ... Ich habe meinen Wandertrieb an den Kais ausgetobt, bis in den Morgen hinein. Man braucht Geduld mit der Hoffnung, damit sie Ruhe bewahrt Man muß zu ihr in einer besänftigenden, gleichmäßigen Sprache reden, wie der Wellenschlag des Meeres.

Am Morgen hast Du mir gesagt: »Ich habe dir nichts zu sagen«. Gerade in dem Augenblick, da ich mit der Schulter hart gegen etwas stieß, auf das ich in meinem Drängen zu Dir nicht achtgegeben hatte, ein Türrahmen wohl.

Immer gibt es Dinge, die man nicht erhellen kann, was man auch tut: Warum legtest Du Wert darauf, mich mit ihr zum Bahnhof zu bringen? War es nur Theater vor unseren Eltern? Zeichen eines möglichen Friedens, irgendwann? Dieses berühmte »irgendwann«, an das keiner wirklich glaubt. Doch nicht so zu tun, als glaubte man daran, täte wohl einen für alle Beteiligten zu erschreckenden Abgrund auf. Oder auch diese Verwirrung, die all meine Bewegungen fehlleitete und meine Stimme verfälschte, versetzte sie Dich so in Angst, daß Du Dich nicht zurückhalten konntest, mir beizustehen, wieder einmal? Beugtest Du Dich nicht einer obskuren, geradewegs aus jener »Verantwortung« hervorgegangenen »Pflicht«, mit der Du Dich früher ausgestattet glaubtest, Du, die Ältere, die Stärkere, die Selbstbewußtere?

Ich schaue Dich an – ich schaue Euch an, stehend und ohne Euch zu berühren –, durch das Abteilfenster, das unverwandt vibriert. Es dauert und dauert, und ich finde nicht die nötige Kraft, mich von diesem Fenster loszureißen, die Zeit durchzuhacken, die sich sinnlos in die Länge zieht Und es dauert, dieses Lächeln, für das ich keine Erklärung finde, nicht einmal im nachhinein, das ich mühsam aufrecherhalten habe, das ich gegen meine Zähne presse – das sich dort festsetzt wie ein Krampf, und nach und nach kriecht Kälte in mir hoch.

Als der Zug endlich anfährt, sehe ich Dich, gerade, steif, so unbeweglich wie ich, mit großen Augen.

Ich hatte Dir ein Kätzchen geschenkt, erinnerst Du Dich? Das fast gleich darauf überfahren wurde. Jetzt ist die Katze tot. Du bist neun oder zehn Jahre alt, und Du hältst sie in den Armen, ganz weich. Und wie ich Dich so sehe, so gerade so starr die Augen so groß, bekomme ich Angst: Frédé, Frédé, weinst Du?

Du schüttelst den Kopf. Und ich überstürze mich mit Versprechungen und Vorhaben und noch mehr Versprechungen, wie um zu verhindern, daß etwas fortgeht. Ich besorg Dir morgen eine andere Ich frage Mama, frage in der Schule Alle Wir nennen sie Mickey Wir legen ihr ein Halsband um Morgen, das schwöre ich Dir Morgen krieg ich eine Sie wird viel größer sein, viel pfiffiger Wir bringen ihr bei, auf dem Seil zu laufen Morgen, Frédé. Gleich morgen ... Weinst Du noch, sag?

Du verneinst. Sagst, daß Du innen drin weinst, nur innen drin. Daß es schon werden wird.

Ich habe sie nicht wahrhaftig *gesehen*. Gewiß, ihre Haare waren widerborstig. Ich bewahre von ihr nichts als einen verschwommenen Umriß, gleichmäßig und platt wie ein Schatten, seltsamerweise neben sie gestellt, als wollte sie sich verdoppeln ...

Wie ich auch nicht recht weiß, wer ich bin, mitunter habe ich den Eindruck, daß ich mir die Leute ausdenke (daß ich sie irgendwie kurz vor ihnen selbst zum Leben erwecke). Sie verharren dann starr, unfähig, zu erstehen, hinter der Starre ihres erdachten Bildes wie hinter einer Scheibe.

Wenn ich diesen Verdacht hege, ist es meist zu spät: so oder so habe ich mich bereits entblößt. Man kann nur noch tun als ob. Als ob es irgendwo einen gemeinsamen Punkt gäbe, den es zu suchen gilt. Doch wie soll man einer derartigen Suche Glaubwürdigkeit verleihen: Ich habe mich zu oft gerirrt.

Ich lasse den Widerschein von Bildern an mir entlanggleiten, die sich beinahe auflösen – allein im Vorbeiziehen sind sie so schön, daß sie beim Zurückfluten einen zarten Hauch auf jenen Wesen lassen, die sie in sich bargen. Welche, einer Wirklichkeit wiedergegeben, die an das Nichtsein grenzt, keine Sehnsucht danach bewahren (die Sehnsucht ist präzis, kennt ihren Gegenstand), sondern etwas wie eine Unschlüssigkeit ... Als wenn das, was ich von ihnen zu sehen meinte und was es nicht gab, versucht gewesen wäre, sich eine Existenz geben zu lassen ...

Während der Zug mich im Eiltempo davontrug – endlich! –, meinte ich, all das zu verstehen, was ich nicht wiederfinden werde, da es sich ohne Aufschub verbraucht hat ... Es hatte zu tun mit den Vermutungen, von denen ich sprach, als ich Dir von der Art der »Liebe auf den ersten Blick« erzählte. Ich war, so glaube ich, ziemlich zerfahren.

Ich weiß einzig und allein, daß man nicht, ohne in Bestürzung zu geraten, sagen kann »Ich bin niemand«. Man kann den Leuten nicht sagen: Auch ihr wärt niemand, wenn ich euch nicht anschauen würde, wenn ich euch nicht erfinden würde ... Damit wir ein Stückchen vom Sein erhaschen, bedürfen wir des Blicks der anderen. Selbst wenn wir einander nur durchdringen, wenn wir versuchen, uns zu vereinigen ... Versetzte Dich, Frédé, meine Abreise deswegen in diese Stumpfheit, aus der heraus Du so ein kindisches Verhalten an den Tag legtest?

Nun wandere ich in diesem tiefen, schweigenden Wald, in dem ich jede Hoffnung, eines Tages eine Orientierung zu finden, verloren habe. Er hat nichts Beunruhigendes, dieser Wald, und er ist nicht grenzenlos. Aber seit Tagen, seit vielen Tagen, in denen ich ihn nach allen Richtungen durchstreife, bleibt in mir nichts anderes als ein unbestimmtes Gefühl von Grün von Feuchtigkeit von Schritten auf weichem dunklem Gras zurück, das allmählich zuwächst und von meinem Hin- und Herwandern bleibt nicht die geringste Spur ... Automatisch sammle ich in einer Art Betäubung des ganzen Körpers, die sich mit dem Sinken der Nacht verstärkt, alles, was mir unter die Hände gerät. Gedankenentleert, in einem vollkommenen Vakuum, das mich den Pflanzen ähnlich macht, und dieses seltsame Gefühl, daß ich, irgendwo, mit Sicherheit *herausfinden* könnte ... Ich schweife ab, einzig mit dem Ziel dieser Ungewißheit, und ich denke nicht eigentlich an etwas, versperrt sind alle Ausgänge, ich stelle mir undeutlich vor, daß ich ausruhe ... Ich bin so müde, wenn Du wüßtest. Mitunter wende ich mich um, und ich sehe nichts. Ich weiß nichts. Ich weiß einzig und allein, daß alles was zerbrochen worden ist was wir zerbrochen haben was wir noch immer einfach so zerbrechen weil man keine andere Möglichkeit sieht weil es niemals

»ganz und gar ganz und gar« ist wie wir früher sagten: Immer bleiben Stücke, die man noch zertrümmern kann, Scherben, die man noch zerschlagen kann, Staub, den man noch zermahlen kann, immer wieder ... Ich weiß nicht einmal mehr richtig, ob ich diesen Ausgang überhaupt noch finden will, den ich anfangs so eigensinnig suchte. Doch alles ist okay, Du kannst Mama versichern: Ich habe gerade Arbeit in einem Büro gefunden, einer Nebenstelle des ersten. Ich bin nicht unter Fremden.

Am Abend wandere ich, bis in die Nacht hinein. Ich bin dort hingestellt worden, und ich gehe weiter durch diesen unbestimmten Raum, der alles (meine Vorsätze und meine Bewegungen) verschiebt, der nicht einmal dieses festgefügte »Darin« ist, in dem ich mich einst bewegt habe (allein mit Vermutungen über Vermutungen, die man nicht ins Auge fassen sollte), und in dem sich die anderen ohne nachzudenken wundscheuern. Und auch nicht dieses »Draußen« von einem Weiß, das das Auge schmerzt wie der Schein einer Lampe, und das ich manchmal streife, das aber auch zurückweicht ... Ich habe mich in einer Grenzzone verlaufen, als drängten zwei Kräfte mich gleichzeitig mit genau der gleichen Stärke zurück, und ich bringe alles durcheinander: meine Wege, meine Spuren, meine Erinnerungen, meine Orientierungspunkte ...

Ich wandere in diesem Augenblick flüchtigen Lichts, der noch nicht die Nacht ist. Ein Licht von so ungewisser Blässe, daß man geneigt ist, noch immer zu zweifeln ... Ich weiß nicht, ob ich mir diesen fragwürdigen Weg ausdenke – der längst, wer weiß schon wie lange, verpaßt ist –, nicht weniger düster als die Nacht, auf dem meine Schritte im sachten Knirschen des Staubes versinken ... Einzig die dunkle Dichte der Bäume unter dem Himmel bewahrt eine transparente Kraft. Nur diese festgefügte, unerbittliche Dichte ist wirklich.

Am Ende des Wege, der sich verloren hat, verflüchtigt, der ausradiert ist von der Nacht, bleibt allein eine nicht faßbare Erinnerung, wie eine Nebelschwade, die sich tückisch auflöst Wie mit der Zeit die Illusion zerbricht, einem Ziel entgegenzugehen, das Gefühl, weiterzuwandern, anwesend zu sein in dieser Welt.

François
Bon

Limit

Joël

Das Mikro aus der Halterung genommen, und, im blauen Kegel der Lichter, mit dem Bein einen Schritt nach vorn, eine Drehung der Hüften, das reicht . . .

»Hallo Leute . . .« Ein Akkord, volle Power, sofort: kommt bei dir vom Bauch und knallt in den Schädel. Hinter dir, in deinem Rücken, schlägt die Verstärkerwand deinen Ton flach, zurückweichen geht nicht, und vor dir dieses weiße Feuer, das dich blendet; hast gegen die Mauer ihrer Schreie eine zweite Mauer errichtet, für einen Augenblick sind sie gleich stark, arbeiten gegeneinander, brechen aber sofort zusammen, vom selben Riß durchzogen . . . Der Groove des Typs dahinten, über dem anrollenden Schock ein Dröhnen, wirkt schon beim ersten Schlag wie ein Furchen der Erde, fahren die statischen Massen des einsetzenden Tons voll ab.

Zwischen deinen Händen diese aufheulende, formbare Masse, wirst zur Katze, wirst zum Tiger, bist mächtig, gelenkig, und in diesem Feuer gehst du vorwärts, bis zum Rand, ganz an den Rand, schlägst an und bist am Anfang genauso angeturnt wie am Ende: angeturnt und taub! Dein Vorspiel auf der Gitarre, noch diffus, führt in die Irre, verzerrt, immer mehr . . . dann, auf dem Höhepunkt, hast 'n Übergang zum Thema, Schreie, die Wogen steigen höher, sie erkennen es wieder. Und ein Riff, wie gehabt!

Wieder eine Schlaufe, er, der Sänger, geht vorbei, streift dich, stellt sich wieder in die Mitte. Meine Akkorde, ich sehe, wie sie ihm in die Beine gehen; wirkt wie besessen, mit seinen zuckenden Bewegungen, seinem wilden Gestikulieren . . . Der Song, er beginnt vor der Stimme, mit dem Tanz.

War nur dahingebrummt, das »Hallo Leute«. Er hat gesoffen, wieder mal. Vorher sehen wir ihn nicht. Während wir uns einstimmen und warm werden, sitzt der Herr mit einer

Schnapsflasche am Lenker seiner Karre. Schminkt sich im Rückspiegel. Zwar sagen wir ihm: »Das hältst du nicht lange durch, paß auf . . .« Aber nein, sich kaputt machen. Gehört für ihn zusammen, singen und.

»Damit was rüberkommt, mußt du dich zwingen, alles rauszukotzen, bis nichts andres mehr bleibt, um sich dranzuklammern.«

Meinetwegen. Aber in seinem Zustand bekäme ich diese Kadenz bestimmt nicht hin. Mit deinen Akkordfolgen beschäftigt, hörst du den ersten Ton des Basses, wie er sucht, langsam sein Tempo findet und sicher wird, dich schwerfällig mit einer mächtigen Schwingung begleitet, sich auf dich einstimmt, dir aber anbietet, dich auf ihn zu stützen . . .

Mit dem Absatz schlägst du auf den Bretterboden, mit dem Oberschenkel markierst du den Takt, nimmst auch die Schulter dazu, übertreibst mit dem Arm den Rhythmus des Sounds: ist geschliffen, unser Einstieg. Unten ein Dunst, du siehst sie nicht, du spürst sie nur . . . Sie sind da, wie verabredet, ihre Schreie sagen es dir.

Unsere Säle sind voll, an diesem Samstag noch mehr als an den anderen . . .

Alain

Donnerstagmorgen, wieder mal.

Na, Oberlaffe, wieder mal pünktlich an der Stechuhr, hast Geld gekriegt . . . Wäre beleidigt, hätte er mich nicht überholt, der Krawattenheini. Regenmantel, Aktentasche, warum wollen die Leute bloß alle gleich aussehen. Er da mit seinem Schlapphut, als wäre ihm eine Glocke auf den Schädel geschmolzen. Kriegst wohl keinen Gruß über die Lippen. Siehst ungeheuer schlau aus . . . Planer zwei, noch zehn Jahre Speichelleckerei, und dann bist du Nummer eins. Vielleicht lebt es sich leichter, wenn man dran glaubt.

Unsere schöne Treppe, Fliesen bis obenhin im gelben Treppenhaus, abgewetzte Streifen an allen Wänden, der eine auf der Höhe des Hinterns, der andere auf Schulterhöhe; außerdem Fingerabdrücke, vereinzelt und wie vergrößert. Treppenabsatz, weitersteigen; jedes Bein hochheben und abdrücken, und zwischen den Augen denken: der Morgen, der Morgen ist schwer, im Kopf und im Körper.

Zehn Tage bis zum Zahltag, werde wohl einen Vorschuß brauchen. Nach dem fünfzehnten sollte ich die Schecks lieber zu Hause lassen, schützt vor Versuchung. Bin nur technischer Zeichner, haben's zwar nicht am schwersten, aber man braucht nicht lang am Lack zu kratzen, um den Grund zu sehen. Deshalb brauchen diese Oberlaffen auch so viel davon, von dieser Politur; schon an ihrer glatten Fresse erkennst du die Marke ihres Rasierwassers.

Versuchung ... Wenn du ganz allein bist in der Kneipe, einen Seitensprung begehst mit einer Flasche, die dir lieber ist als der Rest der Schnapspulle bei dir daheim. Oder wenn du nach der Maloche eine Platte kaufen gehst, die dir, auch wenn du sie nur dreimal im Jahr hörst, den Abend rettet ...

Guten Tag, wie geht's, dir auch, Schüttelhändchen, Schüttelhändchen, und im übrigen leck mich am Arsch.

Der Kittel am Ende der Woche: ein bißchen dreckig, an den Ärmeln die Spuren abgewischter Federn. Mein Druckbleistift am Revers, Minenstärke 0,5. Was noch in der Kitteltasche: ihr Wisch von gestern über die Ferienkolonien. Ihre Gören wollen sie früh genug an die Schönheiten der Welt gewöhnen. Sie sachte drauf vorbereiten ... Hier aber Arbeitskolonie, Sonderzug. Vor vier Jahren ging er los für dich, Kleiner. Und seither haben sie keinen mehr angestellt, werde immer der Jüngste bleiben! Der letzte Waggon. Wär ich eine Woche später gekommen, hätt ihn verpaßt, den Zug.

Oder wenn du mit Kumpeln von Kumpeln eine Tour durch die Discos machst, mit Typen, die noch nicht erlebt haben, was du schon hinter dir hast; für einen Augenblick aber hast du geglaubt, daß durch eine Frau, die du kennenlernst, alles von vorne beginnen könnte. Und weil das nicht läuft, weil letztendlich doch jeder für sich bleibt. Weil, auch wenn du zufällig mal zu zweit aufwachst, der Morgen durch den obligatorischen Abschied, durch diesen dir fremden Geruch, den du mit dir schleppst, noch viel trauriger ist. Die paarmal, die das passiert ist, seitdem sie ... Fünf Monate, die ein einziges Sichpanzern waren; genau fünf Monate, seit sie mich sitzenließ. Monique.

Ende der Rechnung und Sonderzug, als ginge die Fahrt nur weiter, damit man die Endsumme nicht erfährt. Als ginge alles, widerwillig und starr, jenseits des ursprünglichen Ziels nur weiter, um diesen Augenblick der Aufrechnung hinauszuschieben; ein großer Zug, vollgeladen mit Menschen, die Augen zu, um nicht an die verschwundenen Geleise zu denken, und schwerfällig, ohne Halt, beschleunigt er immer mehr auf diesem Abhang, der ihn runterzieht.

Marsch, zwischen die Tische. Der deine am anderen Ende des Saals, ganz am Ende, da hinten. Als letzter eingestellt, hast also keine Wahl. Jedesmal wenn einer in Rente geht, rückst du ein Feld weiter. Wenn du recht artig bist, wirst du beim allgemeinen Mensch-ärger-dich-nicht nicht allzu oft vom Spielfeld geworfen. Unsere Plätze wie auf dem Zifferblatt einer großen Uhr angeordnet, um den Stand der Karriere anzuzeigen.

Hat aber auch seine Vorteile, ganz hinten zu sein, vom Heizkörper mal ganz abgesehen . . . Zschschtt! Die Züge unter meinem Fenster: ich seh sie vorbeifahren, mich grüßen vor dieser langen Kurve, die sie nach und nach aufzeigen, eine Furche, durch den Vorort gezogen, der sie ignoriert und dessen Gebäude und Hochhäuser wie ineinanderverschlungene Miniaturen erscheinen. Und im Rückspiegel, der an meinem Tisch festgeklebt ist, sehe ich das Stellwerk, die Geleise sich trennen, ihre Parallellinien sich vervielfachen und dann durch das Gewirr der Signalanlagen und Verbindungsstege hindurch schnurstracks in Richtung Bahnhof entschwinden, unter die Glaskugel einlaufen, die ich gerade noch sehen kann. Wenn ich das nicht hätte . . .

Wenn ich das nicht gehabt hätte . . . Schon fünf Monate, denn Yves' Krankenhausgeschichte, das war kurz danach.

Yves

Die Arbeitslosigkeit, ob man sich je daran gewöhnen kann.

Eine Schlange. Hätte ich eigentlich nicht gedacht, um diese Zeit. Bis zur Tür hin ... Normalerweise ist es ruhig am späten Nachmittag. Haben wahrscheinlich alle das gleiche gedacht ... Arbeitslos sein heißt nicht, daß man nichts tut. Ist aber eine Zwangsjacke, in der deine Arme stecken, weil du nichts tust; außer dich aufraffen, jeden Tag aufs neue.

Türschwelle, Fußabtreter, jemand geht raus, jetzt ist es soweit ... In der Schlange, Bauch an Arsch. Wie viele heute vor dem Schalter, gut ein Dutzend. Dahinter eine einzige Frau nur, über ihrem Kopf die Schilder mit den Altersangaben: zwanzig, zweiundzwanzig. Meine Stelle ... Nie werden sie da ein System reinkriegen; bevor sie es gefunden haben, gibt's keine Arbeitslosigkeit mehr. Mal bestellen sie dich zum Morgengrauen, mal, wenn die anderen schon Feierabend haben.

Ist doch nicht möglich, daß die alle erst das Alter haben. Einigen von ihnen würdest du glatt das Doppelte geben.

Personalausweis, Stempelkarte. Du mußt die Papiere haben, sie werden verlangt. Wir warnen vor Fälschungen ... Es fehlt nicht an Ratschlägen, so hat man wenigstens was zu lesen während der Wartezeit. Würden dich rausschmeißen, du Unschuldsengel. Mich fragen sie nie nach dem Ausweis.

Bin Weißer, mich haben sie nie danach gefragt.

Joly

Am Flurende zeichnet die Wand ein schwarzes Dreieck in die schon angebrochene, aber hellere Nacht; in dieser vertikalen Zerlegung wird das weiße Licht der Straßenlampen durch eine hohe Backsteinmauer zurückgeworfen und das Spielfeld bis zur Höhe der Strahler in ein orangefarbenes Licht getaucht, in dem selbst das Gras nicht mehr grün erscheint. Und die harten Stollen auf dem Kachelboden vermitteln dir schon den Eindruck, daß du eine andere Welt betrittst, die nichts mehr zu tun hat mit der, die du noch unter den Füßen hast.

Im Brustkorb plötzlich die eisige Abendluft, eine kalte Kugel in dir, die dich hohl macht, sich in deine Lungen bohrt und sofort den feuchten Geruch des Umkleideraums, aller Umkleideräume, der selbst in sauberen Trikots festsitzt und uns die ganze Länge des Gangs hindurch verfolgt hat, wegfegt. Mit ihr verschwindet auch die Körpernähe der anderen, nackte Kräfte, eingezwängt in den viereckigen Betonraum mit den Holzbänken: auch wenn der Abstand zwischen euch nicht größer geworden ist, aber jetzt bist du nur noch vom Spielfeld umschlossen. Die Mannschaft, elf Typen.

Sich warmlaufen ... Sich strecken, lockern, traben. Dann aus dem Stand beschleunigen und im Schrittempo zurückkommen, die Anspannung jedes Muskels spüren, seine federnde Reaktion. Sich dann wie die anderen zur Mittellinie vorarbeiten, abruptes Innehalten und Strecken, Becken nach vorn und Stirn nach hinten, köpfst einen unsichtbaren Ball, mit einer Grätsche machst du dich noch länger und bewahrst dir beim Zurückfallen diese Elastizität einer gespannten Feder. Du schneidest den Weg deines Mittelstürmers, gibst ihm mit der flachen Hand einen Klaps auf die Schulter, und er stößt dich mit dem Arm zurück, ihr beide, auf euren Stollen, ihr schwebt wie auf einem Trampolin.

Sie, die grünen Trikots, sind aus dem anderen Gang herausgekommen, unter den leeren Tribünen, die nur mit einigen Jungs besetzt sind; in der ersten Reihe, vier oder fünf für jede Mannschaft, in zwei gegenüberliegenden Lagern, eher Anheizer als Fans, blau angestrahlt von den »Notausgang«-Schildern, die sich über zwei ebenfalls gegenüberliegenden dunklen Löchern befinden. Der Schiedsrichter, ein Typ, den ich vom Sehen kenne, kommt an, in Schwarz, den Ball unter dem linken Arm. Der Ball, Auslosung unter den Mannschaftskapitänen; für uns ... kommt gut.

Ich, rechter Verteidiger. Bin deshalb gezwungen, mich nach vorn zu bewegen. Wenn du rennst, liegt die Grenze nicht im Spielfeld, sie liegt in dir selbst. Dich verausgaben. So weit du kannst und noch mehr, immer wieder dieses Mehr in deinem Innersten, das dir nicht erlaubt, dich zu verpissen; bist gezwungen, es bis zur Erschöpfung aus all seinen Ecken und Winkeln rauszuholen. Und wenn du die Spiele im Fernsehen siehst, kannst du nicht glauben, daß die sich richtig anstrengen. Dieses Gefühl, wenn du den Ball hast, daß dir die Verantwortung für das Schicksal der ganzen Mannschaft übertragen wird; daß gewinnen oder verlieren nur von dir abhängt, von deiner Fähigkeit, dieses Mehr in deinem Innern zu mobilisieren.

»Ääh . . .« Unser Tormann, er schreit die ganze Zeit. Wir mögen ihn, auch deshalb. Wie eine Spinne ist er gebaut: überall Verlängerungen. Als einziger im Trainingsanzug und mit Handschuhen, so sehr geht diese Kälte in die Knochen. Dezember. Wir in Turnhosen und Trikots, auf schwarz ein »F« und ein »G«, ineinander verschlungen, für Fußball und Gießerei. Männer aus der Eisengießerei beim Fußballspielen; um die acht Stunden, die man in dieser Mühle war, abzuschütteln.

Freitag abend, nicht der beste Termin für ein Spiel. Wird eher auf Mittwoch gelegt, normalerweise, ist auch besser. Am Wochenende hat man was anderes zu tun; denn in der Fabrikmannschaft ist man immer noch ein bißchen in der Fabrik. Sie kamen um drei Uhr zu mir, ob ich wüßte, weshalb Alain nicht im Büro sei. »Und warum sollte ich das wissen?« Ja, wir sind Kumpel; ich hatte keine Lust, ihnen von unserem Streit zu erzählen. Danach Monique, am Telefon. Daß Alain nicht antworte, keiner zu Hause sei, daß sie sich Sorgen mache . . . »Aber nein, ich weiß von nichts. Und warum sollte ihm etwas passiert sein?« Daß er Yves getroffen habe, am Abend vorher, daß er ganz unten gewesen sei. Ich: »Könnte doch sein, daß Yves übertreibt wegen seiner Arbeitslosigkeit . . . Alain, selbst wenn er abgehauen ist, was soll's, schließlich ist er volljährig . . .« Und ich dachte, hat endlich eine andere Frau gefunden, und du kannst sagen, was du willst, es wurmt dich, es paßt dir nicht. Sie ließ nicht locker, wollte einen Schlosser holen, die Tür öffnen lassen. Ich versprach, zurückzurufen, nach dem Spiel. Darf's nicht vergessen; aus einer Telefonzelle, bevor ich nach Hause geh. Denn schließlich, falls sie recht hat . . .

Du hauchst deine Finger an, die Luft kondensiert zu sichtbarem Nebel, mit geschlossenen Beinen drückst du dich ab, springst und prallst auf den harten Boden zurück, du bist bereit. Sein langgezogenes Pfeifen erfüllt das Spielfeld zwischen den Mauern wie den Boden einer Schuhschachtel. Und die Kugel der Pfeife, die in Metall rollt, scheint jeden Punkt des erleuchteten Raums bis zum Äußersten hin zu durchrütteln. Der Flügelstürmer ist losgerannt, nimmt den Ball mit dem Fuß, du selbst hast den Anstoß nicht mal gesehen . . . »So, jetzt geht's los . . .«, und durch ein einziges Ausstoßen seines Schreis setzt die Spinne zwischen den Pfosten das Trillern des Schiedsrichters fort; vorn rennen schon alle, auch du läufst bis zur Mittellinie vor.

I

»Du bist auch nicht besser als die anderen.« Um mir das zu sagen, hat sie sich die Mühe gemacht, hierher zu kommen, noch dazu vor meinen Kumpeln, in diesem Ankleideraum, den man uns zur Verfügung gestellt hat. Monique, daß sie einiges durchgemacht hat in diesen letzten Monaten, weiß ich. Daß ich ihr nicht helfen, ihr nichts geben konnte, daß wußte sie; also. Daß dieser Schock am Freitagabend sie voll getroffen hatte, gut, das war zuviel. Aber . . .

»Ich jag mir 'ne Kugel durch den Kopf . . .« Los geht's, die alte Leier. Die absteigende Folge deiner Akkorde, du verwischst sie nicht mehr, läßt sie heiser werden, ein fast geschlossenes sattes Geräusch, ein Dröhnen, das du mit Mühe entstehen läßt und den anderen rüberschickst. Du, auf dem rechten Bühnenrand, ein wenig im Hintergrund, und er jetzt ganz vorn, einen Fuß an der Rampe und das Mikro, als wollte er es verschlingen. »Sie haben mir die Augen aufgefressen, die Welt ist wie die Nacht, ich tappe im Dunkeln, ja, ich jag mir 'ne Kugel durch den Kopf . . .« Am ersten Song hängt das ganze Konzert; es muß genau kommen, haarscharf stimmen. Ende der Strophe, das Solo aufnehmen, und ohne Übergang, als würdest jetzt auch du auf dieser Welle gleiten, auf der er allein schwebte, bisher. Die Gibson an der Hüfte, du preßt sie gegen deinen Bauch, sie wird eins mit deinem Körper: die sechs Saiten, egal wo du sie anschlägst, ob am Bauchnabel oder am dritten Lendenwirbel, eine einzige Quelle, aus der alles herausströmt; mehr ist sie nicht, die Musik . . .

Das Scheinwerferlicht hat dich aus dem Hintergrund gezerrt, du kriegst es voll in die Fresse, macht nichts; und instinktiv hast du die Mikros umgeschaltet, beim Septakkord schwillt ein vollerer Sound an, den du wie ein Flugzeug kurz vorm Abheben vibrieren läßt, Turbinen Vollgas, die Bremsen noch blockiert. Hinter dir der verläßliche Beat, der präzise Sound der Trommeln und Becken, in den der Baß nach und nach den harmonischen Ablauf der Akkorde einbrechen läßt; wie zwei Holzfäller des Sounds, die du nicht siehst, die dir aber eine Dimension eröffnet haben, die größer ist als der Saal selbst, die du aufnehmen, mit dem ganzen Körper ausfüllen mußt . . .

Monique, sie ist bestimmt wieder gegangen. Hat aber sicher mitbekommen, mit welchem Song wir angefangen haben. Ein purer Zufall, was kann ich dafür, war nicht meine Schuld. Die Eröffnungsnummer ändert man bei einem Konzert nicht in letzter Minute. Ich entscheide nicht allein. Und außerdem, was hätte ich sonst tun können.

Und ein Riff: lässige Trägheit der Gitarre, ihr Gewicht, das auf deiner Hüfte schwingt, bestimmt das Gleiten deiner Hand; Riff, es rollt an, das Flugzeug, das nichts mehr zurückhält.

Anzeigen, sich vorstellen. Deine Klamotten anziehen, die sich allmählich abwetzen, zu eng werden. Eine Hose, auch für stolze hundertzwanzig Mäuse ... Immer noch ein Haufen Typen, oft die gleichen; allmählich kennt man sich, bietet sich eine Lulle an. Und dann geht die Auslese los, einer nach dem anderen, manchmal weiß man nicht einmal, was dabei rauskommt. »Sie werden schriftlich Bescheid erhalten ...«

Warum ist sie allein heute, die Sekretärin, nimmt ja kein Ende. Bei jedem die Karte prüfen, das Zweitexemplar im Karteikasten suchen, das Original zwischen den Zähnen, um dabei die Nummer parat zu haben. Stempel, und wieder von vorn.

Pannen: einer, der nicht zur rechten Zeit gekommen ist, einer, dessen Papiere eine Etage tiefer geblieben sind, wegen einer anderen Vorladung, das hält jedesmal auf, alle warten. Wie sollte diese Frau da auch vorankommen. Und wenn du an einen anderen Schalter verwiesen wirst, damit's schneller geht, und wenn es ihre Kollegin ist, die's abkriegt, mußt du es büßen, wieder warten, beim nächsten Stempelgang.

Danach ein Rundgang bei den Sklavenhändlern. Die, für die du schon geackert hast; ein einziges Mal, und das reicht der Sekretärin, nun auf immer freundlich zu sein, dir mit einem Lächeln auf den Lippen zu sagen: »Nein, im Moment haben wir nichts, aber sicher werden wir an Sie denken, wenn ...« Und da du schon hin und wieder eine Nachricht von ihnen erhalten hast, wartest du drauf, jeden Augenblick, auf die nächste. Seit fünf Monaten warte ich.

Fünf Uhr, kurz davor. Die Sekretärin, sie schaut auf die Uhr. Kein Wunder, nach so einem Tag. Nur noch acht vor und sechs hinter mir.

Jetzt kommt keiner mehr, ein ganz schöner Andrang war das. Und dieser Herr da, der sich vor die Stellenanzeigen pflanzt, als würden sie sich unter seinen Augen vermehren, mit seinem Jackett, das mal durch die Reinigung müßte und seiner kleinen, blankgewienerten Mappe; muß ganz schön hohl klingen, wenn er bloß seine Stempelkarte drin hat. Sieht wie ein Vertreter aus; keine Ahnung, was ihn hierher treibt.

Weißer, ja, ich bin nicht der einzige, wie viele sind es, jeder vierte etwa? Das macht eine Menge, bei mehr als zwei Millionen. Daß man mich nicht nach meinem Ausweis fragt, mich allein, das ist eine zusätzliche Schikane, gerichtet gegen sie. Vielleicht nicht böse gemeint, aber.

Und morgen, am Freitag, hab ich meinen Laster. Wird noch dunkel sein. Bringt was ein: Montag, Mittwoch und Freitag, Gemüsekisten. Wenn du unter den ersten bist im Großmarkt, hast du fünfzig Mäuse am Ende, bar auf die Hand. So gesehen, nicht schlecht bezahlt; mußt aber eine gute Stunde vorher dasein, gegen fünf. Wird nicht gerade warm sein.

Hab nicht mal Anspruch auf Arbeitslosengeld. Auf Diät gesetzt, Sozialhilfe, und damit hat's sich. Zweiundvierzig Franc pro Tag, wird alle Monate ausbezahlt: könnten sie mir noch weniger geben, würden sie's tun. Ist es etwa meine Schuld, wenn ich nur Teilzeitarbeit finde? Reicht gerade für die Miete und die Kippen. Der Laster, das reicht fürs Fressen, für mehr nicht.

Nur noch drei, zwei ... Sie legt 'n Zahn zu, die Dame, auf zum Endspurt.

Der beste Job, den ich hatte, in den letzten zwei Jahren, war eine Anstellung auf Probe. In der Eisengießerei, wo sonst. Die großen Blechknäste, nur da kannst du dich noch mal unterbringen: angelernter Arbeiter, mit meinem Abitur. Zunächst willst du nicht, du lehnst ab. Weil du weißt, was zählt, nämlich der letzte Job, der letzte Lohnstreifen, das letzte Zeugnis. Absteigen hat immer etwas Endgültiges, aber der Augenblick kommt, wo du keine Wahl mehr hast.

Immerhin, ich hatte einen guten Start. Sie sprachen sogar davon, mich ins Büro zu befördern, sollte Sachen schreiben, Verzeichnisse aufstellen. Alain, der da oben Zeichner ist, hatte mit seinem Chef gesprochen. Zunächst hab ich Pläne kopiert. Dann die erste Vertretung, bei der Kontrollstelle. Annahme für Schmiedewerkzeuge, um die Normierung zu überprüfen. Und danach ein Ausfall in der Schleiferei. Sie wollten mich dort hinholen, zunächst lehnte ich ab. Sie bestanden darauf: »Für ein paar Tage, nur für ein paar Tage.« Ich dachte, ich müßte ein bißchen guten Willen zeigen, wollte ja in die Planung. Aber als ich aus dem Krankenhaus kam, zehn Tage später, Vertrag zu Ende. Wiedersehen, man kannte mich nicht mehr.

Ich bin dran. Stempelkarte, Lächeln ... Wie, morgen früh?

»Aber ich warte schon seit zwanzig Minuten ...«

Tut mir leid, tut mir leid ... Und mir erst! Morgen früh, nach dem Laster; noch fünfzehn Stunden bis dahin. Und nochmals warten.

Und die sechs hinter mir haben ebenfalls verstanden, sagen auch nichts dazu. Drei Schafe, zwei schwarze, ein weißes, es gibt noch Gerechtigkeit, o böser Königssohn. Wenn es wenigstens das erste Mal wäre.

Zähe Masse zwischen dem Metall der Saiten und dem des schweren Magneten zwischen den Teerpapiermembranen, in den Blechtrichtern hinter der Stoffverkleidung eine bewegliche Masse, die du bearbeitest, knetest und durchwalkst. Den Verstärker grüße ich zuerst, das erste Solo ist für ihn; der große schwarze Turm der Lautsprecher unter dem hölzernen Lächeln der Hochtöner: eine Rückkoppelung pfeift unter deinem Sound, wird ihn überflügeln, wenn deine Hand einen Augenblick zu lange wartet ... Ein Akkord! Wenn du die volle Kraft im Verstärker willst, werd ich dir das Maul bis obenhin damit stopfen. Ein Ritual für uns, ein neues Ritual!

Nach und nach spielst du das Thema durch, kommst wieder zur Spannung des Septakkords; er, der Sänger, tanzt vor den Trommeln, den Rücken zugedreht, tanzt und du bist in einem Satz nach vorne gestürzt, in der Luft eine Drehung der Schultern, ein Werfen der Beine; und wenn du wieder auf dem Boden ankommst, hat er dich erneut in den Schatten gestellt, das Mikro an seinen Mund gepreßt, steht er im Hintergrund, wieder der Bühne zugewandt, und es ist, als wärst du in seiner Stimme, die dir vorausging, gelandet: »Gegen den Rest der Welt, ja, ich bin allein ...«

Dann das Schwitzen, auf deinem ganzen Körper staut sich eine Feuchtigkeit, an der Stoff und Leder kleben. Aber du machst weiter; begleitest wieder den Song und versuchst dabei ein wenig von der Souveränität des Solos zu bewahren, vom Glanz der einsamen Töne.

Und als kämst du nicht mit, bremst du das Tempo und läßt das Schlagzeug hämmern, hältst wie hinter einer geschlossenen Schleuse das Gewicht des ganzen Rhythmus zurück, den er schlägt, eine Spannung, die sich steigert, nah am Ausbrechen, noch verzögerst du den Akkord zwischen deinen Händen ...

»Ja, ich jag mir 'ne Kugel durch den Kopf ...« Zweiter Durchgang.

Bei der Notaufnahme hat es angefangen, im Krankenhaus. Wann sah ich sie schon, keine dreimal im Jahr. Ich ging recht selten zu ihnen.

Freistoß für uns. Der Schiedsrichter in Schwarz, ausgestreckter Arm Richtung Tor. Unsere, fächerartig übers Feld verteilt, die anderen bilden eine kompakte Verteidigung. Der Stürmer sucht auf dem Boden die ideale Stelle, mit einer Umsicht, als wär's ein rohes Ei, tritt zurück, läuft an, der alte Trick, im letzten Augenblick springt er über den Ball, während der Mittelfeldspieler direkt schießt ... Gehalten! Auch nicht schlecht, ihr Torwart.

»Die Welt ist klein«, hat er mir geantwortet, Alain. Auch wenn man immer was zusammen machte, ich meine Fachschule und er seinen technischen Zeichner, das sind Sachen, die einen trennen, aber man nimmt es kaum wahr; auf der gleichen Penne, aber kaum daß man sich mal über'n Weg läuft. Eines Tages dann, im Betrieb, sehe ich ihn vorbeigehen, eine Rolle Transparentpapier unterm Arm, ich machte ihn an: »He, kennst du denn deine Kumpel nicht mehr?« Er war gerade angestellt worden; so hat man sich wiedergetroffen.

Komische Momente bei einem Spiel, wenn alles in der anderen Hälfte abläuft, du aber auf deinen Raum aufpassen, ihn zumachen mußt. Den Stürmer der anderen halten, soeben im Abseits, drei Schritt Abstand. Bist Herr auf deinem Boden, mußt ihn unantastbar machen; deine Muskeln unter dem dünnen Baumwollstoff sind auf der Lauer.

Die Welt ist klein ... So klein, daß man manchmal denkt, man könnte sie in einer einzigen Hand halten, wenn plötzlich alles, was draußen ist, so mit dieser anderen Welt, die man sich vorab im Kopf geschaffen hat, übereinstimmt, daß einem für einen Augenblick schwindelig wird; hast den Eindruck, daß du auf diesem plattgewalzten Spielfeld wohl wegen der limitierten Zeit dazu verurteilt bist, unablässig die gleiche, begrenzte Folge von Figuren zu treffen. Es war wegen Yves, einem anderen Kumpel von der Penne, der auf Zeit im Betrieb eingestellt war und versuchte, hier 'ne feste Anstellung zu kriegen. Sie hatten ihn in die Schleiferei gesteckt. Eine Halle, mehr lang als breit, mit einem Lehmboden unter dem Glasdach, und mit Mauern, auf denen der aus Metall und Stein gemischte Staub eine gleichmäßige Schicht hinterlassen hat. Nicht gerade lustig, acht Stunden da durchzuhalten, noch dazu am Anfang, auf so einem Posten; Knochenarbeit. Folglich kam ich vorbei, ab und an. Versteht sich von selbst, unter Kumpeln.

Schleifscheiben, gewaltiges Gewicht, ungeheurer Lärm, in einer Reihe an der Wand, unter den alten Antriebswellen und den Riemenscheiben, die an der Decke hängen; sind unnütz geworden, nachdem man die langen Riemen abnahm, aber man hat sie nie entfernt. Zehn Kilo schwere Formen in den Händen, um die Schweißnaht zu feilen, um vor dem Feinguß die Gratstelle zu entfernen.

Um mit mir zu sprechen hatte er seine Brille auf den Helm geschoben, ein gelber aus Plast, ist vorgeschrieben; sein brauner Overall bis zum Hals geschlossen. Gegen Abend wirkten seine Augen immer sehr müde. Wenn es nur die Augen gewesen wären ... Hatte mich gerade mit ihm verabredet, auf einen Schluck, nach Feierabend.

Hatte noch keine drei Schritte gemacht. Das erste Gehäuse, das er genommen hat ... stand wohl schief. Die Sicherheitsvorschriften, na ja, man lacht darüber. Die Schleifscheibe ist geborsten, um mich herum sah ich die Splitter fliegen, in alle Richtungen. Als ich mich umdrehte, er, die Arme schützend vor dem Kopf, hatte das Gesicht voll Blut; und dazu lächelte er noch, als wollte er sich entschuldigen, noch immer sein Gehäuse in den Händen. Gut, die Fresse kriegt man wieder hin, aber die Augen ...

Trockene Schüsse, da vorn. Wir haben den Gegner im Griff. Manchmal stehen sie alle geballt auf dem anderen Flügel, hindern dich daran, weiter als bis zur Mittellinie vorzugehen; das Spiel läßt dich auf einer einsamen Insel zurück, sie bilden andere, entferntere Riffe, mit denen du keine Verbindung hast, jeder lauert auf dieses hin und her rennende Knäuel da vorn: vor dir ihr Stürmer, den du bewachst und nicht aus den Augen läßt, hinten und mehr zur Mitte unser knüppelharter Vorstopper, ein paar Meter vom Torwart, der, aus dem Strafraum raus und nach vorn gebeugt und die Hände auf die Knie gestützt, seine Stimme mit dem Ball mitgehen läßt, um die Burschen auf Trab zu halten, sie anzufeuern. Ein echter Trompeter, die Spinne, wie früher in den Schlachten! Das stärkt die Moral.

Der Krankenwagen hätte zu lange gedauert. Wir nahmen einen Lieferwagen aus der Wartungsabteilung, ich und sein Chef.

»Notaufnahme«, war ausgeschildert im Krankenhaus. Du fährst auf einer Piste, die gerade breit genug ist für den Wagen, ins Souterrain, und vom Tageslicht kommst du in die elektrisch beleuchtete Nacht. Am Ende des dunklen Schachts eine Rampe, ein blitzblanker Gang mit weißen Fliesen; die Weißkittel erwarten dich schon mit der Trage. Wir haben die Karre geparkt, sind dann zurückgekommen. Yves hatten sie schon verladen, Richtung Operationssaal; man bat uns zu warten. Alle zehn Minuten traf jemand ein. Bullen, Feuerwehrleute, Weißkittel.

In einer so ruhigen Stadt . . . Ich sagte zum Chef: »Wo kommen die bloß alle her?«

»Du hast keine Ahnung«, sagte er zu mir, »was hier manchmal los ist . . . es gibt nur ein Krankenhaus.«

»Da muß ja die Hölle los sein, am Samstagabend«, meinte ich. Wir waren nicht die einzigen, die warteten. Ich werd das nie vergessen. Verkehrsunfälle. Eine unverletzte Frau, ihr Mann auf einer fahrbaren Trage, die Hände etwa in Bauchnabelhöhe unter dem Laken, und das Gesicht bandagiert wie bei einer Mumie.

Trotzdem sprach er; sprach die ganze Zeit zu ihr. Zumindest versuchte er es; seine Frau konnte nicht alles verstehen. Sie stand da, über ihn gebeugt, eine Hand auf seiner Stirn, weil ihr Gör auf dem OP-Tisch lag, seit drei Stunden; ein Gör von zehn Jahren.

Und alle zehn Minuten das Hupen . . . Ein Durcheinander in der einen Richtung, Gerenne in der anderen. Am Ende des Flurs eine Glastür, die von selbst in die Wand gleitet und dort verschwindet, verschlingt alles, was man ihr bringt, hinter sich. Dann sehe ich sie kommen, ganz in Nylon gekleidet, nur Gesicht und Hände schauen hervor; darum erschienen mir ihre Augen so dermaßen groß, es war, als sähe ich sie zum erstenmal. Ich noch in der blauen Arbeitskluft, die Hände schwarz, in all dem Weiß.

»Was machst denn du hier«, fragt sie mich.

Was hätte sie sonst auch sagen sollen. Sie hatte gerade dem Herrn von der Trage einen Verband angelegt. Zu der Mutter sagte Monique irgendwas über die Operation, die noch nicht beendet sei, dabei blieben die Blicke der beiden ineinander verhakt, unbeweglich, nicht voneinander zu lösen.

Der Chef: »Ich muß jetzt mal gehen. Ruf an, wenn es etwas Neues gibt, ich hol euch dann ab.«

»Vielleicht werden sie ihn dabehalten, wegen seiner Augen,« sagte ich.

»Dann ruf doch an, und ich hol dich ab.«

Sie: »Du willst doch nicht in diesem Gang stehenbleiben?« Und sie führte mich in einen von diesen Räumen mit Sesseln. Da ich Äther nicht ertragen kann, war ich schon bedient.

»Willst 'n Kaffee«, fragte sie mich . . .

Sie haben wieder den Ball, sind jetzt in Führung. Sind nicht zu ehrgeizig, spielen lieber zum Torwart zurück, der schlägt den Ball so weit wie möglich ab. Unser Mittelfeldspieler nimmt ihn an, läßt ihn sich wieder abnehmen. Es sind vier, die nach vorn zu meiner Linie kommen, wie an unsichtbaren Fäden ziehen sie die anderen Spieler mit sich.

Wenn du eine Zeichnung beginnst, ist die ganze Fläche des Transparentpapiers weiß. Du legst es sorgfältig hin, mit einem zweiten Blatt darunter, als wolltest du dich durch die Stärke des Papiers arbeiten.

Ein Traum, heute nacht. Wir standen uns gegenüber, sehr nah, in einem großen weißen Raum, der eher an einen ihrer Diensträume im Krankenhaus erinnerte als an unsere Wohnung. Sie hatte mir ein kleines Plastspielzeug geschenkt, das ich in der Hand hielt; und das hatte mich in einen nackten, gewaltigen und inhaltlosen Zorn versetzt.

Ich näherte mich ihr, berührte ihren Kopf mit meinem und spürte ihre Haare in meinem Gesicht, ich schrie: »Glaubst du vielleicht, ich habe Lust zu spielen?« Dennoch lag in ihren Augen diese grenzenlose Sanftheit, die gleiche Zärtlichkeit wie damals, als sie sagte, sie liebe mich. Und ich spürte plötzlich ein Zittern am ganzen Körper, ein Zucken im Gesicht, das die Lippen mit kurzen Schlägen durchzog. Ich empfand Scham, drehte mich um.

Mir war schwindelig. Ich hätte ihr sagen wollen: Weißt du denn nicht, daß ich mich umbringen werde! Aber ich traute mich nicht wegen ihrer Eltern, die im hinteren Teil des Raumes waren.

Sie standen dicht beieinander und schwiegen, schienen schon anzudeuten, daß ich von ihnen nichts mehr zu erwarten habe; als sei nur ich allein schuld. Und Monique: »Alain, Alain . . .«

Ich gehe hinaus, schlage die Tür hinter mir zu, schließe mich im Zimmer ein, immer noch in dieser unmäßigen Wut, die noch stärker wurde, weil sie nicht ausbrechen, sich nicht entladen konnte. Ich war schon eine halbe Ewigkeit in diesem

Zimmer, als ich entdeckte, daß ich noch immer dieses Spielzeug in der Hand hielt, die ganze Zeit über bemüht, irgend etwas damit anzufangen. Im Nu verwandelt sich alles in das Bedürfnis, endlich loszuheulen.

Die Achsen in die richtige Stellung bringen. Der Storchschnabel. Sein Griffel in der linken Hand gleitet über die ganze Fläche des Transparentpapiers, von einem Punkt zum anderen. Zeichnen heißt zunächst einmal, diese Fläche vor dir ausfüllen, dort andere entstehen lassen, die du schon vorab, wenn auch nur vage, im Kopf hattest. Die ich räumlich sehe, mit Grund und Hintergrund. Und dies Räumliche muß auf diese eine Papierhaut tätowiert werden, überall da, wo meine beiden Lineale einen Winkel bilden.

Später im Traum lief ich umher. Durch eine kleine Straße, in der gerade Bordelle aufmachten, mit roten und blauen Lampen, und die Mädchen mit zur Schau gestellten Beinen sitzen hoch oben, auf Hockern.

Eine Gruppe; in deren Mitte ein freier Platz. Viele Leute, dicht zusammengedrängt, treten ruckartig zurück: eine Messerstecherei. Will ihr aus dem Weg gehen, biege nach links in eine Gasse, gehe unter einer Bühne, auf der Musiker mit abgehackten Schritten im Kreis umhergehen, den Oberkörper nach vorn gebeugt, sich gegenseitig fast anrempelnd, ohne irgendwohin zu schauen. Ihre Instrumente sind zu groß, quellen auf wie Pappmaché, trotzdem spielen sie gut. Die Bleche sehen aus wie große Ohren. Ich erkenne Joël, der einen riesigen Kontrabaß, in Einzelteile zerlegt, wegträgt.

Und ich komme auf einen länglichen, eiförmigen Platz. Rundherum Holzbaracken, dazwischen überdachte Stände, wie auf einem Jahrmarkt. Schlamm in der Mitte, es hat viel geregnet und eben erst aufgehört.

Dann sehe ich ihn, Joly. Er muß sich auf dem Boden gewälzt haben, ist ganz und gar dreckig. Er ist besoffen, auf jeden Fall ausgeflippt, ein richtiger Streithahn, und die Leute, die sich in die Baracken zurückgezogen haben, fürchten sich vor ihm. Ein Klotz von Kerl, Joly. Die Arbeit in der Schweißerei und noch dazu Fußballer, den legt man nicht so leicht flach. In der Menge bin ich der einzige, der ihn kennt, also geh ich hin. Aber er erkennt mich nicht. Wir fangen zu tanzen an und ich versuche, gegen seinen Körper gepreßt, ihn an unsere frühere Freundschaft zu erinnern, damit er zu sich kommt. Er begreift erst, als ich ihm sage: »Ich bin auf den gleichen Pflastersteinen ausgerutscht wie du.«

Der Boden wird glitschiger und unser Kreistanz kommt nicht mehr zum Halten, er umschlingt mich immer fester, und auch ich habe Angst, daß er plötzlich wieder in Wut gerät oder mich beim Hinfallen erdrückt. Aber jetzt hört er mir zu, mit großer Aufmerksamkeit sogar, als spräche ich eine Sprache, die er nicht versteht, eine fremde Sprache. Und ich muß sprechen, unablässig sprechen, im gleichen schnellen und bruchlosen Rhythmus dieses Tanzes, in den er mich hineinzieht und der sich immer schneller dreht. Er nimmt den Krankenwagen nicht wahr, der sich genähert hat, die Krankenpfleger, die ihn umringen, ihn zu Fall bringen. Mindestens drei sind es, von Kopf bis Fuß in Weiß. In ihrem Krankenwagen ist der Platz für Verletzte bereits belegt; vielleicht ein Toter, eine Decke verhüllt den ganzen Körper. Man verstaut ihn auf dem nackten Boden des Fahrzeugs. Als die Tür schon geschlossen ist, weckt der Krankenwagen die Erinnerung an ein Gesicht in mir, von dem ich nichts weiß, doch es ist nicht das von Monique; aber sie ist es, an die ich mich erinnere, mit gleicher Wucht kommt alles wieder, ich wache auf.

Die Achsen in die richtige Stellung bringen. Heute beginne ich mit den Innenteilen, zunächst die Verbindungslinien. Wenn die Konturen erscheinen, ist alles fertig. Was letztendlich gebaut, in den Guß gehen wird ist nicht vergleichbar mit der Zeichnung: bloß ein letzter Strich noch über all den anderen. Ein Transparentpapier aufs Original gelegt, um die fertige Form durchzuzeichnen, ihre Umrisse zu bestimmen. Alle Innenteile werden dann verschwunden sein.

Achsen: Strich, Punkt, Strich. Die drei Dimensionen. Dünne Graphitspur, kaum aufgedrückt, auf der ganzen Fläche des weißen Blatts.

Das Instrument flach am Bauch, näherst du dich der Mitte, deine Gitarre liegt so, daß sie am Körper klebt, und während ihr beide so verwachsen seid, preßt du den Stahl der Saiten auf das Ebenholz des Griffbretts, als käme schon aus dieser Kraft das Mitreißende, das dem Metall und dem Holz entspringt und dennoch das Fluidum des Songs ist. Deine Hände formen eine Stimme, seine Lippen, zu stark geschminkt, orange und glänzend, schreien sie heraus, unter noch mehr Schweiß als bei dir, deine gleiche Stimme, und letztlich spielen wir, wie andere miteinander sprechen, zwei können genausoviel bringen wie zwanzig, wenn man wirklich zusammenkommt.

Und stramm schlägt das Schlagzeug den Beat, der Baß zieht durch, und doch kommt ihr vier durch einen Schlag aus dem Gleichgewicht, ein Blick ... Nicht mit den Augen, keiner hätte das mitgekriegt, sondern mit dem Körper und der Schulter, und wie bei einem Tanz schreien wir »Schluß!« Du hast dann den Eindruck, daß du alle drei mit der Kraft deines Armes stützt und mit deiner Hüfte den Schwung der ganzen Gruppe bündelst ... Und mit dem ganzen Arm, durch einen Kraftakt fast, brichst du mit einem Akkord den Song genau auf seinem Höhepunkt ab, du stoppst ihn über einem Abgrund, aus dem das Schlagzeug mit einem Wirbel abgeht, den du durch eine letzte Beschleunigung des Glissandos überdeckst.

Schreie, jetzy sind sie dran, du wischst dir die Stirn mit dem Ärmel und er, der Sänger, begießt sich den Oberkörper mit einer Flasche Wasser ...

Du stimmst neu ... hat der Song einmal eingesetzt, so hat dein Ton nicht mehr den gleichen Gehalt, nicht mehr den gleichen Klang. Mit dem Zeigefinger erprobst du den Lauf der Obertöne, drehst an den Stimmwirbeln. Das Stimmen ist nicht so wichtig, in keinem Musikbereich: weil der Ton nur mitreißt, wenn er ein bißchen daneben liegt. Das schönste Instrument der Welt, das präziseste, liegt immer eine Spur daneben. Es muß einen mitreißen ...

Unser verdammter Schlagzeuger hat Glück, er, der Unsichtbare, im Trainingsanzug, wischt sich in aller Ruhe auf dem Schenkel die Handflächen und die Stöcke ab, streicht sich die Haare aus den Augen, während der Baß wie aus dem Keller kommt, eine langsame Windung, die auf der unterirdischen Treppe jedesmal eine Stufe weiter nach unten steigt. Nicht abflauen lassen, die Erschütterung in ihrem Schwung aufgreifen ... Langsam steigt das Schlagzeug ein, das jeden Zyklus dieses Abstiegs auf den entspannten, sehr dumpfen Fellen der Trommel durch ein höheres Niveau abschließt. Und auf der anderen Seite der Bühne ist er, im Schatten, plötzlich von einem purpurnen Licht umhüllt, mager ragt er über die Rampe hinaus, das Mikro mit beiden Händen umschlungen: »Bis zu dir, bis in deine Arme ...«

Ich allein, die Arme nach unten baumelnd und ohne zu spielen, aber schon heißt es mit gleicher Kraft dazu beitragen: sie bitten dich in die Gruft, in die alle drei bereits hinabgestiegen sind, schließen dich gebieterisch dort ein, und schon vor dem Ton weißt du, daß die Gruft etwas in sich birgt, das du nun entdecken mußt.

»In der Mitte meines Weges, in der Mitte meines Lebens ... Sag mir, wohin ich gehe, sag mir, woher diese Angst in meinem Herzen kommt ... Erklär mit das Elend ...« Ein Akkord, er steht über euch dreien, aber im gleichen Fluß, eine abstürzende Masse, die Gitarre in voller Stärke in den Raum, der sie umfaßt; sie ist frei.

Die erste Zeit der Arbeitslosigkeit verbringst du mit schlafen; sobald du zu Hause bist, legst du dich hin und pennst ein. Zwei Monate später hast du einen Schlafvorrat fürs ganze Leben.

Jetzt ... nur noch etappenweise. Eine halbe Stunde am frühen Nachmittag, eine andere am Abend. Und in der Nacht bist du froh, wenn du drei Stunden hintereinander schläfst. Seit drei Monaten geht das nun so. Und das Schlimmste ist, es fehlt dir nichts. Auf deinem Bett, eine Lulle zwischen den Lippen, starrst du auf die Flecken an der Decke.

Schlüssel, im Schloß gedreht, der Schnappriegel knackt. Ein alter, ganz einfacher Schlüssel. Mein Zimmer. Fenster zur Straße. Und das Bett rechts, an der dünnen Wand.

Halb sechs, wenn ich wach werde, dämmert es schon wieder. Im Winter wird es schnell dunkel. War in der Morgendämmerung mit meinem Laster unterwegs, liegen rund zwölf Stunden dazwischen.

Es war kurz bevor ich im Krankenhaus war, vor fünf Monaten, als Alain eines Abends hereinschneite. Mit einer Sporttasche. »Schön, dich zu sehen,« sagte ich, »kommt nicht so häufig vor.« Ob er ein paar Nächte bei mir pennen könne, wollte er wissen. Ich hatte nichts dagegen. »Läuft es nicht mehr mit Monique?« fragte ich. Er wich aus, ich hab nicht nachgehakt.

»Aber wenns dich nervt, Yves, sag es ruhig . . .«

»Ich sag dir doch, daß es mich nicht nervt.«

Da ich zudem in seinem Betrieb malochte und sie mich vielleicht fest anstellen wollten.

»Du kannst mich mitnehmen, morgens . . .«

»Ja, aber ich hab ihr den Wagen gelassen. Ich hab nur meine Zahnbürste mitgenommen.«

Ich hab eine Matratze auf den Boden gelegt, in die andere Ecke. Er ist gute drei Wochen geblieben, bis zu meiner Entlassung aus dem Krankenhaus.

Glas Wasser. Da hinten das Spülbecken, zwischen dem Fenster und der Wand, und eine schäbige Matratze unter einer zugenagelten Dachluke, wo ein Stück Kernseife seit ich weiß nicht wie vielen Mietern an der Schräge klebt und vor sich hin trocknet. Ein Wasserhahn unter dem Gasboiler, kalt oder kochend, du hast die Wahl; um die Füße zu waschen, mußt du sie so weit hochheben, daß du Krämpfe kriegst, vom Haarewaschen gar nicht zu reden, zumindest ein Grund, hin und wieder ins Schwimmbad zu gehen. Aber bei dieser Miete, was soll's.

Und als ich diese Aushilfe gemacht habe, in der Schleiferei, kam Joly oft vorbei; er war es, der dabei war, als der Unfall passierte. Wir waren gute Kumpel, früher, alle drei.

Der Gießer sagte zwar nichts, aber dachte wohl, daß ich nicht durchhalte. Stimmt, es war hart. Ich hatte ihm nicht erzählt, daß ich unseren Kumpel, den Zeichner, bei mir aufgenommen hatte; diese Sachen behält man am besten für sich . . .

Alain hat mich nicht besucht, im Krankenhaus, um Monique nicht zu begegnen. Aber Joly kam äußerst regelmäßig, jeden Tag. Und folglich kam auch sie; man quatschte zu dritt. Ich, ohne sie zu sehen, da ich noch den Verband über den Augen hatte.

Ich ahnte nichts: ich wußte, daß Joly verheiratet war, zwei Gören. Als ich entlassen wurde, stand ich, da Alain bei mir war, zwangsläufig zwischen den beiden. Sie noch dazu. Und sie war es, die mich aufklären mußte.

Ich sagte ihnen, den zwei Typen: warum macht ihr euch gegenseitig an, was soll denn das. Und Monique sagte zu mir: »Die Situation ist nicht so einfach, wie du denkst.«

Paß auf ihren Stürmer. Hab ihn nie vorher gesehen, diesen Burschen, kenn seinen Namen nicht, und jetzt stehen wir Seite an Seite, jeder nur das dünne Baumwollhemd über den nackten Muskeln. Ist größer als ich, aber ich bin kräftiger. Der Ball, er stützt sich mit dem anderen Fuß ab, faire Attacke mit der Brust, während er langsam den Ball hinter sich schiebt. Für einen Augenblick ist das bis jetzt so leichte Leder eine feste Kugel, zwischen unseren Fpßen. Und schwupp, die Arme gegen den Körper geklemmt, wegen der Regeln, mit der Schulter schiebe und drücke ich, ich hab ihn, den Ball, sein Pech, wenn er meckert . . . Schon haben sich meine Leute nach vorn bewegt, laufen, ohne sich weiter um mich zu kümmern, wissen: wenn ich den Ball nach vorn schlage, wird einer dasein, der ihn annimmt.

Diese Schulen, viel zu riesig. Stehen am Stadtrand, zwischen die Umgehungsstraßen geklemmt, im Gewirr der Autobahnschlaufen. Unsere war damals grau; in der Zwischenzeit wurde sie gelb und ockerfarben angepinselt, macht sie auch nicht freundlicher. Zweitausendfünfhundert Schüler, wir, die Technischen, darunter achthundert Interne, wir vier gehörten dazu.

Während die anderen fünfzig in einer von verbotenen Zigaretten verqualmten Klasse von sechs mal fünf Metern Tarock spielten, zehn Centimes pro Punkt, mit Zwischenabrechnung nach jedem Trimester, trafen wir uns, um Musik zu hören, auf dem Kassettenrecorder, dem von Yves. Ich konnte damals noch nicht ahnen, daß ich dessen Besitzer eines Tages ins Krankenhaus bringen würde.

Und ihr Stürmer hat wieder den Ball, Burschen, die mit den Füßen nachhaken und treten, wir können ihn nicht halten; also muß ich ran, muß ich ihn stoppen. Er nimmt mit der Brust an, leichte Rückwärtsbewegung kurz vor dem Ballkontakt; läßt ihn über den Bauch rollen und vom rechten Knie auf den linken Fuß abtropfen, schön. Sprintet los . . . Weiß, daß er, um flanken zu können, an mir vorbei muß. Das Bein zwischen seine Oberschenkel, abgeblockt.

Sein Atem, kurz, röchelnd: ich werde ihn kriegen, über kurz oder lang, wird nicht durchhalten. Zweimal fünfundvierzig Minuten, Kleiner, du wirst dir noch deine Raucherlunge auskotzen! Der Ball kleby an ihm, er wechselt den Fuß; weiß, wie man's macht. Ich auch.

Diese Musik, die man auf der Penne hörte, wär keinem eingefallen, sie leiser zu drehen, man hätte dich nicht für voll genommen. Alain, er klimperte damals auf der Gitarre, er war der Chef, wir haben versucht, eine Band hinzukriegen. Ich am Schlagzeug, auf dem Tisch mit zwei Linealen, die Tischschublade als große Pauke und ein Bücherstapel als Trommel. Wenn man auf dem Rechenschieber pfiff, hörte es sich wie ein Saxophon an; oder eine Baßsaite aus Gummiband, so hat Joël angefangen. Und schon drei Monate später kam er mit der Gitarre so gut zurecht wie Alain, und vielleicht sogar besser. Ist heute ein Profi, in einer Band, die gut läuft. Daß er sich so entwickelt, konnte man nicht ahnen, auch nicht, daß ich seine Schwester heirate. Yves hörte zu, das war alles, nahm Sachen vom Radio auf, um sie uns vorzuspielen, sein Ding war, sich auszukennen.

Uff . . . Schwein! Seinen Ellbogen in den Magen, krieg keine Luft, und der Schiedsrichter hat nichts gesehen, nichts . . . Schon wieder ein Paß zurück zu seinem Mittelfeldspieler; die Sekunde, in der ich nachgelassen habe, hat ihm gereicht. Gut reagiert. Aber lauf, Bursche, lauf bloß, ich krieg dich noch.

Spielt nicht mehr Gitarre, der Zeichnerling, und ich hab das Schlagzeug aufgegeben. Aber warum kapiert er bloß nichts. Als wäre es nicht auch mir schon dreckig gegangen, als wäre nicht auch bei mir alles zersprungen, wie zu Packeis geworden; wenn du das erstemal kapierst, daß du dich nie mehr davon erholen wirst, daß es für dich gelaufen ist, endgültig.

Endgültig, wie der Ball, den man mir abgenommen hat; nur der Schmerz im Magen bleibt, geht nicht weg, sticht, wenn ich einatme, die Bauchmuskeln ziehen sich zusammen.

Und Tor! Das ging zu schnell ... Eine Finte ihres Stürmers, der, anstatt zu schießen, den Ball annimmt und zum Außenstürmer paßt, ein großer Typ, der ihn ins Tor schießt, unhaltbar; und ihr Mittelfeldspieler kommt zu spät, schießt den Ball noch einmal hinter die Linie, knallt noch mal ins Netz, bevor der Torwart zur Mitte wirft.

Eins zu null für sie, weil mir einer den Ball abgenommen hatte.

Es gibt Sackbahnhöfe und andere, wo man durchfährt. Lange Güterzüge rollen im Zeitlupentempo unter meinem Fenster vorbei, und jedesmal scheint die Fabrik langsam davonzugleiten, während ihr ganzes Gerippe aus Backstein und Stahl erbebt, bebt unter den Füßen, genauso wie der Zeichentisch unter den Händen.

Nehmen nicht einmal beim Tremolo ihren Bleistift vom Papier, die Musterschüler ... Im Büro, um diese Zeit, sieht man nur lauter gebeugte Köpfe, die Mannschaft meiner Galeere, fünfzig Rücken von Gewohnheit erstarrt, ackern oder tun so als ob, und ich, ich bin am Steuer. Rudert, ihr wackeren Leute, im Rhythmus, die Herren Kollegen! Und gegen elf Uhr, wenn sie einmal wach sind, werden sie ihre Runde machen, stehen zu viert oder fünft um einen Plan, der als Vorwand dient, lassen sich Zeit; ein Gemurmel leiser Stimmen, das zu mir herüberdringt, unterlegt vom Klickklick der Waggons auf den Schienen. Die Zeit verstreichen lassen.

Leere Ladeflächen in unendlicher Folge, als entspringe eine aus der anderen. Dann Behälter, und auf diesen für sie zu langen Ladeflächen gelbe und rote Maschinen mit einer Kunststoffplane bedeckt, würfelförmig, riesig, unterwegs, ohne daß man erkennen könnte, was für welche es sind.

Seit ich bei Yves pennte, hatte ich sie nicht wiedergesehen. Als ich das erstemal wieder nach Hause kam, wußte ich, daß sie im Dienst war, im Krankenhaus. Sie hatte einen Zettel hinterlassen, auf dem Tisch:

»Falls du mal vorbeikommst . . .«

Mit der ungeöffneten Post, einem Stapel Sachen und der Wäsche. Ich habe leere Kartons gesehen, im Zimmer gestapelt. Eine Stille wie nie zuvor, dennoch nahm man das Haus um sich herum wahr. Ein Staubsauger, ein paar Etagen tiefer.

Und, die Stirn gegen die Glasscheibe, dieses Vibrieren der Stadt, das nur an Sonntagen nicht spürbar ist. Ich bin lange geblieben, ziemlich lange. Aber ohne etwas anzufassen, ohne es zu wagen. Nicht einmal diese Wäsche, die sie für mich zurechtgelegt hatte; mußte neue kaufen. Braucht nicht viel im sozialen Wohnungsbau, bis es soweit ist, daß dich nichts mehr an ein Zuhause erinnert, nicht einmal deine eigenen Sachen, deine eigenen Möbel: mir reichte dazu schon dieser Zettel auf dem Tisch. Beim Hinausgehen habe ich die Tür zweimal abgeschlossen, so wie es auch vorher gewesen war.

Dann hatte sie angerufen. Mein Name aus der Sprechanlage, so daß alle es hören können, gleich zweimal, da das Knacken im Apparate unmöglich macht es, ihn schon beim erstenmal zu verstehen. Ich mußte hochgehen, ins Büro des Chefs, um den Hörer, der neben dem Apparat lag, zu nehmen, am großen Tisch, um den sie alle versammelt waren, der Chef, zwei Planer und einer aus der Produktion. Sie sprachen so laut . . . einen Augenblick dachte ich, daß sie es absichtlich machten. War nicht der Fall. Es war nur dieses alberne, schon verinnerlichte Gehabe, schauten drein, als wollten sie im Fernsehen auftreten, betonten bei wichtigen Worten jede Silbe, wohl um den Unterschied anzudeuten zwischen einer privaten Geschichte und den Dingen, die zum Lauf der Welt beitragen: der Kuundee, unsere Zuusaagee . . .

Und ich stand da im Kittel, dicht hinter ihrem Rücken, eine Muschel an jedem Ohr; selbst so verstand ich kaum was. Und Monique: »Aber warum antwortest du nicht . . .« Wir haben uns verabredet, für den Abend.

Schließlich ein Tankzug, wie ein langes Rohr mit Schnittstellen dazwischen, seltsame, geschlossene Waggons, etwa zehn, als wären sie versiegelt, und zwei Loks drangehängt und noch drei Waggons, Viehtransporte.

Am hinteren Teil des letzten zwei rote Lichter, die sich entfernen, langsam, in diesem Nebel, den der Winter von den eisfreien Schienen hochsteigen läßt.

Wundert mich nicht, daß er so langsam fuhr, achtundfünfzig Waggons waren es insgesamt.

Die Arbeitslosigkeit, wenn du an nichts anderes denkst, wirst du meschugge. Aber versuch mal, an was anderes zu denken. Du zwingst dich. Aber was soll man machen. Was kann man schon tun, ohne Geld.

Die Ellbogen auf dem Tisch, das Kinn hängt über dem roten Wachstuch; du guckst auf die andere Straßenseite, auf die dicke Mauer gegenüber vor deinem Fenster ohne Gardinen. Dazu die geknickte Regenrinne zur Linken und dein viereckiger Guckkasten wird zu einem wahren Stilleben; was für ein Glück du hast. Schnauze voll, da rumzuhocken. Und hockst immer noch da rum, die Ellbogen aufgestützt, um darüber nachzudenken, daß du nun davon genug hast. Mit dem Ärmel wischst du dies Elend vor deiner Nase beiseite, die Krümel und den proppevollen Aschenbecher, schiebst den Nescafépott beiseite, den angebrochenen Zucker im verdreckten Pappkarton, der seinerseits eine leere Flasche umschmeißt, sie kullert davon. Sie noch erwischen, bevor sie auf den Boden knallt, so ist es, das Leben.

Gleich sechs Uhr, und was hab ich heute gemacht. Ein Trolleybus pfeift alle fünf Minuten, wenn er näher kommt, und in der Kurve, bei der Steigung, läßt das Getriebe grüßen. Eine Uhr, auf die man sich verlassen kann.

Auf einen Schlag gehen die Straßenlampen an, das Zimmer liegt im Dämmerschein, drei Spannungsphasen geben ihm die Helligkeit eines Lichts ohne Quelle, mehr wirft die Drecksmauer gegenüber nicht ab; meine Landschaft.

»Zum Lokus geht's da lang«, hatte der Vermieter beiläufig

angemerkt, bei der Besichtigung am ersten Tag. Klar, gibt Besseres, mußt aber löhnen dafür, mit der Freundlichkeit wird's wohl auch so sein. Eine Wohnung ohne Verdienstbescheinigung, da darfst du keine Ansprüche stellen. Außerdem, den feinen Pinkel spielen liegt mir nicht. Wollte ja auch nicht meinen Lebenslauf hören, hat auch nicht nach dem Wie oder Warum gefragt, ist ja schon was. Die zweite Tür, auf die er gezeigt hat, führte in einen Verschlag, ohne Fenster, nicht mal ein Guckloch. Das Licht im Lokus ging nur von innen an, da mußt du wohl oder übel durchs Dunkel tappen. Ein Käfig aus Preßspan, der Lokus, kriegst kaum die Beine auseinander; nicht gerade bequem, sich da reinzuzwängen.

Ein Flur, kannst du dir schenken, weil jede Bude ihren eigenen Zugang hat. Eine Reihe von Türen, die alle gleich aussehen, ein holpriger Klinkerboden. Die erste ist die vom Nachbarn, von dem krieg ich direkt hinter meinem Bett durch die Wandritzen einen Strahl seiner Glühbirne. Manchmal habe ich mitten in der Nacht das Gefühl, mich würde von nebenan jemand ansprechen. Spanische Arbeiter, Leute vom Bau. Drei Männer in einem Raum, der nicht größer ist als dieser, wie die das bloß aushalten. Im Flur bin ich nie jemandem begegnet, der Pott ist für mich allein. Bei den anderen Türen ist nichts zu sehen, außer bei der einen, wo man tagsüber durch das Schlüsselloch auf einer Tapete mit Blumen, so groß wie Äpfel, den helleren Fleck eines entfernten Schranks sieht.

Sich zwingen, an etwas zu denken, egal an was, an die anderen, an irgendwas. Aber nicht an morgen, nicht an das Warten, sich nicht an diese vergeblichen fünf Monate erinnern, nicht daran denken, daß du bald dreiundzwanzig wirst. Eher das andere immer wieder durchkauen, auch die Geschichten, die dich ankotzen, von denen du weißt, daß sie zu Ende sind, daß sie zu nichts führen können. Daß Monique, hätte sie kommen wollen, es längst getan hätte.

Und in der Ecke von diesem Kabuff, in der Ecke gegenüber der Tür, eine Stiege, die oben von einer anderen Tür verschlossen wird, so eng, daß man fast steckenbleibt, führt auf die Haupttreppe, einen Stock höher. Mußt nur den Dreh kennen: einen halben Stock höher klettern, dieses Ding öffnen, das wie ein Gaszähler aussieht, wieder hinabsteigen und tastend die Klinke finden. Auf meiner Seite weder Schloß noch Riegel. Richtig zu Hause fühlt man sich da, muß man schon sagen.

Hat aber die Sache vereinfacht, als ich dann Alain aufnehmen mußte, man konnte kommen und gehen, wie man wollte. Ich war mit der Arbeit erst etwas später fertig, so daß er meistens vor mir zu Hause war. Am Tisch, die Ellbogen auf dem roten Wachstuch, starrte er auf die Mauer gegenüber.

»Mensch komm, trink einen Schluck, dann geht's wieder besser . . .« sagte ich zu ihm, aber so richtig glaubte ich selbst nicht dran.

»Bin elend drauf, selbst bei dir, selbst in deinen Armen, nimm mich und sag mir was soll's . . .«

Vielleicht liegt es daran, daß du zunächst mit den Händen denkst und weil dieser umwerfende Sound in deinem Rücken alles freisetzt; ist wie eine Fahrt, mitten in der Nacht, eine lange Fahrt über leere Landstraßen, wenn du am Steuer des Busses sitzt und die anderen schlafen . . .

Was dann in deinem Kopf entsteht, ist ein magischer Augenblick, es ist, als führte allein schon die Anspannung deines arbeitenden Körpers dich in dieses innere Zentrum; totales Theater in deinem Kopf, plötzlich siehst du dein Leben klar vor dir: in deinem Kopf streicht manchmal innerhalb einer einzigen Minute ein ganzes Jahr vorbei.

Sie arbeiten, die Hände, ganz allein. Beim Spielen denkst du nicht an die Noten. An den Klang schon, auch an Bewegungen; die Schultern entspannen, Arme locker, um diese Energie, die du dir von unten raufziehst, wieder hinabgleiten zu lassen. Die Hände, sie bewegen sich wie von selbst, vergessen das Gelernte.

»Erklär mir dieses Elend, sag mir den Sinn der Welt . . .«

Und du läßt dich nach vorn tragen, ohne Gewicht, wie schwebend, ganz auf diesen Ton gestützt, du spürst die Felle der Trommeln in deinem Bauch und die Becken in der Schädeldecke, du stützt dich auf dieses straffe, vertraute und einfühlsame Tempo des Schlagzeugers, so wie es sein soll. Ein

Akkord, ich schlage ihn an, lasse ihn in den Sound der Becken übergehen, dann fetzen seine Stöcke über die Lederhäute, ich begleite diesen rhythmischen Grund mit schrillen, grellen Tönen; jetzt der langsame Song, in der ganzen Geilheit, die er in sich trägt. Sie tanzen, stehst allein an dieser Rampe, über ihren Köpfen, ihren ausgestreckten Händen. Fühlst dich einsam nicht nur unter ihnen: fühlst dich einsam in dir selbst, wie auf hoher See, wenn du auf eine Welle zusteuerst; hilflos. Nichts darf daneben gehen. Tanzt doch, ihr Boys und Girls!

»Dies Elend, über allem lastet dies Elend . . .«

Unsere Texte, wir schreien sie, ohne daß sie von ihnen gehört werden. Ist auch nicht nötig. Sind nicht für sie bestimmt. Nur auf eins kommt es an: genau den Nerv zu treffen, mit ihnen gemeinsam etwas beschwören; fast eine Geisterbeschwörung: sie gegen eine Wand bannen, hinten, weit weg. Die Gruppe macht nichts als Pantomime: das Feeling, das wir aufbauen, höhlen wir wieder aus, da wir uns durch den Text auf Distanz bringen. Wir sind nur eine leere Maske, nach der sie greifen, sie stehen mehr auf der Bühne als wir; wie einst das Theater mit seinen Illusionen, jetzt ganz auf uns übertragen, wie auch der Tanz und die Musik auf uns übertragen wurden . . . Etwas draus machen, wer's nicht kapiert, bleibt auf der Strecke. Unsere Texte, sie hören sie nicht, sind wie eine Grube, die wir ausheben, wobei wir alles wegdrängen, was nicht zu diesem reinen Augenblick des Feelings gehört. Und auch für uns gibt's kein Pardon, es läuft nur, wenn du den Nerv triffst, du schaffst es, oder du fällst auf die Schnauze, in der Musik gibt's keine Hierarchien, ist heute so und war immer so: ein Sinfonieorchester kann mal daneben greifen, aber meine Gibson klingt immer edel! Wichtig ist letztendlich: daß sie sich bewegen, daß die Beschwörung klappt. Wir kriegen unsere Säle voll, dein Pech ist, daß das nur läuft, indem du der Musik, die deine einzige Rettung ist, den Rücken zuwendest.

Und wieder Einsatz mit den Becken, kurz wie ein Furz . . . Ein Drive, mit der bloßen Kraft des Handgelenks, ohne die Bequemlichkeit der Trommeln, in dem der synchrone Baß beinahe verschwindet. Da gibt's kein Pardon, es läuft nur unter der Bedingung, daß du bis zum Äußersten gehst, rückhaltlos. Dann überläßt du den beiden Typen vom Rhythmus die Mauern und das Volumen des Saals, der unter ihrem Schlag erzittert, die Stimme ist diesem Meer von Köpfen und Händen ausgeliefert, und ich, die Gitarre platt am Bauch, ich nehme die Körper mit offenen Armen, drücke sie auf meine Saiten, meine hervorgestoßenen Akkorde, aus vollem Bauch lasse ich sie singen, gegen das mächtige Schlagzeug ansingen, turne sie noch mehr an, ein Spot wird auf die Mitte des Saals gerichtet, ein lila Kegel, in den sie eintauchen, im Zeitlupentempo winden sie sich in den kurzen, purpurnen Strahlen der Lichtorgel, ich, ich spiele und sie sind gut drauf . . .

»Oh, befrei mich von der Angst, dieser Angst in meinem Herzen, nimm mir dies Elend . . .« Ein Akkord, und los geht's, sie tanzen!

Schreit nicht mehr, der Torwart, er paßt auf. Aber bei einem Spiel herrscht nie Stille. Im Gegenteil. Das trockene Treten des Balls, wumm. Und das Pochen in der Brust, noch dumpfer. Dieses Hämmern auf dem Gras, hörst es eigentlich nicht, spürst aber, wie es vom Boden kommt, in deine Beine geht. Selbst mit geschlossenen Augen hörst du sie, die anderen Spieler, auf dem ganzen Feld mit diesen langen Pässen, mit der Länge einer ganzen Fußballnacht.

Ein Rahmen mit zwei Griffen, den du vom Stapel nimmst und auf die Platte legst. Jedesmal ganze zehn Kilo in den Händen. Dann löffelweise dieser schmierige Schlicker, von dem du selbst im Urlaub noch den Geschmack im Mund hast. Du bestreust damit den Stahl. Und mit den Armen über dem Kopf ziehst du am Trichter. Eine erste Schicht, die du mit der Hand verteilst und in den Formkasten drückst. Auffüllen, diesen schwarzen Sand, der an deinen Händen klebt, ein bißchen lehmig, knetbar, den schüttest du auf einen Schlag darüber.

Mit dem rechten Fuß dann das Pedal drücken, während du den Rahmen an den Griffen festhältst. Der Verdichter reißt dich mit, schüttelt auch dich. Halten. Zwanzig Sekunden. Ja nicht loslassen, bevor die zwanzig Sekunden um sind, achtzigmal am Tag. Du verziehst das Gesicht, die Backenknochen, den Kiefer; aber du spürst, wie dein Gehirn in seiner flüssigen, runden Schale zittert.

Ein kleiner Sandrest, noch einmal das Pedal treten. Und vier Stöße mit dem Stampfer, flach drauf, zwei pneumatische Schalthebel, einen in jeder Hand, von wegen der Sicherheit. Und plong, der Boden, es packt dich an den Füßen und steigt bis zum Kopf, wirst durchgeschüttelt bis zu den Augen, die unter den Jalousien der Lider wie zwei Eier in ihrer Schale verquirlt werden.

Dann dreißig Kilo wenden. Den Formkasten mit dem Holzhammer losklopfen, ihn senkrecht aufstellen. Die andere Hälfte der Form auf die Platte stellen, die zweite Platte, und wieder von vorn beginnen. Manchmal vergißt du den Schlikker oder das Kneten mit den Fingern: du weißt, daß du gepfuscht hast, läßt aber trotzdem weiterlaufen. Die Kerne schickt man dir rüber in fertigem Zustand, in einer Holzkiste, ein Dutzend jeweils; rauh, fast wie roter Sandstein. Schließlich das Verklammern, du verkeilst die Rahmen, sie werden eins und du gießt ab; und du spannst dein Kreuz, um die sechzig Kilo aus Sand und Metall auf deinen Bauch zu stützen ... Kehrtwendung, drei Schritte, das Ganze aufs Fließband stellen, gute Fahrt! Du hast zwei Sekunden zum Aufatmen, genau die Zeit, um mit dem Messer den erforderlichen Kegel rauszuschneiden, oben am Einguß. Ein Kreidestrich. Dieser Geruch des Bindemittels im Sand unter deiner Nase. Du stellst dich wieder vor den Fülltrichter, nimmst den ersten Formkasten wieder auf. Wenns mehr als vierzig sind pro Tag, zählt's für die Prämie.

Gibt keinen Grund für dich, zu heiraten. Wir kannten uns schon lange, bevor wir anfingen zu reden, über irgendwas, über die einfachsten Dinge. Dennoch hatten wir sofort begriffen, alle beide. Dinge, über die man nicht spricht.

Ich kannte zwar ihren Bruder, Joël, aber er war schon lange von zu Hause weg, hatte keinen Kontakt mehr zu ihnen, ich wußte nicht mal, daß er eine Schwester hatte. Seine Freundin, die uns zusammenbrachte, ich weiß nicht, was sie davon gehalten hat. Man hat sich jetzt in zwei Monaten öfters gesehen als in den letzten zwei Jahren. Früher ging ich nie in Discos; Tanzen war nicht mein Ding. Aber wie zufällig trafen wir uns am Samstag, und wie zufällig trafen wir uns am Ausgang im gleichen Pulk. Oder es waren eben so Abende mit Kumpeln, aber immer war ein Plattenspieler dabei. Freunde von ihr. Manchmal brachte ich einen meiner Kumpel mit, aber sie kamen nur selten ein zweites Mal. Ich hab ihnen das nicht übelgenommen. Zwar sah ich sie noch immer, aber auch das ist wie von selbst eingeschlafen. Ich brachte sie nach Hause, Joëls Schwester. Einmal, als ich an einem Sonntagmittag vorbeikam, holten ihre Eltern den Apéritif heraus, und kurze Zeit danach haben sie mich zum Mittagessen eingeladen.

Mehr als ein Jahr lang, immer dieses Schema: samstags die Fete und danach blieb man im Wagen sitzen vor ihrem Haus, manchmal drei Stunden lang. Und nie wieder haben wir so viel erzählt ... Erzählt, einfach so, für jeden von uns war's das erste Mal: sein Leben wie im Kino sehen, aber alles als Ganzes, weil dieser Augenblick da, der gegenwärtige, alles bündelt, was du erzählst, es erklärt, sogar ein bißchen übertreibt. Und sonntags spazierengehen; oft blieb ich zum Abendessen bei ihren Alten, ganz zwanglos. Man hat mich dem Rest der Familie vorgestellt und mich zur Hochzeit einer Kusine eingeladen; da habe ich mitbekommen, daß ich nun gegen meinen Willen zum festen Freund geworden war. Und das war schon ein bißchen komisch für mich: wie eine Zuflucht, etwas Wichtiges, plötzlich, fast insgeheim, sich in das verwandelt, wovor du fliehst, was dich krank macht. Aber ich konnte ihnen das nicht übelnehmen.

Ich wollte sie nicht mehr zu Hause besuchen, zwei, drei Monate lang. Du weißt, daß wir uns lieben, sagte ich zu ihr. Dann blieb sie ab und zu bei mir, in der Nacht vom Samstag, als wär's das Selbstverständlichste, als wäre auch das ganz zufällig zustande gekommen. Wir spielten, alle beide. Machten uns einen faulen Vormittag; in meinem Zimmer, selbst im Winter, gab's Sonne bis zum Mittag. Auch während der Woche, manchmal: »Ein kleiner Gruß, beim Vorbeigehen ...« Ich gab ihr einen Schlüssel. Es war wie ein Spiel, noch; eines Tages wollte sie dann meine Sachen aufräumen. Zuerst war ich dagegen; es ging doch auch so, fand ich. Für sie war das kein Problem, ich solle mich nicht so anstellen: »Um dir eine Freude zu machen, mehr nicht.«

Und tatsächlich war es so, daß sie, selbst nachdem sie gegangen war, durch die kleinen Dinge, die sie dagelassen hatte, noch anwesend war; ein Kleidungsstück mit ihrem Geruch, Kleinigkeiten, und es war etwas mehr Wärme da, auch etwas mehr Licht. Als sie dann ein Bügeleisen mitgebracht hat, da bin ich geplatzt. Ohne diese Dinge lebst du genauso gut; und wenn du dich ihnen unterwirfst, steckt immer was anderes dahinter. »Du mußt es ja nicht benutzen«, sagte sie zu mir. Ich hab sie nicht mehr gesehen, gut einen Monat. Dann haben wir wieder miteinander telefoniert: Einladung von ihren Eltern, weihten ein kleines Haus ein, das sie auf dem Land gemietet hatten für'n Appel und 'n Ei ... »Sie würden es nicht verstehen, wenn du nicht kämst.« Eine Woche später haben wir unseren Antrag für eine Sozialwohnung gestellt, und zwei Monate später ... Drei Jahre sind's her, das ging alles ganz schnell, zu der Zeit.

Dann haben wir zum ersten Mal begriffen, daß wir jetzt zu zweit sind, wirklich zu zweit allein: wenn du eine Zeitlang zusammenlebst, was ändert da schon das Heiraten. Sie wollte ein Kind, ich hatte es nicht so eilig. Als es dann kam, war ich trotzdem glücklich. Glücklich, weiß ich nicht; schließlich willst du ja nicht dagegen sein. Aber ich bereue es nicht, bereue keinen von meinen beiden Knirpsen. Wir haben geheiratet, ohne großes Trara, nur unsere Kumpel dabei; ihr Bauch war schon dick. Monique ist mit ihrem Zeichner gekommen, bei dieser Gelegenheit hat er sie mir vorgestellt. Hat aber nicht gefunkt zwischen uns, nichts in der Richtung. Ich weiß nicht mal mehr, was sie anhatte. Und sie waren noch frisch verliebt, hatten sich gerade erst kennengelernt.

Das Spielfeld, mit seinen Linien aus weißem Kalk rundherum, wird zu deiner Welt, zur ganzen Welt. Ist nicht mehr als eine harte, flache Platte, wie ein Käfig.

In unserer Spielzeit, vom Endspiel abgesehen, kriegen wir nie einen schöneren Platz als diesen da ... Zwischen Lagerhäusern, die Fabrikmannschaft! Vier Mauern, noch höher als das Spielfeld lang, und die Tribüne, auf der einen Seite so angebracht, als hätten sich die Leute davonmachen wollen und dann die Sitzreihen nur gebaut, weil ihnen das nicht gelang. Eine kleine Tür in einer Ecke, man muß sich bücken, um durchzugehen, da man das Haupttor nicht benutzen darf: eine Arena. Und die weißen Scheinwerfer in den vier Winkeln, sie blenden, wenn du den Blick auf sie richtest und tauchen uns in ein hellscheinendes Orange, ein rötliches Licht unter der nächtlichen Kuppel.

Und der Ball, ich nehme ihn an! Schick ihn zum zurückhängenden Mittelstürmer rüber. Lauf nach vorn. Bekomme ihn wieder, dribble. Ihr Mittelfeldspieler, er geht nach hinten, ich an ihm vorbei. Ja, ich bin wieder dran, von da aus zu meinem Stürmer, mit voller Kraft! Denn deine Gören, du bereust es nicht ... Und Kopfstoß, zum Flügel, nicht schlecht ... Ihr Verteidiger prescht nach vorn, Freistoß, Pfiff. Nein. Auch mit deiner ganzen Kraft, mit der ganzen, manchmal reicht das nicht.

Dein kurzer Atem, bleibst erschöpft in der Spielfeldmitte, für einen Augenblick wie festgenagelt, bist aber bereit, die Kurbel gleich wieder in Gang zu setzen. All die Mühe nur für den Rückzug.

Eine Welt für sich, das Spielfeld, weil nichts, was dort passiert, von außerhalb kommen kann. Deine Welt, weil außerhalb von dir nichts ist, was dir den Atem gibt, um nochmals zu laufen, laufen, nur um sich zurückzuziehen und sich zu sammeln, bis der neue Angriff kommt.

Du liebst deinen Beruf, egal, was du tust, egal mit wem. Beim Zeichnen wirst du nie schludern. Dennoch, was dabei rauskommt . . . Machst nie mehr als einen winzigen Teil des Entwurfs. Wenn du dich einmal auf ein bestimmtes Objekt festgelegt hast, werden sie dir nie mehr ein anderes geben. Also wiederholst du stets aufs neue, du tüchtiger Perspektivenbastler.

Und du wiederholst nicht nur das. Jedes Transparentpapier, das du deinem Chef vorlegst und in der Nähe seines Tisches liegenläßt, damit er die Zeichnung unterschreibt, auch diese erstarrte Hierarchie durchläufst du immer wieder. Du bist bereit, bei jeder neuen Zeichnung deinen Platz zu markieren, wie ein Hund, der jeden Tag an den gleichen Laternenpfahl pißt.

Genauso wie ich jeden Tag aufs gleiche Scheißhaus gehe. Aufs dritte der zehn, von hinten gesehen. Stoßzeit, Viertel vor neun, alles besetzt. Wenn du an den Türen vorbeigehst, prüfst du das jedesmal nach. Sieben Paar Treter und sieben heruntergelassene Hosen, und ich werde die achte danebenstellen. Um diese Zeit würde es keiner wagen, mir meinen Platz streitig zu machen, die Brille ist vorgewärmt, und ich werde sie angewärmt hinterlassen. Ohne zu wissen für wen, aber es können nur immer die Gleichen sein; und sei es nur die Art, wie man jeden Tag die ausgedrückten Kippen auf der gleichen Stelle der Fliesen findet. Zeitungen, die man zusammen- und auseinanderfaltet, ist nicht so einfach an diesem Ort zwischen den Zementwänden; irgendeiner hustet, ein anderer summt vor sich hin, dazwischen die Plumpsgeräusche, auch wenn man nicht unbedingt deswegen hierhergekommen ist. Der Luxus eines Augenblicks, in dem man allein ist, wirklich allein, bevor der Tag richtig anfängt. Und du, nicht nur, daß du so tust als ob, anfangs, dich hinterm Türriegel versteckst, die Hose runterläßt, nein, dein Körper macht mit, stellt sich drauf ein; jeden Morgen wird es wirklich zu einem Bedürfnis, um Viertel vor neun, ist wie ein braver Hund, mit dem du Gassi gehst.

Was muß passieren, damit sich was ändert... Denn du weißt nicht mehr, wo's für dich lang geht. Nicht, daß es dir schlecht ginge oder daß es zu schwierig wäre. Nur eben dieses ständige Sichwiederholen. Du willst es nicht zulassen, daß man dich an die Wand drückt und daß du nicht weißt, woher diese Kraft nehmen, um diese Wand zu durchbrechen. Abhauen müßte man. Haben wir auch früher oft genug gesagt. Zusammen, zu viert, einen Trip machen. Keiner von uns ist losgezogen, außer zum Militär. Losgezogen, zurückgekommen...

Den Kopf nicht einziehen, niemals. Lieber verrecken. Auch wenn es keinen Platz mehr gibt; Betriebe, Häuser, Supermärkte, Parkplätze, alles zubetoniert. Und weiter weg, die Weiden sogar mit Stacheldraht umzäunt, um die fetten Kühe einzusperren, die sie sich später einverleiben werden: kein Beton, aber trotzdem ähnlich wie in der Fabrik. Eingekastete Welt.

Nun bist du ein Panzer, eine Außenhaut aus hartem Stahl, mit einem kleinen Männchen mittendrin, das du beschützt. Und auf jedem Feld, ob zertrampelt, ob zerbeult, du preschst los, kommst durch! Auch wenn du letztlich alle eineinhalb oder zwei Tage wieder einen Entwurf des gleichen Objekts fertigmachst. Transparentpapier, ein anderes Blatt drunter zum Durchzeichnen, Gesamtzeichnung und Detailplan, das Resultat und die Skizzen. Ganz sittsam kommst du in deinem weißen Kittel ins Büro zurück, ohne zu stören, legst deinen Papierstapel ab, guten Tag Monsieur, ja Monsieur. Innerlich kotzt es dich an.

Kopf hoch, Hosen runter. Daß du sogar das manchmal nicht mehr erträgst, sie hinter ihren neun Türen zu wissen und du als der Zehnte, den Riegel vor diese leere Zeit geschoben, die Tür vor deinem arbeitslosen Körper verschlossen, als ob hier, im Untergeschoß, für einen Augenblick alles in Ordnung wäre in dieser reizenden Welt. Zieh die Spülung, verdammt noch mal, damit das Zeug endlich verschwindet. Die Wasserspülung, sie nennen sie nicht von ungefähr »Die Windhose«! Tschpruauff ... Füllt die Schüssel bis zum Rand, es beginnt zu kreisen, schleudert alles mit, was du da abgelegt hast, bevor es sich wie ein Trichter aushöhlt und alles mit sich reißt, was rundherum festhängen wollte; und ein schlürfendes Saugen, pfrschuitt ... alles aussteigen! Und dem Nächsten bleibt nur noch das Gluckern nach dem lauten Rauschen, mit dem sich der Wasserbehälter neu auffüllt. Ein einziger Handgriff reicht, um alles verschwinden zu lassen, du denkst daran, und manchmal reicht das schon, um den Kopf wieder hochzuhalten. Dann geht's weiter.

Das Waschbecken, klick klick, die flüssige Seife in die Handfläche, ihr Desinfektionsmittelgeruch. Kaltes Wasser auf deine Frostbeulen vom Winter. Die gelbe Wand vor deiner Nase, an ihrem Ende der Spiegel, ein einziger davor; ein Typ, der sein Haar naß macht und glattkämmt. Macht sich schön für seine kleine Innenwelt; seinem Grinsen nach zu urteilen, hat er sie sogar mit hierher gebracht. Und auch du kommst nicht umhin, dir im Vorbeigehen deine komische Birne anzugucken.

Die innere Welt gegen diese eingekastete. Dem entkommst auch du nicht, nicht mehr. Und was du in dir aufbaust, ist nichts anderes als eine Barrikade,Möbel gegen die Türen gestellt, Möbel, die sie dir zugestanden haben. Bleibt nur ...

Etwas war noch geblieben, bis zu dem Augenblick, als sie ging, wenn auch nicht viel: auch eine Kästchenwelt, ja, aber es war noch ein Kästchen, das uns gehörte, uns allein. Nichts außer dem kleinen Würfel unseres Zimmers, aber geschützt und warm. Die Fabrik, der Beruf, am Anfang versprechen sie noch etwas. Du lernst die Menschen kennen, die Zeit. All diese Typen um dich herum sind viel erfahrener in den Dingen, die du noch immer für das Leben hältst; du sprichst mit ihnen, sie erzählen dir, sind von einer Überzeugung getragen, die du noch nicht kennst, die nicht von den Gegenständen kommt, über die sie sprechen, sondern künstlich erzeugt wird, um sie zu tragen, sie anzuspornen; eine Überzeugung, die, wenn sie sie aussprechen, nur ihre abgrundtiefe Leere verdunkeln möchte, die erstarrte Zeit ihres Lebensweges. Paßt wunderbar, du bist, was sie noch zu sein glauben, der Beweis für die Beständigkeit ihrer Träume, sie glauben, du seist unweigerlich auf ihrem Weg, man müßte ihnen diesen Fahrstuhl zurückschicken, diesen vorgefertigten Weg, den sie dir anbieten und auf dem die Kratzer, die der Traum schon abgekriegt hat, immer weniger werden; die Schere zwischen dem Leben, das du lebst und dem Weg, den du hättest einschlagen müssen, öffnet sich immer mehr.

Aber nicht bei dir, nein; zu spät. Nicht weil du es gewollt, nicht weil du dich gewehrt hättest gegen das, was dir vorgeschrieben war, nicht einmal das. Ihren Weg, den sie dir voraushaben, konntest du nicht gehen, und gegen deinen Willen wirst du zum Zeugen, denn du stehst außerhalb dieses Bildes aus einem Guß, außerhalb ihrer Zeit, die auch für sie bereits verstrichen ist; trennten dich nicht fünf Jahre von ihnen, wärst du dabei. Eine Zeit, die nicht mehr genügend Kraft hat, um dich in sie einzusaugen und dir diese falsche Bequemlichkeit anzubieten, der diese Typen folgen.

Gegen deinen Willen wirst du jetzt zum Belastungszeugen, am Rande ihres Lebens, und auch wenn du dich einen Dreck drum scherst, auch wenn es dich nichts angeht, auch wenn du ihr Leben nicht leben willst, allein deine Anwesenheit klagt sie an, trennt sie von den Gewißheiten eines Lebens, in dem man auf jedes Erfassen der Zeit verzichtet, um ihren Stillstand nicht wahrzunehmen. Und um dich herum bricht etwas zusammen, läßt dich da hinten im Saal über deinen Gehäuseinnenteilen sitzen, dich den vorbeirollenden Zügen nachschauen. Sie sind auf Abstand gegangen, ziehen ihre Gewißheiten vor, und die Gespräche zwischen euch sind verstummt; fast kommt Feindseligkeit auf. Wie damals, als du zu arbeiten anfingst, als du zum ersten Mal entdecktest, wie das Metall den Papierzeichnungen entspricht, und beim Berühren des rohen, gerade aus der Form genommenen Stückes wußtest du, daß dieses runde Ding in deiner Hand . . . dieses reduzierte Teil, das warst du und kein anderer, zunächst war sie da, diese plötzliche Gewißheit, aber dann stumpfte sie ab, verlor an Bedeutung und wurde zugleich Feindseligkeit, wurde zur stupiden Wiederholung immer gleich starrer Gesten, bis zur Langeweile.

Wie durch Vereisung. Weil selbst die Innenteile ... überholt, wird ersetzt ... Wird nicht mehr gebraucht, Gußeisen. Leichteres ist angesagt! Man müßte umschulen. Während man Typen meines Alters noch in den Zeichenunterricht schickte, werden die nun, fünf Jahre später, vor einen Bildschirm gesetzt; bei diesem Tempo werden sie in fünf Jahren ebenfalls auf dem Abstellgleis stehen.

Schau sie dir an, die in meinem Raum, wie sie sich alle festklammern. Nutzlos sein verträgst du nicht, verträgt keiner ... Früher gab's noch die Spuren der Hände, den Abdruck. Die Grube, die Fabrik, sie änderten sich langsamer als du. Früher hattest du Zeit, dich abzunutzen, bevor man dich wegwarf. Während man dich heute wie eine Zierpflanze hält. Zehn Typen in Hochform könnten die Arbeit der fünfzig hier mit links schaffen.

Untergeschoß; über die ganze Länge der Fabrik. Wir nennen das unsere Metrostation. Ein großer, gerader Gang, in Vierecke aufgeteilt, Fliesen, Neonlicht. Blau weiß gelb, abgerundete Ecken zum Reinigen mit dem Wasserschlauch. Vor fünf Jahren, als sie mich angestellt haben, traf sich dort der ganze Betrieb. Hat das Malochen nicht beeinträchtigt, im Gegenteil, man ackerte mehr als jetzt. Bestellungen, die rausgehen müssen, da wird nicht lang herumdiskutiert. Klar, man hat auch gequatscht, das gehörte dazu. Hat sich geleert, unsere Metrostation. Durch Zeittakt, feste Pausen ... Wie auf dem Scheißhaus, der Reihe nach. Die Gewerkschaft hat's zu spüren bekommen, heißt es. Früher oder später hätte sie wahrscheinlich sowieso eins draufgekriegt. Das Schlimmste dieses Systems war sein Bestes, und nicht das, was noch nicht ganz funktionierte. Den Fortschritt könnt ihr euch an den Hut stekken! Jetzt sind zwischen den Werkstätten geschlossene Wände; man geht durch die Metrostation, ohne daß die Züge anhalten. Und wir, die Zeichnerlinge, wir haben unsere Automaten im ersten Stock. Nur Typen wie ich gehen noch runter. Das verlängert die Pause um gut das Doppelte, immerhin was.

Die Wahltaste, nach dem Münzeinwurf. Der Becher fällt

runter, steht schief; ihn geradestellen. Dann das Pulver. Und dieses Zeug trinkst du, diese Soße. Dampf, warmes Wasser. Du nimmst es weg, bevor der Schaum überläuft. Trinke den Kaffee am liebsten ganz stark. Der Plastikbecher, zwischen meinen Fingern, heiß, weich.

Mit dem Rücken an der Wand auf die Brühe pusten, bevor du sie trinkst. Rücken gegen die gekachelte Wand. Typen gehen vorbei. Joly, er kommt auch, obwohl es nicht seine Zeit ist. Was mach ich bloß ...

So tun als ob. Nicht gesehen, den Herrn. Über die andere Treppe abziehen, und durch die Wärmetechnik zurückgehen. Noch eine kleine Zugabe zur Pause. Wenn ich nicht auf Zehenspitzen reinkomme, kann's unangenehm werden. Den Spitzel spielen, ist für die da oben das beste am Job.

Hast zwei Möglichkeiten: mit den Händen in den Hosentaschen durch den Raum latschen, die können dich mal; oder ins Archiv gehen, um einen Plan zu kopieren, als Vorwand. Den Kopf hochhalten, mein Junge, das ist die erste Möglichkeit. Den Kopf innerlich hochhalten, ist die zweite ... Ist eine noch größere Unverschämtheit, und diese überflüssige Kopie in den Händen.

Die Treppe, und schon hast du dich entschieden. Innerlich unverschämt, das heißt, vor ihm und vor ihnen geflohen zu sein. Wieder einmal geflohen.

Seither dreht er mir den Rücken zu, wenn ich ihn sehe im Betrieb, geht mir aus dem Weg, wo er nur kann. Und das Gleiche läuft ab, wenn er wegen einer Änderung des Plans oder irgendeinem anderen Scheiß in meiner Ecke zu tun hat. Ich sehe ihn in drei Meter Entfernung, und er dreht mir den Rükken zu. Ich werfe meine Formmaschine an. Wir sind zu sechst beim Formen; ein Preßstempel hämmert, keiner sagt ein Wort im Umkreis von zwanzig Metern. Du wartest, daß es aufhört. Diese Herren mit ihren sauberen Händen, haben fast Mitleid mit uns. Gucken dich an, deine Pfoten auf den Sicherheitsknöpfen, die Gußmasse unter der Nase, die sich hebt und wieder in sich zusammenfällt, das Beben unter deinen Füßen in der ganzen Halle. Überall. Er, die Ruhe selbst, fast bewegungslos. Als könnte ich an seinem Rücken alles ablesen, was er mir sagen will.

Freistoß, noch einer. Es braut sich was zusammen da vorn. Das Tor, das uns verpaßt worden ist, die Kumpel finden das nicht so lustig. Vor allem jetzt, wo wir Aufwind haben, mehr oder weniger. Aber sie halten sich gut. Eine Mannschaft aus dem Vorort; diese Typen wissen, was ein Ball ist. Farbige, die aus dem nördlichen oder mittleren Afrika kommen, du stellst sie dir vor, wie sie als Gören in einem Hinterhof oder auf ihrer Straße mit einer Konservendose gespielt haben. Genau das ist der Ball, seine Magie: du legst los, alles ist möglich, und selbst wenn einer auf dem Trottoir mit einer Konservendose spielt, du verstehst ihn, auf einen Schlag, da stimmt alles, von vorn bis hinten. Auch bei uns, einer der Mittelfeldspieler und zwei von unseren Stürmern kommen von dort unten oder von den Inseln. Noch ganz unverbrauchte Körper, die nicht so viel mit sich herumschleppen wie wir.

Vielleicht sind wir mehr zusammengeschweißt, im Betrieb, deshalb sind wir auch überlegen. Ist nicht mal sicher, daß wir sie auch schlagen werden; sind uns schon mit einem Tor voraus . . .

Die Mannschaft, jede Saison ändert sie sich, ein oder zwei neue Typen . . . Unser Kapitän, ein Ex-Profi, zweite Liga, zwar nur für kurze Zeit, aber immerhin, hält sich gut . . . Und die Alten machen weiter: Trainer haben wir mehr als Spieler! Alles zusammengerechnet, eine runde Sache . . . Nur wird man eben älter. Wenn da kein junges Blut dazukommt . . .

Dieses Jahr haben wir zum ersten Mal Leute von außerhalb geholt. Unser Mittelfeldspieler, jobt bei der Post, in der Verteilung. Bei denen spürt man's, jeder für sich, immer einen Haken zu viel. Ihre Art, den Ball zu halten . . . Oder die Show, die sie abziehen, wenn sie den Ball kriegen; für einen Augenblick den Rücken ganz gerade und den Blick über das Spielfeld gerichtet, wie die Cracks . . .

Du hast nichts gegen das Radio, aber auf Dauer, immer nur das. Yves, alles was er zu tun hatte, war flachliegen, den Verband auf den Augen. Jeden Tag nach der Arbeit kam ich vorbei, mal kürzer, mal länger, aber ich kam vorbei. Monique hatte Nachtdienst diese Woche. Sein Zimmer gehörte nicht zu ihrem Arbeitsbereich, sie war ja in der Notaufnahme; aber sie kriegte es hin, kam noch vorbei, um einen Plausch zu halten.

Man quatschte ... über seinen Zustand: diese kleinen Zeichen jeden Tag, der Körper, der langsam wieder wird. Das machte ihm Laune. Der Tratsch im Krankenhaus; was er davon mitkriegte, unglaublich, nur durch die Stimmen im Flur ... Sie ergänzte, erzählte uns, was intern so läuft. Kein Vergleich mit einem Betrieb wie unserem. Warum weiß ich nicht. Nicht nur, weil hier Männer und Frauen zusammen sind; und nicht nur, weil im Krankenhaus jeder rein- und rausgehen kann, für einen Besuch zum Beispiel. Ich weiß nicht warum.

Wir, an unseren Maschinen, sind nach außen abgeschottet wie in einer Schale, einer Muschel. Im Krankenhaus hast du Kontakt. Nicht untereinander, darum geht's nicht. Vielleicht durch all diese Leute, die da liegen. Und auch, weil alles sauber ist.

Yves hatte ich gefragt, kurz bevor Monique hochkam, ob Alain ihn auch mal besucht habe. »Nein, er wird nicht kommen, glaub ich nicht.« Sein Ton hat keinen Zweifel daran gelassen. Sie tauchte auf, und ohne viel mehr kapiert zu haben, hab ich das Thema nicht mehr aufs Tapet gebracht.

»Eigentlich hab ich's nicht eilig rauszukommen«, hat er einmal losgelassen, unser Kranker, mit seinem Verband auf der Nase.

Eines Tages ging ich zu ihm nach Hause, um Kassetten zu holen, die er haben wollte. Ich war zum ersten Mal da. Ein möbliertes Zimmer, der Miete entsprechend. Im Zimmer nebenan hörte man Spanisch reden, als wäre man im gleichen Raum; Männerstimmen. Mir fiel die Matratze am Boden auf. Aber ich hab mich nicht mal gefragt, »wer pennt da wohl ...« Dann, auf der Straße, bin ich Alain begegnet.

»Wohnst du jetzt in dieser Gegend«, habe ich ihn gefragt. Nach fünf Minuten wußte ich Bescheid.

An deiner Hüfte eine schwebende, feurige Kraft, ganz einsam in diesem Saal. Mehr aus Stahl als aus Sound, deine Hände sind jetzt taub.

Meine Gitarre, meine einzig wahre, die der Nächte, der Arbeit und der Einsamkeit, sie braucht keinen Verstärker; lebendiges, warmes Holz. Ein Sound, du dringst in ihn ein, er klingt auf, entwickelt sich und vibriert, ein Sound, den du prägst, bei dem der Akkord jeden Ton seines Gesangs erklingen läßt. Die Gitarre besteht nur aus Formen, nie sieht sie gleich aus, immer ist sie schön, egal wie du sie betrachtest, sie berührst, eine von Hand gebaute Gitarre ist immer mehr als ein »Instrument«. Hab eine Ricardo Perlwitz, signiert, man geizt nicht, wenn's ums Prestige geht! Sind nicht viele, die auf solchen Dingern spielen, und du zahlst den Preis ... Wenn das Instrument mehr als ein Werkzeug ist, dann ist der Name des Herstellers mehr als nur ein Markenzeichen: er hat sich schon von ihm getrennt: und auch wenn er alles in seine Arbeit gesteckt hat, damit es lebt, klingt dieses Leben doch nur unter deinen Händen auf, es ist dir anvertraut, dir überlassen.

Die E-Gitarren dagegen ...

Du kaufst sie im Laden um die Ecke, einige im Sechserpack. Du bastelst dann an ihnen rum, wechselst was aus, spannst sie neu, aber es bleibt immer ein Brett. Obwohl, meine Klampfe, die mag ich, trotz ihrer fünfzehn Jahre. Einem Engländer abgekauft, auch sie hat ihre Geschichte. Und der Name Gibson, oben am Griff, ist ein Detail, das auf der Bühne genauso wichtig ist wie die Glitzerlatschen des Sängers, alles zählt: erst als wir das kapiert haben, war die Band startklar.

Wenn man sein Image pflegt, verzichtet man nicht auf den Anspruch, wird die Musik nicht schlechter. Es führt was vom Sakralen weiter, das einst dem Tanz vorausging und durch ihn zum Ausdruck kam, bis das Tragische sich von ihm löste, und ist auch im Gesang, sofern er sich von anderen Zwecken löst.

Und wir, hier und jetzt, wir verdichten all das. Wie um aufs neue zu vereinen, was zerstreut war, und dem Druck der verwalteten Welt nicht mehr widerstehen konnte; man muß, indem man alles in diese komprimierte Kugel packt, die in ihrer geballten elektrischen Energie in den Raum geschleudert wird, auch um den Preis der Regression, versuchen, mit ihnen, die tanzen, die dichte Wand der Ausweglosigkeit einzureißen, als wäre es eine letzte Chance; ein Leben, das trotz aller Versprechungen auf ewig in Schach gehalten wird ...

Es läuft nur, weil wir den Nerv getroffen haben ... Knete allein reicht nicht, um eine Band vor dem Scheitern zu bewahren. Klang und Rhythmus allein reichen nicht, um sie zum Tanzen zu bringen ... Warum ist der eine Schlagzeuger besser als der andere, auch wenn beide den gleichen Takt schlagen und keine Tempofehler machen? Die Menge mußt du packen, wo's für sie kribbelig wird. Ist keine neue Kraft, die du aus dir rauszuholen versuchst, ist nichts Großartiges, was sie berührt. Aber schmeichelt man ihnen nicht nur, wenn man sie zwingt, diese Kraft an die Oberfläche ihrer Körper zu holen? Ist eine ungesunde Kraft, die einen Typen genau an der Stelle reizt, wo er eigentlich um sich schlagen will. Ich, ich hab die Musik, die Ausweglosigkeit des Lebens ist ihre Sache, die Karten sind nicht gleich verteilt; ist es aber nicht die pure Regression, wenn all das zusammenkommt? Ja, mit dem Feuer spielen! Eine gefährliche Kraft, die sich immer mehr steigern muß, grenzenlos, um nicht in sich zusammenzufallen. Eine ungesunde Kraft, die auf dieser grauen Betonplatte der Welt bewußt bloßgelegt wird; aber wenn man tiefer guckt, waren's nicht wir, die das Feuer, das da schwelt, angezündet haben.

»Hast keine Zukunft, hast keinen Himmel, bist als Verlierer abgestempelt, von Anfang an werden dir Steine in den Weg gelegt, also laß es doch gleich sein ...«

Und ein Riff ... Mit dem dritten Finger schlägst du die Saiten, zwei auf einmal, über dem Barré des Zeigefingers ein Schlagen, das zu den Höhen gleitet und bei jedem Takt in einen vollen, offenen Akkord abstürzt; es gibt nichts Aggressiveres als ein Moll, und nie hab ich so laut gespielt wie heute abend, das sag ich jeden Samstag!

»Bis zum Verrecken zerschlägst du, zerschlägst eine Wand nach der anderen, aber es gibt keinen Ausweg, für dich gibt's nichts, nichts zu verlieren!«

Die Musik, entweder du hast sie in den Knochen oder nicht; ist nicht so wichtig, in welche Rolle sie dich drängt. Der Ritus ist deine Sache. Und es ist nun mal so, was du beschwörst, ist um so mächtiger, je elementarer die Mittel sind; diese rohe Kraft eines unvollkommenen Tons, der totgeborene Sound deiner tauben Hände, ebenso taub wie die Gitarre an deiner Hüfte, da ihr Kabel jetzt in deiner Tasche endet. Der Sender, groß wie eine Streichholzschachtel, schluckt das Signal und nimmt ihm jede Materialität.

Und dort hinten, auf dem Verstärker, den du nicht siehst, bleibt auch die winzige Antenne des Empfängers von der Musik abgeschnitten, im Kabel nur noch verrückt spielende Elektronen, und eine Vibration entsteht mit einer anderen Dimension als die deine, ohne jede Körperlichkeit, derart gleichgültig deiner Musik gegenüber, daß man ihr glatt das Funkgespräch der Bullen von der Ecke oder des erstbesten Taxis beimischen kann! Und die Kraft, die dir in den Rücken geschmettert wird, der Ton, den du durch den offenen Schlund des Trichters in die Visage kriegst, er kommt nicht von dir, sondern von dieser zweiten Maschine, diesem schweren Magneten, der zwischen den Membranen aus Teerpapier hängt. Was du spielst, entsteht anderswo, bedient sich deiner nur als Kontur, durchdringt deinen Rücken und prägt sich ein, wird in diesem gewaltigen Lärm zu Kraftlosigkeit; ein Vorgang, der mit dem Ton in Verbindung gebracht werden kann.

»Es war aussichtslos, von Anfang an; um mit ihnen zu spielen, wäre mehr Einsatz nötig gewesen, damit deine Mühe sich lohnt; also zerschlag, zerschlag jede Mauer und geh weiter, aber in deinem Vorort gibt's keinen Himmel, bist ohne Zukunft geboren, hast also nichts, nichts zu verlieren!«

Der Groll des Ausgeschlossenseins, wenn du in diese Falle gerätst, bist du selbst dran schuld.

Wenn du nicht deine Situation als Vorwand hättest, fände sich was anderes. Die Arbeitslosigkeit, du stehst zwischen Mauern, beinahe Spiegeln, hast nichts mehr, um der Falle zu entkommen, das leiseste Geräusch verstärkt sich so, wird überdimensional, unerträglich, daß dir die Ohren dröhnen von dieser nutzlosen, immer gleichen Zeit.

Du sitzt im Käfig.

Bist mit anderen zusammen, die das auch ausbaden müssen. Klar, irgendwann kracht es, und es kommt nie was Gutes bei raus. Und allein ist es auch nicht besser: du bist ganz auf dich gestellt, wenn's darum geht, deine Misere in den Griff zu kriegen; nach und nach versinkst du in dir wie in einem stillen Gewässer, aber das kleinste Geräusch tut dir weh, das Abrutschen wird durch nichts mehr aufgehalten; was du greifen willst, löst sich in deiner Hand auf, läßt sie leer zurück. Und nichts von draußen kann dir auch nur als Hintergrund nutzen, hast keine Anhaltspunkte mehr, die dir aber auch nicht passen, weil sie mit dieser Falle zusammenhängen; sie sind dennoch, immer noch und trotz alledem, Fußspuren auf dem jungfräulichen Lehmboden dieser leeren Zeit, in der du ausharrst, weil's nicht anders geht.

Hätte mich nicht hinlegen sollen. Ist aber erst sieben, hab kaum zwanzig Minuten gepennt.

Es ging so schnell, die Augen zu, wegtreten, und das war's, ein gewaltiges Gewicht auf deinem Körper, flach unter der Bettdecke. Essen. Ich muß jetzt was essen. Mir geht's nicht gut, und mein Herz flattert, nur vom Treppensteigen, jeden Tag ein bißchen mehr.

Die Straße, nach dem Flur mit den Briefkästen kommst du raus, als würdest du hineinstolpern, vor dir ein langer Spalt, wie mit der Säge geschnitten, zwischen zwei Mauerreihen mit sieben Stockwerken. Sie ist abschüssig, endet in einem dreieckigen Kreisverkehr, und steigt plötzlich an bis zur schwülstigen Kontur einer riesengroßen Kirche, dort eingezwängt, als könnte sie sich aus den Häusern, zwischen denen sie eingeschlossen ist, nicht befreien. Einbahnstraße, meine Straße. Als Fußgänger fühlt man sich hier so wohl wie in einem Tunnel, und bei jedem Grünlicht entladen die Autos eine Salve, die in den Rücken zielt. Zugeschnürter Magen, kein Hunger. Sich zwingen, was zu essen. Wenn du weniger ißt, hast du auch weniger Hunger; und plötzlich ein Schwindelgefühl, Blackout. Der Blutdruck, pflopp. Du gehst in diesem Zustand weiter, weißt nicht, was mit dir los ist.

Kaum hatte ich die Augen geschlossen. Ein Typ, in ganzer Länge auf mir liegend, streckte mir ein Sterbebild vor die Augen, ein vergrößertes Photo, auf Pappe, schwarz umrandet.

Das Bild eines bekannten deutschen Schauspielers. Ich begriff, daß man mir seinen Tod mitteilen wollte. Ein Schauspieler, den ich in mehreren Filmen gesehen hatte, in zwei oder drei mindestens. Auf dem unteren Teil des Photos sein Name, der mir auf der Zunge liegt, ohne daß er mir einfällt, und den ich nicht entziffern kann ... Ich finde, daß dieser Typ, der da auf mir liegt, übertreibt; was sind das für Manieren.

Die Autos parken Stoßstange an Stoßstange, machen aus dem Bürgersteig einen gewölbten Pfad zwischen Blech und Stein; und die Leute schauen dich nicht an, gehen mit gesenktem Kopf, immer bist du derjenige, der sich an die Wand drücken muß, mit dem flachen Rücken gegen den rauhen Putz, der von den Auspuffgasen so geschwärzt ist, daß du jedesmal denkst, du hinterläßt dort deinen Schatten, den hellen Schatten eines dubiosen Doppelgängers, der für immer dort erstarrt ist. Es hört nicht auf. Der Typ starrte mich an, unsere beiden Köpfe kaum zwanzig Zentimeter voneinander entfernt. Was er sah, schien ihn zu ängstigen, ja zu erschrecken. Nun verstand ich: nachdem das Laken entfernt worden war, zeigte sich, daß mein Gesicht mit seinem Bild identisch war. Deshalb mußte er auf mich zukommen, nur auf mich. Und die Angst, die ihn ergriffen hat, zieht auch mich in ihren Bann. Ich stelle mir plötzlich den Ekel vor, den man empfinden muß, wenn man sich auf einer Leiche liegend weiß; unsere beiden Körper nur durch ein Laken getrennt. Ein Schauer packt mich, ich zittere, starr von Kopf bis Fuß, und dieser Typ und ich, wir starren uns weiterhin an, Auge in Auge, unter diesem Bild, das er mir hinstreckt.

Jetzt weiß ich, daß es stimmt: daß ich wirklich den Kopf dieses Toten habe, dessen Bild er mir hinhält. Und die einzige Frage ist: »Aber wer ist dieser Tote, dessen Maske man mir aufgezwungen hat?«

Und sofort verstehe ich, daß es sich um mehr als nur eine Maske handelt. Ich bin ganz und gar, oder, besser gesagt, ich bin einfach zu einem Toten geworden.

Mein ganzer Körper, von den Zehenspitzen bis zur Kopfhaut, fühlt sich kalt und ledern an, wie gelähmt. Dennoch schaffe ich es, mich aufzurichten. Mit einer einzigen Anstrengung der Augen, die sehen wollen, und weil ich noch atmen muß, schaffe ich es, den Kopf zu heben. Um den Preis eines Krampfes, der mir den Nacken verrenkt, ein Muskel, der fast zerreißt, sich verkrampft, sticht. Er, mit einer gegenläufigen Bewegung, zieht seinen Kopf nach hinten, ohne verhindern zu können, daß wir uns nun Mund gegen Mund, Atem gegen Atem gegenüber sind; also schreie ich dreimal das deutsche Wort: »Da!« Zumindest ist es das Wort, das ich höre, obwohl ich schreien wollte: »Toi! Toi! Toi!«

Und diese Unfähigkeit, so zu sprechen, wie ich wollte, selbst bei einer so einfachen und leichten Sache, ist mir unerträglich.

Ist noch schrecklicher als dieses Bild des Toten, das der andere noch immer über unsere beiden Köpfe hält. Jetzt spreche ich nicht nur die Sprache dieses Toten, sondern selbst das Deutsch, das ich spreche, ist tot, denn ich hätte natürlich sagen müssen: »Du! Du! Du!«

Die wenigen Geschäfte sind geschlossen, bis auf den Friseur, ein handtuchschmales Geschäft, durch Spiegel noch verlängert, dessen Tür sich geöffnet hat, als ich auf seiner Höhe ankomme; jemand wirft plötzlich eine gerade angerauchte Zigarette vor meine Füße, ein flüchtiger Duft von Haarspray und Patschuli umgibt mich. Im Hintergrund, an der gelben Wand, eine runde Uhr. Drei nach sieben. Eine einzige Kundin, im weißen Umhang, der auch den Sessel bedeckt, hinter ihr der kleine Typ, der wie ein Arzt aussieht.

Nicht die Bohne wert, was ich von meinem Gymnasiumsdeutsch noch weiß . . . Und als hätte dieser Schrei unserer Annäherung ein Ende gemacht, begreife ich nun, daß er, dieser Typ, der sich der Länge nach auf mich gelegt hat, der Tote ist; er ist es, der trotz seines ausdruckslosen Gesichts Zug um Zug diesem Photo ähnelt, das er mir hinstreckt. Obwohl noch immer gelähmt, ist es, als spürte ich ein nachdrückliches Gebot von höchster Stelle, noch unausgesprochen. Eine oberste Instanz, direkt mit diesem »Du!« verbunden, das ich hätte aussprechen müssen, dessen Bedeutung ich noch nicht verstanden hatte, obwohl sie klar war. Eine Aufgabe obliegt mir, die ich nicht kenne, aber sie ist entscheidend.

Ich erhob mich wie ein Schlafwandler. Das Zimmer war eisigkalt, und ich merkte; daß ich Fieber hatte. Draußen fuhr ein Auto vorbei. Ich ging ans Fenster, sah eine Gestalt die Straße überqueren, mit lautem Klappern der Absätze unter dem weißen Licht der Straßenlampe, dann an der Kreuzung nach rechts abbiegen und verschwinden. Ich trank ein Glas Wasser; die zweite Tür, die des Kabuffs, lag so sehr im Dunklen, daß ich, als das Türschloß wegen eines Luftzugs schepperte, einen Augenblick lang Angst bekam. Ich zog mir einen Pullover über und legte mich unter die Bettdecke, nur für eine Minute, dachte ich.

Aber kaum liege ich, da spüre ich, wie mich diese Lähmung wieder erfaßt. Vor meinen Augen entsteht das Bild einer makellos sauberen dicken Glasscheibe, aber zersplittert, mit noch nicht trockenen, dunkelroten Spritzern, Rinnsalen von Blut. Und wie in einem Film nähert sich dieses Bild, ich werde gegen diese Glasscheibe und dieses Blut gedrückt; sie beginnt sich zu drehen, streift mich mit jeder ihrer scharfen Kanten. Ich möchte zurückweichen, aber nein, die Lähmung hat mich inzwischen ganz erfaßt, sie führt mich unausweichlich zum vorhergehenden Teil zurück. Ich versuche zu widerstehen, auszuhalten; ich habe zuviel Angst, ich will nicht wieder in diesen Traum. Ich muß mich an irgend etwas festklammern. Aber ich habe nichts als diese zersplitterte, scharfkantige Glasscheibe; ich versuche zu begreifen, was sich dahinter verbirgt, wohin das führt, aber die Splitter blitzen auf, blenden mich; dieses noch frische Blut, der Beweis einer Wunde, hindert mich daran, dahinterzusehen. Nichts zu machen: es geschieht etwas, für das ich nicht verantwortlich bin; ich zittere erneut, viel stärker als zuvor. Ich konzentriere mich auf meine Augen; schauen, sie offenhalten, so verzweifelt offen, daß mich an ihren Rändern ein zusätzliches Gefühl von Kälte überkommt, kalt wie dieses Glas, das man auf sie drückt.

Ich starre in die Dunkelheit des Zimmers, auf die fahlen Wände mit der undurchdringlichen Schwärze der Möbel, der Dinge; ich weiß nunmehr, daß ich die Rückkehr dieser Vision, die mich in Bann hält, nicht verhindern kann. Mit einer letzten Anstrengung, einer extremen Anstrengung, frage ich mich, wie man die Nacht befragt: »Wer um Himmels willen ist dieser deutsche Schauspieler, der soeben gestorben ist?«

Und, wieder in diesen Traum versinkend, höre ich, wie man mir auf deutsch antwortet: »Du! Du! Du!«

Das Stadtzentrum beginnt an einer Straßenecke ohne Übergang, ein Stück Bürgersteig und schon erhellt sich die Nacht, die grellen und harten Farben der Neonlichter verwandeln jede Straße in eine niedrige Halle, in der die großen Kaufhäuser und Banken aus den Kerben, die man für sie geschlagen hat, emporragen; ihre Verbindungsbrücken überkreuzen sich im offenen Himmel, die gewebte Decke aus Beton und Nebel eines einzigen Labyrinths, auf immer wie neu.

Endlose Büroetagen; zwischen den Glasmauern sind unzählige Bildschirme und Tastaturen aufgereiht, keiner arbeitet daran. Und unter ihren Reklameschildern, die derart leuchten, daß man nichts anderes sieht als sie, abwechselnd das rote oder grüne Aufleuchten eines Firmenzeichens oder nur einzelner Buchstaben, nacheinander, bevor sich der ganze Werbespot erhellt; die Geschäfte scheinen alle das gleiche zu verkaufen. Fußgängerzone, die Füße treten auf Gitter, die unter den Schritten dumpf scheppern, mit tiefem Ton, ein warmer, ätzender Dampf steigt stoßweise aus ihnen empor.

Das Licht hat sich hinter den zwei Stockwerke hohen Schaufenstern verschanzt, die sich über die ganze Länge der Straße erstrecken, und dich zwangsweise in einen Zustand der Schwerelosigkeit versetzen; alles glänzt hier, für nichts, nichts bewegt sich, die Einkäufe sind erledigt. Die Spiegel werfen sich gegenseitig dein Bild zu, als wollte es keiner haben, und die Schaufensterpuppen hinter ihren Glaswänden, mit den zu glatten Posen und den starren Augen, sie sind die einzigen, die dir den Arm hinstrecken.

»Du gehst und ballst die Fäuste, was sie dir anzubieten haben, ist zum Kotzen, mach dir nichts draus, nimm . . .«

Singen, auf der diskreten, doppelten Welle der Hallanlage, nur deinen Körper nach vorn tragen: Sklave von nichts und niemandem. Und mein Verstärker, verläßlich im Hintergrund der Bühne, ist dabei, diese Streichholzschachtel in meiner Tasche abzuhorchen, die mir alles erlaubt: ich kann laufen, ihnen den Rücken zuwenden, weggehen, dieses mit Stahl bespannte Brett mit seinen Plasteteilen fordert von mir nichts als das Spiel.

»Nimm, mach dir nichts draus, nimm, du hast nichts, nichts zu verlieren.«

Sie liegt auf meiner Hüfte, der Gitarrenhals aufs Publikum gerichtet. Meinen offenen Akkord, ich schlage ihn von der Schulter aus, und selbst wenn die Klampfe am Knie unten wäre, würd ich's noch schaffen. Und der sehr trockene Ton der doppelten Wicklung bringt in den Verstärker den vollen Klang der sechs Saiten rüber, eine gleichmäßige Farbpalette. Ein Strohgelb, glänzend, dein Riff verwüstet es jedesmal, ohne es völlig zerstören zu können.

»Eine nach der anderen reißt du die Mauern ein, du gehst, du hast nichts als . . .«

Der Baß, er hängt sich in einem Schluchzen an deinen Chorus, als würde er plötzlich Fuß fassen auf dem, was du ihm rüberreichst. Übernimmt mein Riff, ich brauche nur noch alle vier Takte meinen Akkord zu erneuern, mit einem einzigen Schlag nah am Steg, und fülle damit den ganzen Klangraum, der über der Rhythmik liegt. Dann tanze auch ich, schlage die Hände über dem Kopf zusammen, mit dem Becken unterstreiche ich den Drive meiner Musik. Meine Musik, die ich in mir gesucht habe, die ich herausgeholt und dann mit den anderen durchgeknetet, bearbeitet habe, bis zu diesem Moment, in dem sie nun fähig geworden ist, mich aus sich auszuschließen.

Dann, wie besiegt durch diesen Strahl, den die Soundmaschine, die du in den Händen hältst, ausstößt, läßt du dich in der Stärke ihrer Vibration von der Gibson nach hinten stoßen, und nach jedem neuen Einsatz findest du dich an einem anderen Ende der Bühne wieder, in voller Geschwindigkeit gleitest du . . .

Wie gezogen gehst du dicht am Sänger vorbei, der sich über sein Mikro krümmt und eher spricht als singt, und vor der runden Öffnung der Bassdrum gehört die Bühne euch beiden, der Baß spielt Läufe, und du arbeitest dich mit Akkorden voran. Wir preschen aufeinander zu, immer näher und näher, in letzter Minute weichen wir aus . . .

Dann einander gegenüber, ein Hahnenkampf, Mikro gegen Mikro und unsere beiden Klampfen symmetrisch, bevor wir uns wieder voneinander entfernen, noch immer gegenüber, lassen wir unsere Schultern tanzen. Und von jeder Seite des scharzen Podestes stürzen wir aufeinander zu, drehen eine Pirouette und springen ... Springen, ein kurzer Dreh, um an der richtigen Stelle zu landen, unseren Frontman in die Mitte zu nehmen, und zu dritt das Thema wieder aufzugreifen, wir beide einstimmig und er in der Terz oder wenigstens ungefähr: »Keine Zukunft und kein Himmel, also mach dir nichts draus, nimm dir, denn du hast nichts ...« Und wir machen weiter, wir zwei Gitarristen, da in der Mitte, während er, das Mikro aus der Halterung genommen, eine lange Schlaufe des roten Kabels in der Hand, auf der linken Seite erscheint, vom Hintergrund der Bühne wie die Silhouette eines Scherenschnitts beleuchtet: »Am Baß ...«

Hat kaum einen Lichtstrahl auf dem Oberkörper und wir drei sind im Dunkeln, seine Finger zu weiß auf dem schwarzen Hintergrund der Klampfe, wie Insekten, die vergeblich versuchen der erstarrten Hand zu entfliehen; er legt los, als hätte er plötzlich in der Polyphonie seiner vier Saiten alle Instrumente der Band versammelt, und unter dem Trommeln des Daumens, auf diesem langen, drahtigen Kegel aus Nickel, peitscht er die Obertöne flach, holt aus seiner vierten Saite einen zerquetschten Klavierlaut heraus, brummend wie eine verkaterte Stimme am Morgen. Dann kommt ein sanfteres und dumpferes Pulsieren dazu, als hätte man ihn, den Ton, an der Taille hochgehoben, verstärkter Pulsschlag, der ohne Hast, aber kontinuierlich schneller wird, begleitet durch die Bassdrum, die langsam lauter wird: »Am Schlagzeug ...«

Wir verschwinden, überlassen ihm das Feld, unserem Sportsmann. Nur ein Haarwuschel ist von ihm zu sehen, so sehr ist er über seine Schießbude gebeugt. Schläge, Wirbel, bis hin zu Explosionen mit plötzlichen Beckenakzenten und herumflirrenden Stöcken. Drei rote Scheinwerfer, dünn wie Fäden, öffnen einen Spalt in der kompakten Masse seiner Ausrüstung, zeigen für Momente den hellen Fächer der Stöcke, die so schnell hin und her flitzen, daß sie sich zu biegen scheinen, lassen Lichtreflexe auf den Stativen der Mikros und den drei chinesischen Becken aufblitzen, aus denen er jetzt einen schmierigen Ton herausholt, der klingt, als sei er von seinem Schmutz noch nicht befreit, der im Raum steht und sich über das ganze Klangspektrum ausbreitet, über den Wirbeln, die sich an Doppelschlägen seines rechten Fußes brechen. Dann setzt er ein, der Bassist, macht die Niederlage der Töne unter dem Rhythmus wieder wett, der, sich selbst überlassen, nun erhaben sein Selbstgefallen behaupten kann. Jetzt werde ich angestrahlt, einen Fuß auf dem Podest des Schlagzeugs, im Profil und mit gespanntem Rücken: schön wie ein Statue, oder schlimmer, wie das Photo auf einem Cover! Das Plektrum zwischen den Zähnen, mit einem dieser Läufe, die den offenen Akkord wie auf einem Tablett servieren, eine Sequenz, in der gegriffene und offene Saiten ineinandergehen und sich vermehren, füllt von innen das weiße Rauschen der Schlagzeugklänge wie mit einem Gewimmel von Seifenblasen aus.

»An der Sologitarre, Joël, auch Höllenjo genannt ...«

Sie hat nicht gemeutert, deine Gibson, beim Umschalten auf den einfachen Tonabnehmer hast du dich gegen sie gestemmt und zwischen dir und den anderen den gesamten Raum der Bühne gelassen, das Plektrum wieder zwischen Daumen und Zeigefinger, eine Show vielleicht, was soll's ... Sie wollen was geboten kriegen für ihr Geld, man schuldet es ihnen auch, gibt es ihnen; wenn du danebengreifst, werden sie die ersten sein, die auf dem Seiltänzer herumtrampeln. Reicht, daß man's weiß.

Gegen ein riesiges Gefühl von Müdigkeit, von Erschöpfung ankämpfen. Und dieses Wasser, das du immer mehr ausschwitzt, du zerfließt ...

Eine Kälte um dich, plötzlich. Nicht, daß es vorher warm gewesen wäre.

Aber in deine Arme, dein Gesicht, deine nackten Beine hat sich die Luft eingeschnitten, wird zu einem gleichmäßigen und lästigen Beißen, das dir fetzenweise die Haut aufreißt. Und gleichzeitig hat sich die Nacht ausgebreitet, warum und wie, ich weiß es nicht: immer noch bist du in das Orange des Scheinwerfers eingetaucht, das die Backsteine widerspiegeln, aber darüber hat die blauschwarze Kuppel alles aufgesogen: du läufst nicht mehr im Licht, sondern in einer Nacht, die dieses Licht überragt, ohne dich zu erreichen.

Du rennst. Fünf Meter vor und wieder zurück, bildest einen Block mit den anderen im Sechzehnmeterraum. Sogar unsere Stürmer sind zurückgelaufen. Die anderen gegenüber, sie halten uns in diesem Raum fest, machen Druck, wir, dicht gestaffelt, in unserem Strafraum, und der Ball flitzt hin und her, zwischen ihnen, die noch nicht durchkommen, und uns, die nicht ausbrechen können.

»Angreifen . . .«, brüllt der Torwart, seine Stimme jetzt heiser, kaum noch verständlich, was er von sich gibt, manchmal unsere Namen, und »schlag drauf«, »nimm ihn . . .« Er, isoliert hinter der Mauer unserer Körper, aus dem Spiel ausgeschlossen und dennoch die Schlüsselfigur, wenn der Ball endlich die Schwachstelle gefunden hat und einer ihrer Angreifer schießen wird. Der Bruchteil einer Sekunde und alles wird von ihm abhängen, der jetzt, allein in seinem Kasten, vor seinen Netzen, nur noch seinen Schrei hat.

Die Form, die du gefüllt und aufgestampft hast, geht aufs Fließband; ihre wichtigste Funktion ist nur eine negative: der kompakte schwarze Sandblock, viel schwerer als der künftige Gegenstand in seinem Inneren, ist nur die glatte Hülle um einen Hohlraum, den er schützt und isoliert. Und die Fließbänder treffen aus jeder Werkstatt aufeinander, sie führen die Gußformen wie eine Menschenmenge, die auf einen Platz strömt, eine nach der anderen zur Arbeitsbühne des Kupolofens, dort werden sie abgestellt, für Stunden oder Tage, dann mit einer Massel beschwert, als würden sie sonst rebellieren, identisch bis auf das Kreidezeichen auf dem Gehäuse, um zu signalisieren, unter diesem dicken Sandblock verbirgt sich eine einzigartige Form. Dann kommt die Vollendung, eine Begegnung mit dem flüssigen Feuer, der rote Guß mit seiner braunen Kruste. Ein inneres Bersten, ein paar weiße Dampfwolken unter der Massel, Risse in dem jetzt grauen, abgeplatzten Sand; das Fließband nimmt sie wieder auf.

Dort habe ich angefangen, beim Ausheben. Gelernter Kupferschmied, kann man nicht viel mit machen in einer Gießerei. Es heißt, daß genau aus diesem Grund in der Fachschule, in der unseren hier, für alles mögliche ausgebildet wird, nur nicht für die Gießerei: Kupferschmiede, Rohrleger, egal was ... Wenn du dann alt genug bist, stellen sie dich ein, aber dem Abschluß kannst du lange hinterherrennen. Entweder das oder nichts. Das Abschlagen war auch nicht allzu schwierig: die Gußstücke kommen auf dem Fließband bei dir an, du hebst sie hoch, trägst sie auf den Gitterrost und kippst sie um. Sie sind noch schwarz, den Sand berührst du nicht mit der bloßen Hand. Und auf dem Gitterrost fangen ihre vierzig oder fünfzig Kilo an, auf und ab zu hüpfen, in die Luft zu springen; drehen und winden sich, als kitzelte man sie, wenn das nicht ausreicht, schlägst du noch mit einer Stange drauf. Der Sand fällt dann in Brocken ab, verschwindet durch den unterirdischen Gang, wird gereinigt, um wieder in den Fülltrichter zu wandern. Und kling kling, das Teil ist dann auf dem Plattenband, mit einem Ausgußsystem, so groß wie das Gußstück selbst, ein erstarrtes Rohr mit seltsamen Konturen. Du packst es, die Hände in Fausthandschuhen aus eingeschwärztem Leder, das da, wo es das heiße Metall berührt, glänzt. Dann, weiter hinten, auf der Unterlage aus echtem Eichenholz, schlägst du mit einem einzigen Holzhammerschlag auf die Schrägkante den Masselkopf ab, die Luftkanäle brechen; das alles zurück in den Kupolofen.

Selbst für die neuen Teile werden alte verwendet, Motorgestelle, Kesselelemente, gepreßte Schrottblöcke, nichts geht verloren! Eine Eisengießerei, das sind geschlossene Kreisläufe, die heimlich miteinander kommunizieren, wo sich alles zersetzt und neu gestaltet, wo ohne Verluste zerstört wird, als könnte aus dem, was einmal vorgegeben war, nichts anderes entstehen als ein unerbittliches Altern, das jedesmal eine völlige Zerstörung voraussetzt, bevor wieder etwas hergestellt wird. Und wir, die Arbeitsbienen ...

»Joly, he, Joly, nimm ihn!« Ja, der Ball ist für dich; diesem Stürmer, den ich bewache, dem werd ich seinen Ellbogen schon heimzahlen ...

»Los, nimm ihm den Ball ab!« Diesen Schlag in den Magen wirst du mir bezahlen, tanz mein Junge! Nein, er zog es vor, einem anderen zuzuspielen, ihr Mittelstürmer will den Ball im Flug annehmen, aber die Spinne hat aufgehört zu schreien, rennt nach vorn und springt, stürzt sich auf ihre Beute. »Woah . . .« Wieder mal gerettet, unsere laufen los, aber ein Riese von Typ, einer von ihnen, fängt mit dem Kopf ab. Das ganze retour . . .

Mein Ältester, zweieinhalb Jahre, wenn wir sonntags spazierengehen, macht er schon mit dem Ball herum, möchte jonglieren, wir würden nicht losfahren, ohne seinen Ball im Kofferraum, neben meinem! Unsere Kleine, mit ihren achtzehn Monaten, ist noch zu jung, um zu wissen, woran sie Spaß haben wird. Kinder verändern dein ganzes Leben. Vor allem in diesem Alter. Später, wenn sie in die Schule gehen, vielleicht kann man dann aufatmen. Wenn beide ackern, trägt jeder das seine bei, und du kriegst nicht mit, wie die Zeit vergeht, erst von anderen hörst du, daß deine Kinder gewachsen sind. Sogar der Schlaf, ich, den früher selbst eine Kanone nicht hätte wecken können . . . Kein Husten, das du nicht hörst, auch ihre Träume hörst du, in diesen Augenblicken, wenn sie ein wenig vor sich hin weinen. Aufstehen oder nicht . . . du läßt sie erst mal; und wenn der Traum zu Ende ist, schläfst du mit ihnen zusammen ein, jetzt ist Stille auf der anderen Seite der Wand. Eigentlich bist du ganz schön alle. Diese vielen kleinen Geschichten, mit denen sie dich nie in Ruhe lassen. Und warum hat sich die Ehe so festgefahren, wenn nicht dadurch, daß wir uns nichts gegönnt haben, außer den Dingen, die wir durch die Kinder jeden Tag entdeckt haben. Immer neue Entdekkungen, die immer ein bißchen querstehen zu der Art, wie du selbst siehst, denkst und sprichst. Auch wenn's dir manchmal über den Kopf steigt, es vergeht kein Tag, an dem sie dich nicht zum Lachen bringen, und du begreifst zum erstenmal, was Liebe ist. Aber warum nicht auch zwischen uns beiden, nicht nur bei jedem von uns den Kindern gegenüber.

Und dann dieser Wendepunkt. Ich, und ich allein. Oder vielleicht doch noch wir beide, vielleicht habe ich sie nur nie verstanden.

Beim Abendessen, beim Zubettgehen oder sogar am Morgen, beim Kaffeetrinken, wenn das, was zwischen euch ist, was sich im Lauf der Zeit eingeschliffen hat und nur noch über

Blicke läuft, so gefüllt wird, daß es sich immer um die Kinder und letztendlich nur noch um die Kinder dreht. Ein Wall, den du um dich errichtet hast, um zu verbergen, was in dir vorgeht. Wegen deiner Frauengeschichten. Wenn man ihnen ständig über den Weg läuft, in der Kantine, den Mädchen aus dem Büro; manchmal auch durch Zufall in der Siedlung oder am Samstagabend mit Freunden. In den banalsten Dingen und selbst, wenn nichts draus wird; manchmal auch vor ihr, in ihrer Gegenwart. Und von einer inneren Erregung gepackt, langsam oder mit einemmal, du hast sie nicht im Griff, nichts hast du im Griff. Nur das Besitzen würde zählen, du hättest die Befriedigung als Ziel; aber nein. Es geht um Beweisen, darum, dir selbst etwas zu beweisen. Und am Ende nichts anderes als dieses Selbstbildnis, in dem du dich etwas mehr zu zeigen verstehst als sonst; welch besserer Beweis, daß man dieses Bild akzeptiert und damit dich in deiner Rolle als Frauenheld. Ein gefährliches Terrain, sobald du von einem Körper zum anderen gehst. Auf daß du dich wagst, für das noch nicht Eingetretene; der Erfolg, beim erstenmal, wenn du dich zu Hause nur noch an dein Erobern erinnerst. Ja, ein Wall, damit nichts durchdringt, ein Wall, um das Gleichgewicht zu halten: ohne dein Zuhause würdest du bei deinen Affären nicht diesen Kitzel empfinden. Weil du weißt, daß du niemals irgendwo anders dieses Gefühl erreichen wirst, das dich hier erfüllt, wenn du dein schlafendes Kind in den Armen hältst, oder wenn es morgens in euer Bett kriecht. Durch die Kinder ist eure Ehe zu etwas geworden, das größer ist als sie selbst, größer als das, was jeder von euch eingebracht hatte. Und du hattest nicht kapiert, daß dies noch immer ihr gehört, ihr durch deine Achtung zurückgegeben werden muß. Dieses Größere war dir in die Hände gegeben, und du hast es geteilt, in Stücke, die so groß waren wie das, was du bereits kanntest; du hast dieses Überschüssige abgetrennt, hast dich dessen bedient, um erneut auszukosten, was du in dieser Schönheit bisher nur einmal im Leben erfahren hast, schöner als all die anderen Male, wo es nur Aufgewärmtes war. Aber warum mußtest du, um dies zu begreifen, durch all das durchgehen; auf die Gefahr hin, alles kaputtzumachen. In der Gewißheit eines endgültigen Risses.

Es war im Krankenhaus, an einem der letzten Abende, da Yves' Augen beinahe geheilt waren und er bald entlassen werden sollte, als Monique meinte, sie müsse etwas früher aufbrechen, da ihr Wagen in der Werkstatt sei, sie einen Bus nehmen müsse, um nach Hause zu kommen, und ich zu ihr sagte: »Ich nehm dich mit, wenn du willst...«, die Würfel waren schon gefallen.

In der Gießerei, wenn du die geforderte Muskelkraft hast, bewahr sie dir, werd nicht alt. Das zählt mehr als deine grauen Zellen, ist schade, ist aber so. Die Typen über vierzig, du siehst sie: in einem kleinen Kabuff, jede Stunde müssen sie die Weichen für die kleinen Hängebahnen umschalten. Oder eine Sortiermaschine oder einen Brecher für den Sand oder das Mineral überwachen. Und die, die's durchgehalten haben bis zu diesem Alter, schaffen's auch bis zum Schluß. Spindeldürre Kerle, lederne Haut, die mit billigem Rotwein funktionieren, beim Armdrücken aber auf jeden Fall gegen dich gewinnen. Ich weiß nicht, ob's solche Kaliber heute überhaupt noch gibt. Bei uns jedenfalls nicht, wenn man sich anguckt, durch wen sie ersetzt werden.

Beim Einstellen fehlte nicht viel, und sie hätten dir die Muskeln betatscht. Der Personalchef konnte sich eine Bemerkung nicht verkneifen: »Wie maßgeschneidert für Sie, diese Arbeit, bei ihrem Kreuz... Sie können sich voll verausgaben.« Hätte besser nicht darauf reagiert, aber es ist mir trotzdem rausgerutscht: »Und Sie, Sie überschlagen sich wohl auch kaum, vielleicht wäre ich für so 'ne Arbeit eher geeignet.« Nicht die Schnauze halten können, verhilft dir nicht unbedingt zur Karriere, aber was dir aufstößt, muß raus. Dann lernst du dazu, lernst, deine Zunge im Zaum zu halten.

Nach einigen Wochen hast du die Nase voll vom Ausheben. Ich ging wieder zu ihm: »Mit zwanzig, da hat man auf andres Lust«, sagte ich zu ihm... »Entweder Sie geben mir was Besseres oder ich such woanders, hab immerhin einen gelernten Beruf.«

»Na gut, dann an den Kupolofen, meinetwegen, wenn's Ihnen gefällt, und es gibt Extraprämien...«

Klar. Die Arbeit in drei Schichten, vier Mannschaften wie beim Staffellauf, Zulagen für Schmutz und Schwerstarbeit, das verdoppelt den Verdienst. Drei große Öfen am Ende der Halle. In der Höhe das Ballett der Hängebahnen, die von oben mit Koks und Eisenschrott beladen werden. Wir unten, ein Dutzend Kerle. Und wenn die Bahnen gefüllt sind, kommt der Chef an, bricht das Spundloch, mit 'nem Backstein verschlossen, und der Strom flutet durch, rutscht träge in eine Lehmrinne. Und jeder Tropfen, der verspritzt, erstarrt neben deinen Füßen zu bizarren Formen. Ich hab sogar ein Herz aufgelesen, ein richtiges kleines Herz, das ich aufbewahre. Du hast die vorsintflutliche Ausrüstung übergezogen, steckst vollständig in Leder, der Integralhelm mit Glimmervisier dazu. Wir sind Außerirdische, Gestalten ohne Augen und ohne Haut in einer Feuerwelt. Und zu zweit seid ihr für die Schmelztiegel zuständig, die von zwei Meter langen Stangen gehalten werden, um unter dem Druck der Masseln eine Form nach der anderen mit dieser dicken rotbraunen Flüssigkeit zu füllen, die abstoßend und nicht gerade gesund wirkt, obwohl sie aussieht wie eine Suppe.

An dem Tag, als es uns um die Ohren flog, hatte noch keiner von uns die Ausrüstung an: nur den kleinen Plastehelm und die Schürze. Wir haben nur noch eine rote Masse gesehen, einen Vulkan, der über unseren Köpfen schwebte. Man hat's nie wirklich klären können. Es sind Kräfte, die gelegentlich erwachen, sich Ausdruck schaffen und dich auf deinen Platz verweisen. Sicher, dieser Kupolofen war zu alt; mit einem der beiden anderen wäre das nicht passiert. Dieser da stammte noch aus dem letzten Jahrhundert, aus der Anfangszeit des Betriebs. War so was wie ein Fetisch für uns, und er brachte es wie die beiden anderen, genauso. Beim Eisengießen, da kann sich heute nicht mehr allzuviel ändern; obwohl, mit der Automatisierung.

Dann ging alles viel zu schnell; ich wußte nur, daß ich Verbrennungen hatte. Ich schrie. Man hat mich weggetragen. Sie hielten mich, zu viert, so sehr hab ich mich auf der Trage gewälzt. Dann bin ich ohnmächtig geworden, hat man mir erzählt. Als ich heiratete, trug ich noch den Arm in der Schlaufe. Haut vom Hintern zwischen Ellbogen und Handgelenk verpflanzt. Und das Gesicht, so wie's jetzt aussieht, eine ganze Seite etwas zu braungebrannt. Sogar violett, ganz glatt, auch der Bart wächst nicht mehr nach. Du gewöhnst dich dran, immer im Profil mit anderen zu sprechen, die Beleuchtung auszunützen. Daß man dich komisch anguckt, wenn du spätabends noch draußen spazierengehst. So hat sie begonnen, unsere Ehe. Zwei Jahre, die wir zusammen waren, das erste Kind unterwegs und ich, ich fragte sie: »Aber wirst du mich so noch wollen?«

Und dann, drei Jahre später, wie tonlos meine Stimme, als ich's aussprach: »Ich nehm dich mit, wenn du willst ...«, denn, ohne Monique näher zu kennen, wußte ich so gut wie sie, daß diese Eile nichts anderes war als nochmals diese Frage, breitgetreten, für nichts und wieder nichts, da meine Ehe sie bereits beantwortet hatte, breitgetreten, aus Trotz, als wollte ich sowieso nur ein Nein: »Wer könnte mich denn noch wollen ...« Ich wußte, daß ich ihr, die mir seit drei Jahren jeden Tag eine Antwort darauf gab, damit einen Schlag versetzen würde, und ebenso wußte ich, daß ich auf einmal, denn es würde nur dieses eine Mal geben, jede Gemeinsamkeit mit dieser Frau, die mir aus einem unergründlichen Selbstzerstörungstrieb an diesem Abend eine Antwort gab, zerstören würde. Vielleicht war es das, was mir noch fehlte, als Beweis: daß diese Antwort für sie etwas Selbstzerstörerisches war und nichts anderes. Gemeinsame Buße für etwas, bei dem keinen von uns beiden eine Schuld traf.

Wir beide, uns dessen bewußt, haben miteinander geschlafen, haben kaputtgemacht, was uns verbunden hat, und haben alles rundherum zerstört ...

Zum Kupolofen wollte ich nicht mehr zurück. Ich hab mich noch einmal mit dem Personalchef getroffen. Der Ton hatte sich geändert. »Wir können's mit dem Gießen versuchen«, sagte er zu mir, »aber das ist wirklich alles, was ich für Sie tun kann. Entscheiden Sie selbst ...«

Als wär ihm nicht klar, daß ich gar nichts anderes mehr finde. Sie haben mich trotzdem zum Facharbeiter befördert: P 1, einen Monat später.

»Joly, Joly, halt ihn fest!« Verwarnung, hmm ...

Mit der Hüfte gegen die seine, und der Ball springt von seinem linken Fuß weg, er fällt auf die Schnauze. Hat's so gewollt, hat's verdient. Ein Pfiff ...

Kann doch nicht wahr sein. Freistoß. Und was nun? Gelbe Karte! Gut, ich bin vielleicht ein bißchen zu weit gegangen. Trotzdem, den Schlag mit dem Ellbogen hab ich ihm zurückgezahlt, sind jetzt quitt.

Seine verbrannte Fresse, ich kann sie nicht mehr sehen.

Obwohl wir uns nicht erst seit gestern kennen; und respektieren. Waren schon damals zusammen, in der Penne, beide waren wir Interne. Fing nicht gut an: er war mit zwei oder drei anderen, sie hatten sich im Speisesaal ganz oben an den Tisch gesetzt, da, wo das Essen ankommt. Nach ihnen die Sintflut. Ich hatte gemotzt, umsonst. Eines Mittags habe ich mich dann auf seinen Platz gesetzt. Er wollte mich runterwerfen, ich hab mich gehalten. Ich weiß noch, wie der Stuhl auf dem Fliesenboden umhergeschaukelt ist, wäre beinahe schlimm ausgegangen. Na ja, es begann mit einem Streit, und es endet wohl auch mit einem.

Und als ich einen Monat später meine Gitarre angeschleppt habe, war er wie verwandelt: honigsüß. Immer hinter mir her. Diese Typen sind nun mal so: wenn du nicht contra gibst, ist es aus. Wenn du ihnen etwas entgegenstellst, bist du der Größte. Er hat schon vor mir angefangen zu malochen, klar: als technischer Zeichner bist du zwei Jahre länger auf der Penne.

Bis zu der Zeit im Betrieb haben wir uns nicht mehr gesehen, dort haben wir uns angefreundet, sogar mehr als vorher. Wir sind oft ausgegangen zusammen. Und als er dann seine Gnädigste kennenlernte, haben wir uns aus den Augen verloren. Als es bei mir mit Monique anfing, hat man sich wieder öfter gesehen. Fast zwangsläufig, da man sich im Leben auf der gleichen Etage befand.

Aber mehr war nicht.

Sein Unfall, sicher, das war nicht seine Schuld, genausowenig wie bei Yves. Aber der ist noch gut weggekommen, während der andere ein Andenken an seinen Kupolofen für immer im Gesicht hat. Auch wenn jeder Narben vorzuweisen hat. Irgendwo hat jeder eine. Ein Preis, den man bezahlt, beim

Klettern auf einer dieser Etagen. Auch wenn sie unscheinbar, verborgen sind: wenn du am letzten Wendepunkt ankommst, trägst du sie auf deiner Haut wie das Kreidezeichen, mit dem man vor dem Guß die Form markiert. Und du weißt das, und die anderen da, sie wissen um dich. Und vielleicht besteht bei mir das Gezeichnetsein darin, daß meine Fresse ohne Spuren ist. Technisches Zeichnen, den Rücken über meinen Tisch gebeugt, am Fenster; Wände, mit denen man dich umstellt hat, die sich gegen deinen Willen in die Haut eingekerbt haben. Und warum wäre es sonst auch schiefgegangen mit Monique.

Denn man wohnte ja zusammen, lebte zusammen.

Die Verabredung mit ihr war in der Stadt, in einem Café im Zentrum. Wo wir sonst nicht hingehen; Leute einer anderen Generation. Aber ein Café, wo man dich nicht drängelt, wenn du's nicht eilig hast. Und ein Tisch nah an der Glasfront, fast wie ausgestellt. Mir waren es zu viele Leute, zu viele Stimmen, alles zu nah. Nicht, daß man uns hätte verstehen können, aber wie soll man etwas aussprechen, das abgedroschen wirkt nach all den Nächten, all den Stunden. Vor allem, da ich wußte, daß es ihr genauso ging. Sie, sie hatte dichtgemacht hinter ihrem Gesicht und schwieg; wollte schweigen, wollte als Blinde durch die feindlich gewordene Zeit. Durch unsere Auseinandersetzung, wie sie es nannte. Kein Aufeinandereingehen, sondern Abwehr, alle Wege waren versperrt. Und als ich ihre Hand nahm, zog sie sie zurück.

»Wir hatten uns nichts mehr zu sagen.«

Das war der Grund, weshalb sie gegangen war, das war es, was ich schlucken sollte.

»Die Wohnung geb ich dir zurück, auf jeden Fall werde ich umziehen, mach dir keine Sorgen.«

»Was soll denn das, sag mal. Glaubst du, daß das meine größte Sorge ist?«

Weil sie es war, die entschieden hatte, Schluß zu machen, aber ich es war, der ging, zu Yves.

»Mach, was du willst«, sagte ich, »du brauchst mal wieder frischen Wind, geh doch. Aber wenn du zurückkommen willst, wart ich auf dich.«

Ich hab mich dran gehalten, ich dachte, das renkt sich wieder ein und sogar, daß es uns nur guttun würde. War zuviel passiert.

»Man hat sich nichts mehr zu sagen, die Maloche, der Alltag, und wozu bin ich schon gut, außer daß du deine Ruhe hast und alles so ist, wie es sein soll.« Mir paßte das nicht. »Du übertreibst«, antwortete ich, dann: »Wenn du wüßtest . . .« Ich war nah am Heulen, ich wandte mich ab, blickte auf die Straße; und die Tränen, sie begannen immer höher zu steigen, ich konnte nichts mehr erkennen, sah nur noch blaugrauen Nebel. Da wollte ich ihre Hand nehmen, sie zog sie zurück.

Ich hab's nicht weiter versucht. Dann, als er im Krankenhaus war, hatte ich Yves' Zimmer für mich allein. Das hat uns fast wieder zusammengebracht. Ich wollte nicht riskieren, ihr zu begegnen, wenn ich ihn besuche. Und danach, durch ihn, habe ich erfahren, daß sie eine kleine Wohnung gefunden hatte, am anderen Ende der Stadt, näher bei ihrer Arbeit. Durch ihn hat sie mir auch ihren Schlüssel zurückgegeben.

Und selbst da dachte ich noch, es ist nicht möglich, daß man sich vergißt. Zu viele Dinge, ja, all das, unsere Körper. Unsere Körper, so lange Zeit. Wo es doch oft so schön war. Um mich herum blätterte alles ab, das Leben wurde rauher, war entzaubert. Jetzt verstand ich ein bißchen mehr. Wie du dich ständig bis zur äußersten Grenze verteidigen mußt, beinahe in jedem Augenblick; plötzlich nichts mehr, auf dem du dich ausruhen kannst. Ich verstand, vielleicht hatte sie mir sagen wollen, daß zu zweit sein nicht unbedingt heißt, sich abschotten, sondern sich an dem Punkt wiederzutreffen, an dem ich jetzt war, mehr an den eigenen Grenzen: denn dort waren wir uns begegnet, dort hatten wir uns bewegt, sind aufeinander zugegangen, ist drei Jahre her. Und ich verstand, daß noch sehr viel mehr dazu gehörte und auch wie unverzeihlich es war, gegen die Gewohnheiten nichts getan zu haben. Ich hab ihr einen Brief geschickt: »Weißt du, ich bin dabei, mich zu ändern.« Sie hat nicht geantwortet. Jeden Sonntag, manchmal auch öfter, ließ ich ihr Blumen bringen. Einmal war es ein wirklich zu großer, zu teurer Strauß Rosen.

Am Montag dann, ein Anruf im Betrieb: »Jetzt reicht's mit

deinen Kindereien, laß mir endlich mein Leben.« Ich: »Ich will dich wiedersehen.«

In der gleichen Kneipe, in der Stadt, am selben Tisch. Da brach sie zusammen, sie weinte: »Ich bin schwanger.« Dann: »Ich weiß nicht mehr, was ich tun soll« oder: »Es ist aus zwischen uns, aber laß mich allein damit zurechtkommen, tu mir nicht weh, tu mir nicht weh.«

»Sag mal, wovon redest du eigentlich?« fragte ich sie. Sie kam gerade vom Schwangerschaftstest, war zehn Tage über die Zeit. Es war sicher. Und ich, ich guckte dumm aus der Wäsche.

»Das war's also, weshalb du mit mir nichts mehr zu tun haben wolltest.«

»Nein, nein. Es gab keinen anderen, jetzt schon gar nicht, da ist kein anderer. Frag mich nicht, frag nicht.«

Es kam zu mir rüber wie aus einer anderen Welt, wie durch einen Nebel hindurch. Denn Yves hatte mir lang und breit vom Krankenhaus erzählt, aus dem er gerade entlassen worden war, hatte mir von seinen Tagen erzählt, an denen er nicht sehen konnte und von ihren Gesprächen zu dritt.

»Aber doch nicht etwa Joly, sag mal . . .«

Sie hat nichts drauf geantwortet, und in mir ist alles zusammengebrochen. »Warum bloß, warum?«

Und dann die Worte, die ich nicht hätte rauslassen sollen. »Bei seiner kaputten Fresse«, sagte ich. Und sie: »Ebendeshalb.«

Am nächsten Tag, in der Fabrik, bin ich zu ihm gegangen. »Komm mit.« Haben die Wärmetechnik durchquert, zwischen den beiden Gängen mit diesen Becken, die mit grünen oder rostfarbenen Flüssigkeiten gefüllt sind, dampfende Säuren, in die die Eisengerippe, an Ketten und Haken hängend, nach und nach eingetaucht werden. Ich nahm ihn mit nach draußen, zunächst ohne ein Wort zu sagen. Wir standen nah bei den Schlackenhalden, zwischen zwei Kokspyramiden.

»Ist dir klar, was du getan hast?« sagte ich.

Ich fand das gleich wieder blöd. Aber wir kannten uns zur Genüge, er und ich. »Ich bin schließlich kein Kind mehr«, antwortete er mir.

»Du bist ein Schwein, ein richtiges Schwein«, sagte ich und

packte ihn an seinem Blaumann. Er umklammerte mein Handgelenk, preßte es zusammen. Wir guckten uns an, er, eine Haarsträhne zwischen den Augen. »Das ist nicht dein Bier, geht dich nichts an, misch dich da nicht ein.« Hat seine Strähne mit einer Kopfbewegung zurückgeworfen; und sein Satz war noch nicht zu Ende, als sie schon wieder zurückfiel. »Wenn du hier den Starken markieren willst, paß bloß auf. Mach keinen Mist.« Ich hab mich losgerissen, machte einen Satz nach hinten und stieß meine Faust nach vorn. Er wehrte ab, mit der linken Hand, wich zurück.

»Mach keinen Mist«, wiederholte er. Dann schubste er mich nach hinten, bin beinahe hingeflogen. Wir haben uns nochmals in die Augen geschaut, einen Moment lang, aus einiger Entfernung, dann ging er, etwas gebeugt, die Fäuste in den Taschen, als wollte er mich noch mehr provozieren; als er verschwunden war, bin auch ich wieder reingegangen.

Seither sprechen wir nicht mehr miteinander.

3

Wenn du auf dem Sound der Gruppe wie auf einer Woge gleitest, in dieser Lähmung, in der nichts dich aufhält, nichts dich aus dem Rhythmus eures Drives herausreißt, erscheint dir die Bühne wie eine Platte aus einem Stück, wie die Oberfläche eines riesigen Basaltblocks, nah am Umkippen.

Scheint vergrößert, hat keine Ränder mehr, ein Rechteck in den Gipfel eines Felsens geschlagen; an diesem Felsen, der aus der Nacht auftaucht, seid ihr, Musiker, geschmiedet, zusammengeschweißt durch diese umfassende Einheit einer Bewegung, die es für jeden von euch gibt, die ihr nicht mehr unterbrechen könnt. Spielen heißt gehorchen. Ihr, plötzlich ganz winzig in der Gewaltigkeit dieser Kraft, die sich jenseits von euch entfaltet, eine Welt, überquellend von eurem Sound, eine eigene Welt, mit Städten, Leuten, Straßen und Märkten. Ja, auf dem Bühnenboden hast du das Gefühl, daß das geringste Abschlaffen von euch das Ende wäre, das Einbrechen dieses Bodens, der euch trägt und der allein den Drive des vorwärtspeitschenden Rhythmus noch aufhält. Dieses Gefühl, daß die Zeit auf der Bühne, jeder ihrer Augenblicke, nicht wiederholbar, unwiderruflich ist, hat etwas Schwindelerregendes, dieses Gefühl, ein Strudel tut sich vor dir auf, ein Sog, das Bild deines Lebens, plötzlich verdichtet in seinem mühsamen Aufsteigen von der Geburt bis zum Tod, während das Leben selbst sich unablässig bemüht, jede Erinnerung an dieses ausweglose Voransteigen auszuradieren und dich in der Wiederholung dieser Augenblicke eingesperrt hält. Ich könnte nicht leben ohne die Bühne. Gerade dieses Ausufern der Wiederholung: Tag für Tag dieser Vulkan der Töne, geduldig zurechtgelegt, bis zu dieser Arena, in der du sie endlich sich selbst überläßt, in der unendlichen Zerbrechlichkeit ihrer Materie, unter der erdrückenden Übermacht der Zeit, den Gesetzen dieses Richters unterworfen, der für dich berufen wurde: dein Publikum, versammelt, dem diese Gesetze aber äußerlicher sind als dir, da du allein die Disziplin bejahst: hast dich drauf eingelassen, die Bühne zu betreten. Dieses Umkippen, ganz dicht unter deinen Füßen, du überläßt dich seiner Bedrohung, und als einziger spürst du sie; das Gleichgewicht dem Zerreißen nah, wenn nur diese Trance des vorwärtspeitschenden Rhythmus euch vor dem Abgrund zurückhält.

Und weil diese Herausforderung, das Offene dieses Risikos, dich an deine Grenzen führt, dir deinen Körper, den unentbehrlichen, so eigenwilligen und intimen Ort deiner Geschichte begreifbar macht und dann in jenes Ausufern übergeht, das sie erfassen wird; deshalb zeigt sich dir die ganze Welt, die du mit ihnen teilst, plötzlich, in jedem Augenblick, überall und fest umrissen; und du spürst dabei auch die ständige Bedrohung dieser Platte, die in den Abgrund wegzukippen droht, bereit, dich hinunterzustürzen, bereit, mit dir ganz und gar dort unterzugehen, falls einer der anderen, alle anderen, egal wer, durch einen Fehler dieses Ende auslöst, das Wegkippen einleitet, das euch verbindet.

»Dieser Song ist Keith Richard gewidmet.« Dem das ganz egal ist, wird nie davon hören; macht nichts.

»Für Keith Richard und ein paar andere, die auf der Strecke geblieben sind ... Sind im Exil der Straße geblieben ...«

Ich hab nie gearbeitet; was man so arbeiten nennt. Wenn Knete nötig war, hab ich's aufgetrieben; jedesmal. Schwarzarbeit, Tapezieren, Umzüge, oder 'nen Deal. Monatelang: die weißen Mäuse fürs Krankenhaus rangeschafft und gefüttert, hat mir Monique besorgt, ein guter Job. Meine Anlage hab ich allein geschafft. Aber arbeiten, nein. Könnt ich nicht; und dann, dieses Schwindelerregende, darauf verzichten: nein, ein Schritt ist getan, ein Durchbruch geschafft, nach dem man sich nicht mehr untreu werden kann; eine Suche ohne Pardon, die dich aus dir rausschleudert, dir den Rückzug unmöglich macht, unbeteiligt die Haut, die Handgriffe routiniert. Und wenn ich's trotzdem versuche, bei Durststrecken, halt ich's nicht aus: das komprimiert, explodiert, im Handumdrehen. Für immer im Abseits. Du wartest auf ein Wunder, du lebst von nichts und findest doch was ... Du hältst durch und kommst durch, ohne, danach, zu wissen wie. Vielleicht nur das Gefühl, dich ein bißchen schnell zu verschleißen, zu viel von dir verbrannt zu haben, um den Kern zu retten, dich schließlich jedesmal mehr abplagen zu müssen, damit du die ursprüngliche Kraft wiederfindest, wenn du sie aufs neue brauchst. Abgehärtet, das heißt immer ein bißchen ausgelaugter. Sich abmühen, damit dies Unverbrauchte dich wiederkriegt, das im reinen Augenblick der Musik gerade das ist, was dich dahin gebracht hat; auch als du noch keine Ahnung hattest, hat schon die Anstrengung, deine Akkorde zu greifen, sie noch mehr aufgeladen, selbst Zögern und Fehlgriffe haben sie verstärkt: alles, was dir die Technik raubt, findet in deinem ganzen Leben seinen Ausgleich.

Jetzt ist es fast einfach, fast zu einfach. Wir schwimmen nicht im Geld, nein. Noch den Laster abzahlen, und die Anlage ist ein Faß ohne Boden: größere Säle mit dem Sound füllen, mit einem immer herausfordernderen Sound, geschliffener, klar und stark, zuverlässig, ein Sound, der gesteigert wird, um ihn noch weiter auszustrahlen in diese noch dunklen Bereiche, wo mit Technik nichts mehr zu machen ist, in denen du dich erst noch beweisen mußt. Aber fürs Essen reicht es, jetzt, und man kann es sich leisten, andere Bands zu hören. Was bräuchte ich mehr als das. Hatte nie eine Wohnung; seit ich vor langer Zeit die meiner Eltern verließ. Denn lange war das mieseste Zimmer, die billigste Miete schon zuviel. Mal hier, mal dort, bei alten Bekannten, die man zufällig trifft: eine Couch, eine Matratze in einer Ecke; und tagsüber, wenn sie ackern gehn, verziehst du dich in die Küche, weil der Klang da ein bißchen besser ist, glatte Wände, gefliester Boden, außerdem ist man so weniger bei jemandem zu Hause. Auf dem Tisch sitzend, die Füße auf einem Stuhl, und ab geht's. Wenn sie zurückkamen: »Aber Joël, warum suchst du dir nichts, du wirst doch nicht dein ganzes Leben so verbringen, mit dem Geklimper ... Wirst dich ja doch entscheiden müssen.« Also verschwand ich wieder.

Ich hab lernen müssen. Etwas Undankbares, immer wieder undankbar, hart, ein Berg, den man jeden Tag aufs neue versetzen muß, ein Stoff, den du endlos umsetzen mußt, ohne Ergebnis. Du besuchst die Kumpels anderer Bands, die diese Arbeit kennen, die Zeit, die in den Saiten steckt, und nichts kommt ... Du holst nichts raus, was du machst, bringt es nicht. Du singst einen alten Song, dann verdrückst du dich in eine Ecke, hörst zu und haust ab. Allen anderen erscheint es wie eine Sackgasse, du beißt dich durch. Zunächst, weil du keine Wahl hast und weil du weißt, dort hinten ist, wie eine enge Kellertür, im Zentrum dessen, was dich blockiert, das Schwingen eines Rhythmus, die Wunde eines Liedes, das nur für dich da ist, kaum wahrnehmbar, die ganze Vollendung des erwarteten Wiederfindens in sich bergend, etwas, das mal da war, das mit der Kindheit verschüttging, in dieser Sackgasse harrst du aus.

Und du vergißt, was eine Wohnung ist, die Lust an diesem Schneckenhaus, in dem du dich wohl fühlst, diese geborgene Zeit, in der du nicht geprüft wirst, wo du, wie die Dinge um dich herum, mit dir in Frieden bist, wo die Geräusche vertraut sind, du fühlst dich, egal wo, zu Hause. Noch immer wohne ich in der Garage. Am frühen Morgen, wenn die andern drei nach Hause gehen, schlaf ich dort ein. Ich wache auf, die Instrumente griffbereit. Meinen Kaffee im Bistro gegenüber zur Mittagszeit, im Lärm der Flipper, im Geruch der Pommes, dann komme ich zurück und öffne, ohne nachzudenken, den Gitarrenkoffer. Die andern drei malochen noch, er, der Schlagzeuger, in einer Werbeagentur, halbtags; der Bassist zusammen mit dem Tontechniker macht Beleuchtung und Regie für andere Shows, stoßweise; und unser Starsänger, vor nichts schreckt er zurück, wechselt die Galeeren wie die Hemden, er hat schon alles gemacht; war Plattenverkäufer, eine Zeitlang, ich verscheuerte, was er abschleppte: die Sache ist schnell brenzlig geworden! Aber er macht weiter . . . Braucht Kohle, der Herr, Klamotten, Freunde, die was darstellen, Ausgehen und Urlaub, seinen Schlitten. Trotzdem genauso besessen wie die andern, und wenn's dunkel wird, trifft man sich zu viert an unserm Tisch im Bistro gegenüber zum ersten Bier. Und dann geht's los.

Wir haben angefangen ohne alles. Die Typen sind gekommen, wieder gegangen. Am Anfang die Clique aus der Penne: ein Schlagzeuger, jetzt mein Schwager, und Alain, der erste, der mir eine Klampfe zeigte und was man aus ihr rausholen kann. Dann haben beide das Spielen gelassen. Dennoch war ich, verglichen mit ihnen, ein Spätzünder. Als hätten sie bereits erreicht, was mir nicht gelingen wollte, ich träumte weiter. Wir spielten nur für uns, und dann wurde die Garage gemietet, schalldicht gemacht mit Eierkartons. Bequem, groß, keiner, der von dir verlangt, die Phons runterzudrehen. Ich spielte den rhythmischen Part mit meiner ersten E-Gitarre, funkelnagelneu, mit dem ganzen Firlefanz dran. Üben, immer wieder üben ... So hab ich's geschafft. Blut und Wasser dabei geschwitzt. Und noch immer steht der Rhythmus an erster Stelle, der Einsatz, der Schwung, die Balance ... Ein Solo, das ich übernehme, es hat den gleichen Rhythmus, nur etwas verschoben, ein anderer Saal im Schloß der Musik, durch einen Dreh der Melodie lädt sie sich plötzlich mit etwas auf, das stärker ist als sie selbst und sie dahin bringt, wohin sie nicht wollte. Ich bin kein großer Gitarrist, aber das, ja, das hab ich begriffen, und ich bring's. Daher kommt, was anturnt. Ein winziger Fetzen Melodie oder Harmonie, und wenn du tief genug vorstößt, reißt der Strom des Rhythmus alles mit. Selbst der Baß der Gruppe ist mehr Solist als ich, singt mehr, im unterirdischen Bereich des Sounds, in den Klangräumen unterhalb der Kadenz. Die Bekanntschaft des Sängers habe ich gemacht, wie man alle entscheidenden Bekanntschaften macht: solch ein Zufall, solch ein Zusammentreffen von Umständen, daß es im nachhinein zwangsläufig wie geplant erscheint. Plötzlich sieht man sich jeden Abend. Die anderen waren etwas schwer von Begriff – und als ich ihnen sagte: »Jetzt machen wir ernst«, haben sie dichtgemacht.

»Entweder er oder wir«, haben sie mir erklärt. »Dann er«, habe ich geantwortet, so ungenießbar er im Prinzip auch war, dieser Typ. Alain zog das technische Zeichnen vor, der Schlagzeuger meine Schwester. Der Bassist, den wir damals hatten, brachte einen seiner Kumpels mit: den Bassisten haben wir gewechselt, der Schlagzeuger ist geblieben; die Gruppe stand.

Und als, Monate später, dann auch der Sound stand, auf einen Schlag, mit etwas, das endlich der Sound einer Gruppe war und nicht nur das Zusammenspiel unserer vier Instrumente, als wir nicht mehr betteln mußten, um einen Übungsraum zu kriegen, selbst auf dicke Angebote verzichten konnten – Lückenbüßer, Ersatzspieler, Geschichten, die nicht dein Ding sind, bei denen die Musik selbst dir einbringt, was du ihretwegen brauchst, um die gemeinsame Kasse aufzufüllen: Musterungsbescheid. Der berühmte Gitarrist, tauglich für den

Wehrdienst. Kein Weg geht dran vorbei für uns Typen. Die Armee läßt grüßen; und in deinem Leben ein schwarzes Loch.

»Lebensstraße, Einbahnstraße, schau nach vorn, box dich durch, schau nach vorn, halt dich raus, mach dir nichts draus, was ist schon dabei, wenn's dich kaputtmacht ... im Exil der Straße ...«

Aus dem Bistro zurück, wird die Anlage eingeschaltet, jeder an seinem Platz, ich lege los ... Denn tagsüber, beim Spielen, bist du auf eine harte Nuß gestoßen, eine Folge von Tönen, ein Ding, an dem du herumknackst, das dir aus den Fingern rutscht, das du wieder gepackt hast, an dem du dich festgebissen hast, das dich nicht in Ruhe läßt, stundenlang; es sei denn, der seltenere Fall, es erscheint dir beim Aufwachen oder Träumen, im Vordichhindämmern, eine fertige Struktur, kristallin und ohne schon Ton zu sein, aber du weißt sofort, daß nur ein einziger Ton, eine einzige Klangfigur dazu paßt, also wartest du, suchst; oder manchmal drei ganz schlichte Akkorde, die man schon kennt, aber das reicht: ein Rhythmus prägt sich da ein, wie beim Hämmern auf Blech, klingt in ihnen wie in dir, wie abgestimmt, es ist ein Keim in ihnen, der eigentlich nur von deinem Zustand an diesem Tag abhängt und dieser Figur das Vordergründige nimmt, um etwas anderes daraus zu machen. Diesen Augenblick des Nochnichtfertigen, der sich trotz aller Anspannung der Kontrolle und auch dem Tanz entzieht, schleuderst du in den Saal, setzt an zu seiner Wiederholung.

Folglich, was du den andern rüberwirfst, fast nichts: so wenig wie möglich, ein Stück harter Schale, und nur das gemeinsame Erlebnis macht etwas draus oder auch nicht.

Du läßt einen Funken los, den jeder in der Band dann aufgreift; er, der Sänger, zunächst mit seinen Händen, ein Schlagzeug, eine Tastatur, die zweite Gitarre; die Stimme kommt später, und noch später, was er erzählt. Man sucht, zusammen. Und wenn keiner von uns diesen Funken bringt, wird man trotzdem suchen, indem man die Töne, das Spiel, einfach kommen läßt; es kommt, oder es kommt nicht. Jeden Abend so, bevor an den Samstagen, Sonntagen unser gesamtes Repertoire durchgearbeitet wird. Ein Funke, der Stunden, Tage braucht, um sich zu entzünden, zieht sich manchmal die ganze Nacht hin, ohne daß etwas abgeht, man hält durch ... Eine Pause, ein Sandwich, ein Bier oder Abfahren auf einen dieser alten Rocksongs, die man auswendig kennt, und ich werfe es wieder in den Saal, dies harte Ding, das Nochnichtfertige, den Dreh. Man nimmt ein paar Versuche auf Band auf. Sachen, die die Nacht gebracht hat und die sie wieder zurücknehmen wird, von denen die meisten nicht wieder auftauchen. Sachen, die wir selbst manchmal am nächsten Tag nicht mehr verstehen, in sich geschlossene Sachen, an die du nicht mehr rankommst. Andere, die dich, im Gegenteil, nicht mehr loslassen und die du, beim nächsten Treffen, wieder auf den Tisch bringst. Und die nach und nach rauskommen: wo jeder seinen Part hat, immer verschieden und dennoch Note für Note zusammengesetzt, ein Ergebnis der Disziplin.

Manchmal tauchen sie zusammen in mir auf, dieser Funke und der Song, seine Idee: »Und jetzt ›Nichts verlieren!‹«

Aber ein Song ist jedesmal ein Mysterium. Etwas, das jenseits deiner Musik steht, sie überrennt und erfaßt, restlos; sie aber auch erhöht, indem er sie schafft. Zunächst ein Rahmen, ein Theater, das sich selbst genügt, aus dem du aber eine noch größere Bühne machst. Ein Rahmen, der in seinem willkürlichen Charakter bereits die Erhabenheit einer vollkommenen Tragödie in sich vereint, indem er alles, was Musik für dich bedeutet, in streng begrenztem Zeitmaß verdichten läßt. Doch freu dich nicht zu früh, mußt vielmehr aus dem Hindernis ein Werkzeug machen, für einen besseren Zugang zu dir selbst. Ein harter Weg, selbst wenn das Singen einfach ist, was sich dort anhäuft an Gewöhnlichem, Vulgärem. Und warum sollen deine Songs mehr taugen als das Gedudel, mit dem man dir die Ohren volldröhnt ... Der gleiche Rahmen, die gleiche Form, trivial und abgedroschen, warum also?

Songs, du weißt nicht, woher sie kommen. Aus diesem Gehorsam, zu dessen Medium du dich machst. Wahrscheinlich liegen sie in der Luft, schon fertig, vom Echo der Tradition getragen, die sie seit jeher zum Singen brachte und einige überleben ließ: Macht der Tradition, die dir den Wall ihrer Willkür entgegenstellt, Verfälschungen, deren Ursprung und Legitimität durch deine Musik nicht verschmelzen, ihr fremd bleiben, ohne Berührung, bei denen du aber manchmal spürst, daß sich etwas wie ein Handschuh umstülpt, wenn du, ohne Zugeständnisse zu machen, ihr vollkommenes Einverständnis erreichst. Einfach in der Luft liegend, nichts anderes verlangend, als daß man in seine dunklen Vorhöfe eintritt und den fragilen Körper trägt, für den flüchtigen Augenblick seines Daseins, der Song, den du packen sollst; etwas so ungeheuer Einfaches und Leichtes, dessen Antenne du werden sollst; einfach nur vermitteln, die Stimmung der Zeit, aber in ihrem Wesen und ohne etwas wegzulassen von dir, den diese Zeit nicht zufriedenstellt. Vieles läuft eben so. In dieser Blase, die sich aus dem Funken deines Rhythmus und deines Tons entwickelt hat, in diesem Funken: eine Stimmung, manchmal eine ganze Welt, und innerhalb von fünf Minuten kommen die Worte, auf die du vergeblich gewartest hast, auf die du umsonst gewartet hast, innerhalb von fünf Minuten sind sie da.

»Du hast dir dein Leben nicht ausgesucht, steh auf, wehr dich, selbst wenn's dir schlecht geht, selbst wenn du nicht mehr spürst, wo man dir weh tut; steh wieder auf und geh, auch wenn's dich ankotzt . . . ins Exil der Straße.«

Als bräuchte man, um nicht zu lügen, dieses winzige Etwas, das ausgesprochen wird, das Durchsichtige leerer Worte, das die Stimme bellend füllt, damit es denen gegenüber durch Mark und Bein geht. Und er, der Sänger, wird zum Barden in diesem Land, das er wiedererstehen läßt von der obersten Luftschicht bis zum Erdboden; singen heißt, die schäbigen Klamotten der Zeit zu tragen, die du erzwingst; ihm, dem Sänger auf der Bühne, genügte schon das Sprechen, die Verpackung der Stimme, die eure Töne aufbläht und verstärkt, trägt; seine Arbeit beginnt, wenn alles fertig ist, Gebäude, Himmel und Souterrains, und dann dieses winzige Etwas benutzter Worte, begonnener Erzählung, gleitet in einem Block nach unten, kommt richtig an.

»Exil der Straße . . .« wiederholen wir zusammen, beide, der Baß auf seinem zweiten Mikro, auf seiner Seite.

Am Bahnhof von Metz erwartete uns ein Laster, wir sind umgestiegen, dreißig Leute ungefähr, die sich so anschauen, sich mustern, mit diesen Alltagsklamotten und -gesichtern, was das wohl wird in Uniform. Und man rückt zusammen, wortlos, es rüttelte uns knochenhart, es war noch dunkel und sehr kalt. Der Fahrer, als er die Seitenplanken hochklappte, machte einen auf witzig, keiner hat gelacht: »He, Typen, zieht nicht so 'ne Flappe, ihr werdet schon sehen, jetzt fängt das Leben erst an, die richtige Feier ...«

Sie begann mit der Schermaschine, ihre Feier. Ein Eingezogener, den ich noch als Schlachter kannte. Die Haare fielen büschelweise, er hob sie nicht auf, stieß sie mit dem Fuß beiseite, bevor er sich den nächsten vorknöpfte: ein seltsam gefärbter Haufen, gelb und schwarz, wie ein Straßenköter. Nicht, daß ich lange Haare gehabt hätte; das, was man damals auf diese Art ausdrücken wollte, tragen wir jetzt mit unserem ganzen Gesicht zur Schau; also um so besser, wenn rundherum nichts stört. Aber die Mähne ... Nicht glattgekämmt, als Rockgruppe geht das nicht, also haben sie mich nicht verschont. Am Ende jeder Schnittbahn hat sich die Schermaschine festgefressen und ein Stück Glatze hinterlassen, der Rest der Birne schön stachelig, kurzgeschoren: »Keine Panik, das wächst wieder«, hat er zu mir gesagt, als ich mich ansah, dann: »Du siehst jetzt noch punkiger aus als vorher.« – »Jetzt reichts aber«, hab ich geantwortet; ich hatte noch meinen Ohrring drin: »Du solltest ihn lieber rausnehmen«, fuhr dieser Figaro fort, »und ich sag das nicht, um dich zu schikanieren.« Ich hielt das auch für schlauer, steckte ihn dann wieder rein, im Zug, am Freitagabend, als ich in der Toilette, zwischen zwei Stößen, wieder in meine Zivilklamotten stieg. Grundausbildung. Frühmorgens Wecken, in offenen Lastern mitgeschleppt; Manöver mit ungeladenen Waffen, deren Kälte dir die Hände verbrennt, und auf dem Kopf, das Gewicht nutzlosen Gepäcks, ein Helm, du hättest früher nie gedacht, daß der so schwer ist. Du marschierst; das bringt man dir am besten bei, das Marschieren. Und die Übung, bei der sie sich am wenigsten ausdenken müssen: also geben sie noch eins drauf. Man bringt dir auch Handgriffe bei: laden, schultern, zielen. Fehlen nur die Patronen ... Ein Unteroffizier, der mehr den Ernst des Scheins überwacht als deine Handgriffe. Du kriechst. Und dann das ewige »Stillgestanden!«, beim Weggehen, Zurückkommen, die ganze Zeit ... Ich hab's immer noch nicht gepackt. Wenn alle, ohne ein Wort zu sagen, sich aufstellen, und dann stehen dir drei gegenüber, brüllen, beschimpfen dich, mit hervorquellenden Augen, aber letztlich machtlos. Bis zur Belehrung durch den Vorgesetzten, der vorbeikommt, erst einen auf ironisch macht, sich über dich mokiert: »Man hält sich wohl noch für feine Herren!« vor der ernsten Predigt: die Infanterie von heute, ihre Anpassungsfähigkeit, die Flexibilität ihrer Aktionen, ihre Widerstandskraft, sagte er auch, machte einen Höhenflug in Richtung Selbstbewußtsein, dann war es nicht mehr weit bis zum nächsten »Einsatz«, aber denkste: noch dämlicher als vorher, sein Regiment! Nicht vorzeigbar! Bei allen ist die Haltung etwas daneben: eine kleine Nachlässigkeit reichte bereits, schon ist die schöne Ordnung des Ganzen im Eimer, nichts rauszuholen aus den hundertvierzig stummen Heinis, die sich nicht mal anschauen und deren Solidarität nur darüber funktioniert, daß sie den Kopf eines Leutnants vor sich haben. »So so, spielen wollt ihr also ...« Stundenlang. Der ewige Kasernenhof, mit seinen weißgelben Gebäuden, Teer, Kies und dem lothringischen Himmel, grau, alles grau. Deutschland ist nicht weit, jeder hat Angst davor, die zehn Monate dort. Schließlich, das »Wegtreten«; und freitags das Gedrängel ...

Eine Vorsichtsmaßnahme; der letzte Schnellzug am Bahnhof von Metz fährt genau dann ab, wenn der Laster am Bahnhofsvorplatz ankommt. Bloß nicht die Reisenden, die zahlen, mit denen zusammenbringen, die sie verteidigen. Warten, zwei Stunden oder mehr, trotzdem rennen alle, den Seesack schleppend, jeder will an der Theke der erste sein; man steht in großen Horden da. Bier, in Dosen oder Flaschen. »Ausgang«, das sagt alles. Lehrgänge darüber, wieviel mußten wir uns reinziehen. »Wenn auch der Gebrauch von Drogen im eigentlichen Sinne innerhalb der militärischen Gemeinschaft relativ selten festgestellt werden kann, so gilt dasselbe nicht für den Alkohol. Der Druck der Gesellschaft trägt in der Armee wie überall in Frankreich dazu bei, die Gewohnheit des Alkoholkonsums zu verbreiten. Keine Waffengattung ist davon ausgenommen. Die Heeresleitung mußte in vielen Fällen die individuell nachteiligen Folgen des Alkoholkonsums feststellen.« So ein Schwachsinn. Ein Jahr später denkst du nicht mehr dran, was du alles gesoffen hast, bloß um durchzuhalten.

Dreiundzwanzig Uhr fünfzig, umsteigen in Paris, Gare de l'Est, rein in die Metro, die Kumpel mitschleppen, die sich nicht auskennen, die sich nie dran gewöhnen werden: um einen dieser Nachtzüge zu nehmen, die aus der Vorkriegszeit zu stammen scheinen und überall anhalten, bei denen man an jedem Bahnhof Waggons anhängt, andere abhängt, und überall kommen bloß die gelben Elektrokarren der Post angesurrt. Bist glücklich, wenn du nicht auf dem Gang landest, andere Rekruten haben sich hingelegt, haben die Türen blockiert, liegen ganz allein in einem Abteil. Bist frühmorgens zu Hause. Und einige sind immer noch unterwegs: ein Bummelzug für die größeren Städte in der Provinz, per Anhalter ins Dorf. Samstags, der Schlamassel, wenn ich meinen Verstärker anschloß. Deine Finger, die erkennst du nicht wieder, steif und langsam; sie wissen noch, wo's lang geht, aber holen aus der Gitarre nur einen kalten Ton raus, wie auf Schallplatte gepreßte Lektionen, und du, du begreifst es nicht. Die anderen haben gearbeitet in der Zwischenzeit, eine Kluft hat sich aufgetan, du hast Angst. Du begreifst, daß das für dich, schon jetzt, mehr als alles andere zählt. Und jede Woche so, zwei Monate lang, mit einigen Ausnahmen, ohne zu wissen, ob sie dich am Freitag gehen lassen, um Geld zu sparen, weil der Unteroffizier auch Frau und Kinder, Fernsehen und Schwiegereltern hat, oder tatsächlich, wie sie's bei den Lehrgängen sagen, »zur Humanisierung der Wehrpflicht«! Du fuhrst also kreuz und quer durch Frankreich, um dich am Montagmorgen wieder am Rand dieser Stadt einzufinden, von der du nur den Bahnhof gekannt haben wirst, um in lässiger Haltung anzutreten, jeder so halbwegs untadelig, doch sehr wohl entschlossen, nichts daran zu ändern; der müde Haufen und die drei Typen uns gegenüber, bei minus zehn Grad, im Eiswind brüllend: »Ihr Schwulen, ihr Arschficker, was habt ihr überhaupt in der Hose, es wird so lange dauern, wie's eben nötig ist.« Und es war Dezember, es war dunkel, der Hof von vier gelben Lichtmasten beleuchtet, manchmal schneite es auch: »Wir haben's nicht eilig, wir warten schon auf euch, ah, ihr seht schon nicht mehr so stolz aus . . .«

Und die Grundausbildung ging zu Ende, ohne daß je ein Schuß abgefeuert wurde. Die Stube. Der Montagabend geht schnell vorbei: um sieben ins Bett, und ein Alarm könnte dich nicht hochreißen, du schläfst bis zum Morgen, wie ein Stein. Von Dienstag bis Donnerstag, bloß noch drei Nächte. Kofferradios und Qualm, die Kippen, die sie eine nach der andern anstecken, wenn du, kurz geschoren und in der verordneten Kleidung, nur noch das hast, deine Lippen und eine Kippe, um dein ganzes Selbstbewußtsein dranzuhängen; das Radio, das sie immer voll aufgedreht haben, nicht einmal deine Gleichgültigkeit verstehend: sie ist auch alles, was dir von draußen bleibt. Die Frauenstimmen, die sie im Radio hören; diese unfehlbare Ebene von Mann zu Mann, wenn diese Flughafenstimmen zwischen den Songs säuseln: »Quatsch nicht rum, geh lieber ficken, Schlampe ...« In dem ganzen Haufen findest du immer ein oder zwei Kumpel, mit denen tröstest du dich: »Trottel«, sagst du, wenn du von den anderen sprichst: die, mit denen du dich nicht abgibst, weil du von keinem was willst, außer daß man dich in Ruhe läßt, nicht mehr, und so wirst du zum schwarzen Schaf, nicht mehr, schreiben dir die Erniedrigung ins Gesicht, die sie bei sich nicht sehen wollen: zehnmal am Tag also deine Falle auseinandernehmen oder ähnlichen Schwachsinn, du schluckst es. Trottel. Gehst du auf sie ein, dann wollen sie dich gleich einkassieren: »Wette einen Zehner, daß ich dem Dingsbums meine Eier um den Kopf schlage ...« Du scherst dich einen Dreck drum, also provoziert man dich; du wechselst die Bude, bevor das ausartet, findest coolere Typen, eine andere Stube, wo auch das Radio dudelt und alles voller Qualm ist, wo man von dir aber einzig und allein wissen will, was du spielst, mit Karten. Ein kleiner Wichser von Offiziersanwärter taucht plötzlich auf, ein Z-Schwein, der dir androht, dich bei erster Gelegenheit einzulochen: man zieht nicht einfach ohne Erlaubnis um in der französischen Armee. Du schluckst. Derjenige, der's gut fand, seine Hundemarke um die Kopfrolle zu schnallen, am Abend einer Schlägerei: einem anderen einen Zahn ausgeschlagen, und all diese Typen drumherum, in ihren Einheitspyjamas, ein Kindergesicht mit einem großen, ausgewachsenen Körper neben dem Blut auf dem Linoleum. Und dann dieser Küchengestank, wenn du morgens runterkommst. All das setzt sich fest im Kopf und drückt aufs Hirn am Samstagnachmittag, bist noch ganz benebelt von all der schlaflosen Zeit, wenn ihr eure Songs anstimmt.

»Von der Wiege an bist du in der Herde, bleibst drin in ihr bis zur Bahre, zahl deine Steuern, setz Bälger in die Welt, dreh dich im Kreis, stell keine Fragen, macht nichts, wenn man dich abgeschoben hat ... ins Exil der Straße ...«

Hab um Versetzung gebeten, zur Musik, war bereit, Horn, Trompete, zur Not auch die Pauke zu spielen ... Hat nicht geklappt, natürlich ... Die Musterung hängt dir nach. Über dein Leben wissen sie natürlich Bescheid, na klar, nicht viel, deinen Beruf und die Höhe deiner Miete, aber das reicht, um dich auf der Bildungsleiter einzustufen, du wirst ausgesät: einer aus dem Vorort auf drei aus der Provinz, ein seit Generationen nicht-französischer Name auf fünf Duponts ... Du merkst, wie viele Typen nicht schreiben, kaum lesen können, laut entziffern: du kannst es kaum glauben. Vorträge über die Schönheiten des heißen Wüstensandes kriegst du im ersten Monat gleich dreimal, ein Anreißer für die Kommandoeinheiten.

Und die ersten zwei Wochen haben vier Leute Strafdienst gekriegt, wegen nichts und wieder nichts: Beruhigungsmittel gegen Ungehorsam. Die anderen, nach Deutschland abkommandiert, das schien unvermeidbar. Wenn ich dran denke, daß ich anfangs noch gut drauf war ...

Dann wurden wir zur Impfaktion bestellt, und die ganze Maschinerie setzte sich in Bewegung. Hätte man mir gesagt, wie es weitergeht, was das zu bedeuten hat und wie es ablaufen wird, hätte ich gewußt, wieviel Federn ich dabei lassen muß ...

1 570 295, ich erinnere mich noch an die ausgehängten Zahlen, es waren die vom Vorjahr: Impfspritzen. Und 2 171 483, die Aufenthaltstage im Krankenhaus ... Warum ich mich noch dran erinnere: weil der Krankenpfleger sie für mich beim Lottospiel einsetzte, so hatte ich bei ihm einen Stein im Brett, und das konnte nicht schaden. Zwei Monate lang hat der Spaß gedauert, dann kam der großartige Bescheid: untauglich ... Bei der Menge an Impfungen, die den zweihundertneunzigtausend Rekruten jedes Jahr verpaßt werden, kein Wunder, wenn man sich da bei fünf oder sechs irrt ... Nur

eben, wenns dich trifft...! Tetanusunverträglichkeit, vier Tage außer Gefecht. Ganz schön komisch. Man isoliert dich mit einer Handvoll Typen im gleichen Zustand. Du kommst wieder langsam zu Kräften, hast so viel durchgemacht, daß du denkst, man wird dir jetzt ein bißchen Erholung gönnen, vielleicht sogar in deinen eigenen vier Wänden: von wegen! Du wunderst dich: man sagt dir, daß es harmlos war und jetzt eigentlich vorbei sei. Du denkst an deine Gitarre, sagst dir: nach so einem Ding, wenn ich da keinen Superausgang von acht Tagen kriege ... Fehlanzeige. Du verlangst deinen Krankenbericht, ist dein gutes Recht; du guckst rein: nichts! »Erkältung infolge allgemeiner Erschöpfung...« Also bitte schön! So einfach schluck ich das nicht. Willst gehen, in deine Kaserne zurück: Auf einmal kümmert man sich um dich, fängt an, dir Beruhigungsmittel zu bringen. Man hat dir nicht mal deine Klamotten gelassen, nur einen Trainingsanzug, einen einzigen, sechs Wochen lang. Ich hab aufgehört zu essen, drei, vier Tage ... Visiten mehrerer Ärzte, eines Psychologen, des ersten. Ich hab durchgehalten. In der zweiten Woche, als die Tage immer eintöniger wurden, weil man außerhalb des normalen Tagesablaufs stand, da bin ich zusammengeklappt, hing dann am Tropf. Und wieder die Psychos, Psychiater diesmal, man hatte mich befördert!

Mein Zimmer ging auf den Gang, der am Ende abgeschlossen war. In den anderen Buden waren patente Typen, aber man überwachte uns; miteinander reden ist verboten, geht nur heimlich. Einer hatte sich die Pulsadern aufgeschnitten, hatte den Rundgang des Unteroffiziers einkalkuliert, um rechtzeitig in Ohnmacht zu fallen: aber der Dienstbulle hatte das dringende Bedürfnis zu pissen, man könnte dabei glatt draufgehen. Und ähnliche Geschichten. Ein Pauker, ganz jung und verliebt ... Ganz harmlose Typen, die früher nie gedacht hätten, daß sie mal so weit kommen. Ein Draufgänger, der anfing, sich Spritzen zu setzen und den sie einfach seinem Ding überlassen haben. Wir hatten Anspruch auf eine Art Lebensberater, er hatte uns in der Hand: »Ein gestrandeter Fisch, den man wieder ins Wasser wirft, der schlägt keine Wellen, weißt du, der flitzt davon, und man sieht ihn nie wieder.« Ich war durchaus gewillt, das zu kapieren, und dann ging's sehr schnell: gut zehn Kilo abgenommen, noch wochenlang unter Beruhigungsmitteln, aber »entlassen«: acht Monate früher!

Bin zurückgekommen, mir ging's zu dreckig, um meine Garage ohne Heizung und anderen Luxus wieder zu bewohnen ... Meine Schwester hatte einen Monat vorher geheiratet, ich konnte nicht hingehen, wegen dieser Geschichte. Sie haben mich zu sich eingeladen: war genügend Platz, solang sie ihr erstes Kind nicht hatten. Zu ihr hatte ich seit langem keinen Kontakt mehr gehaby: im Grunde genommen eine Gelegenheit, wieder anzuknüpfen. Aber man kann nicht wieder zurechtbiegen, was einen auseinandergebracht hat. Auch wenn man die von früher vertraute Stimme wiedererkannt hat, bekannte Gesten, die geblieben waren, unabhängig voneinander, trotzdem war da eine Distanz, eine Eisschicht. Sie hatte ihre Wahl getroffen und ich die meine: war stolz auf ihren Bauch, wie ich auf meine Klampfe. Wenn sie ein bißchen zu hastig durch den Raum ging, ohne zu dir rüberzuschauen, oder wenn sie etwas lauter seufzte, dann wußte ich Bescheid: mußte für eine Weile mit meinen kleinen Akkorden aufhören. »Joël, hast du nicht manchmal genug davon?« fragte sie mich eines Morgens beim Kaffee. Aber waren sehr freundlich, alle beide. Ich stachelte ihn an, wenn eine Diskussion uns nähergebracht hatte: »Warum machst du nicht weiter mit dem Schlagzeug ...« Ich hab doch gesehen, wie meine Schwester reagiert, in solchen Momenten. »Er spielt doch schon Fußball ...« Zwei Monate lang hab ich bei ihnen gegessen, geschlafen; sie haben nichts von mir verlangt, nie. Ich bin sogar an einem Sonntag mit zu den Eltern gegangen, ist gut gelaufen. Mit Vater Gespräche über den Garten, als hätte ich seine Pflanzen erst gestern zum letztenmal gesehen. Und seitdem geh ich ab und zu hin, allein. Daß die Gruppe gut läuft, beruhigt sie ein bißchen, und du spürst dann auch bei dir, wie sich alles legt, daß deine Auflehnung überflüssig wird, weil zwischen dir und der Musik etwas passiert; früher hast du auf die Leute, die anderen, das projiziert, was du aus dir ausschließen mußtest, um so mehr, je näher sie dir waren; es waren Dinge, die du in dir noch nicht erkennen, nicht fassen konntest, die du bei anderen angegriffen hast. Und obwohl beruhigt, spürst du noch eine Gefahr: weil die Auflehnung die gleiche geblieben ist, ganz tief in dir drin, da wo du allein bist im Kampf. Und du fürchtest, daß die allmähliche Versöhnung mit den anderen in dir diese undurchlässige Mauer errichtet, hinter der deiner Musik die Seele verlorengeht: du kennst so viele, bei denen die späteren Plattenaufnahmen die frühen Versprechungen nicht hielten. »Das ist doch kein Beruf«, damit lag mir mein Alter ständig in den Ohren. »Sind wirklich in Ordnung, die Schwiegereltern«, war Jolys Kommentar auf der Rückfahrt.

»Exil der Straße . . .«

An einem anderen Sonntag haben sie unseren Ex-Gitarristen eingeladen, zusammen mit Yves: die Gruppe von der Penne, komplett. Aber nach dem Apéritif lief nicht allzuviel. Alain, die Musik war ihm ziemlich egal, zumindest seinen Worten nach: seine Gitarre in ihrem Kasten und der Kasten im Schrank. Ich wollte nicht weiterbohren, aber ich spürte, daß ihn die Sache doch nicht so kaltließ; daß er vielleicht nur so darüber sprach, weil ich dabei war. Und im übrigen guckte ihn seine Braut jedesmal komisch an. Monique arbeitete im Krankenhaus. Später hab ich ihr dann meine Stories erzählt über die medizinische Versorgung in der Armee; haben uns gut verstanden. Aber ich quatschte vor allem mit Yves, der mit den Fabrikgeschichten der beiden anderen nicht allzu viel anfangen konnte, da sie im gleichen Betrieb malochten und sich jeden Tag sahen. Der Militärdienst stand ihm bevor, das beunruhigte ihn, auch wenn er wie Joly seinen Dienst letztendlich ohne Probleme, ohne allzu viele Probleme hinter sich gebracht hat. Schreibstube, wegen der Brille; Verpflegungsstelle, man übernimmt sich da nicht. Mein Schwager war nicht zu bremsen, erzählte uns ohne Unterbrechung von dem einen Jahr als Lastwagenfahrer, nach dem Führerschein beim Militär, wo er zwischen leeren Fässern auf dem Kasernenhof mit einem alten Berliet herumkurvte. »Ein Führerschein, der auch draußen gilt, mußte nur die ärztliche Untersuchung nochmals über mich ergehen lassen.« Nur Alain hat's dann doch nicht erwischt, bei den Tests, bei der Auswahl, wenn man euch Dreiecke und Vierecke einander zuordnen läßt: »Ich bin nicht für so einen Schwachsinn hierher gekommen«, hat er gemotzt, ganz laut, und der Gefreite, der Aufsicht hatte, war zu ihm hin. »Geh mal zum Arzt runter und sag ihm, daß ich dich geschickt habe.« Freigestellt wegen zu schwacher körperlicher Verfassung. Dann Joly zu Monique: »Findest du das auch ...« Sie hat nicht drauf geantwortet, und ich: »Beim Dauerlauf hast du sie alle abgehängt, in der Jugendklasse.« Aber es war das gleiche wie mit der Gitarre, er sprach nicht gern über unsere alten Erfolge. Monique und ich haben uns plötzlich einen Blick zugeworfen, waren auf der gleichen Wellenlänge, auch dann am Ende noch mal, als wir uns verabschiedet haben. Das Ende des Abends, ein bißchen trist: die Erinnerungen, in der Mitte des Raums an dem niedrigen Tisch mit den Schnapsflaschen, ist auch nicht gerade aufheiternd für die, die erzählen, und wir drei Pärchen, wir gaben ein komisches Bild ab: Joly, den Arm um die Schultern von Madame, sie ein bißchen zu steif wegen ihres Bauchs; Monique neben ihrem Typ, unten Bein an Bein, aber oben die Schultern auf Distanz, aufgetakelt, wie es damals noch Mode war, und er, Alain, schon etwas zu bleich, von dieser Arbeit ohne frische Luft, die ihm jedes Jahr die Schultern ein bißchen mehr nach unten zieht; Yves, auf dem Boden, in einer Ecke, klimpert auf meiner Gitarre die drei Akkorde, die er noch von früher kannte, oder dreht die Platten um. Am nächsten Tag bin ich mit meinen Siebensachen wieder in die Garage gezogen.

Es gibt Leute, die du seit Ewigkeiten kennst; die Wege verlaufen parallel, aber die haben dir nie die Möglichkeit gegeben, sie zu verstehen. So war's auch mit Yves; obwohl ich vermutlich nie einen engeren und festeren Freund gehabt habe, nie. Er hat's bis zum Fachabitur gebracht; Rechnungsführung oder was weiß ich. Ich weiß allerdings auch, daß es ihm nichts genutzt hat. In der Penne nahm er für gewöhnlich seinen Kassettenrecorder mit in den Schlafsaal, man hörte sich etwas abgedroschene Songs an, war aber das einzige, wovon ich etwas gelernt habe. Heimlich, auf der Hut vor dem Aufseher, wir beide oder auch zusammen mit Alain, und alles andere war unwichtig im Vergleich zu diesen drei Minuten, die man zehnmal hintereinander abspulte, zu diesem Augenblick, in dem man in die einfachste Ebene des Traums hinüberglitt: es war, als spielten wir selbst. Und eine Gruppe, was ist das sonst ...

Sie entwickelt sich und schweißt euch zusammen, der Traum ordnet sich, entspricht langsam dem Bild, das euch zunächst vorgeschwebt hat, trotzdem mußt du immer zu diesem ursprünglichen Zustand zurückkehren: weil diese Illusion nur dann wieder auftaucht, wenn du wirklich spielst, du gleitest in sie hinein, du hängst ihr unablässig nach; nur weil du wirklich spielst, lebt dieses Gefühl wieder auf, wieder und wieder, dieses Spielen im Traum, mit der ganzen unverbrauchten Kraft des alten Traums.

In deinen Lederklamotten unter den Scheinwerfern, wirst getragen von deiner Anlage, scherst dich einen Dreck um die Musik, es schert dich nicht, wohin du gehst. Nichts zählt außer dieser Illusion, die vom Mythos zehrt und dich zwingt, in diese frühere Welt zurückzugehen: in diese Welt ohne Ausflucht, dahin, wo der Traum aus der ganzen Kraft ihrer Zwänge lebt; ja dort, im dunklen Schlafsaal, zwischen zwei Schränken, fünfzig schlafende Typen um dich herum unter achthundert weiteren, da habt ihr, fast lautlos, dem säuerlichen Ton des Plasterecorders gelauscht. Jetzt, nachdem sich die Träume verändert haben, durch den Schweiß, die Arbeit, und weil du mit der Zeit ein Ventil gefunden hast, jetzt ist nur noch wichtig, daß du dieses alte Gefühl des Traums wachrufst, wichtig ist nur diese Kraft gegen den Strich: wirklich spielen, die Illusion dieses Spielens im Traum, als würde man das Fest des großen Meaulnes ewig weiterfeiern.

Diese Illusion, von der sich Yves nicht gelöst hat, mich hat sie gezwungen, weiter vorwärtszugehen. Als hielte er noch immer fest an diesem alten, selbstgenügsamen Traum, als würde er seine Verwirklichung unendlich aufschieben; schaffte sich freie Räume, um dicsen Traum zu verteidigen; lebte in seiner Welt, vielleicht war sie stärker als irgendeine andere, oder er war noch auf diese Zuflucht angewiesen, das einzige, was einem bleibt, wenn man sonst nichts mehr hat. Unübertrefflich, mein Kumpel: daß Chuck Berry Friseur war und Lightnin' Hokins blind, daß dieser Drive der Rolling Stones direkt von Big Bill Broonzy übernommen war . . . Alles wissen, ohne Knete zu haben, denn wir konnten es uns nicht leisten, Platten zu kaufen. Die Nachtsendungen im Rundfunk, Zeitschriften, die man auf die gewohnte Art, in einem Schulbuch versteckt, weiterreichte; der geschwänzte Sport- oder Werkunterricht, mit unseren schlechten Gitarren in den Umkleideräumen, unmöglich zu stimmen, hast dir die Finger wundgeklimpert ... Und er, der dabei zuhörte, ohne was zu sagen, sich manchmal ein Instrument von uns lieh, wenn er sicher sein konnte, daß keiner in der Nähe war, lehnte jede Hilfe ab.

Hatte nie einen engeren Freund, dabei ging er nur nebenher, lebte in seiner eigenen Welt. Ich war aus dem Militärdienst zurückgekommen und er gerade dabei, man traf sich, wenn er Ausgang hatte, und oft hausten wir zusammen im Übungsraum der Gruppe; bei der Wand. Selbst der Sänger hörte auf ihn, wenn er uns immer wieder mal sagte, wie er's gefunden hatte; auch wenn es nur dahingesagt war, auch wenn uns nichts von dieser Musik abgebracht hätte, die wir machten, zwar unvollkommen, aber unsere. Ich kann mich nur an ein einziges Mal erinnern, wo ich ihn so sah: er saß noch auf einem Hocker mitten im Raum, uns den Rücken zugewandt, als wir in der anderen Ecke gerade die Pause beendeten: aus einer zwölfsaitigen Gitarre, in D gestimmt, holte er einen etwas eintönigen Rhythmus heraus, bloß zwei Akkorde und Variation, ohne innezuhalten, aber wie aufeinander bezogen, phasenverschoben. Unser Schlagzeuger, in solchen Fällen muß er mitmischen ... Setzte sich wieder an seine Schießbude, begleitete ihn mit einem lockeren Schlag, ohne allzusehr herumzuwirbeln; auch wir haben dann mitgespielt: ich hatte eine Baßlinie eingebracht, der Bassist eine zweite rhythmische Figur, während der Sänger eine Mundharmonika rausholte: Nur dieses eine Mal, bei dieser etwas unausgegorenen Sache, die langsam Form annahm, habe ich ihn, Yves, gesehen, wie er diesem Traum von uns allen nachhing; und wie er, mit etwas glänzenden Augen, auch wenn er's nicht wahrhaben wollte, mit einer überflüssigen kleinen Schulterbewegung, Teil dieser Maschinerie wurde, die anfing rundzulaufen und die Trägheit der Gruppe mitriß; auch wenn er auf nichts achtete, vor allem nicht auf uns vier, und hartnäckig mit diesem Rhythmus in Moll weitermachte, mit dem gleichen, wieder und wieder.

»Ich bin einfach so draufgekommen«, sagte er zu mir hinterher; am Abend wollte er unbedingt eine Runde ausgeben, aber so, als hätte es mit dieser Sache nichts zu tun, und viel später am Abend sagte ich dann zu ihm: »Wenn du dich dahinterklemmst, nehmen wir dich auf . . . Es ist keine Frage der Technik, du hast schon hundertmal mehr begriffen als Alain damals, als er noch bei uns war.« – »Bin von Beruf Faulenzer«, antwortete er mir, »das weißt du doch . . .« Und ich: »Die zwölfsaitige Gitarre leih ich dir, wenn du willst.« Aber er hat sie nicht mitgenommen, als er ging. Und als ich etwas später noch mal nachhakte, weil wir aus dem Rhythmus eine Ballade gemacht hatten, die wir im Studio für unsere erste Platte aufnahmen, da hat er abgelehnt mitzumachen. »Ich kann mich nicht mal mehr dran erinnern«, behauptete er. Also hab ich selbst das Riff der zwölfsaitigen Gitarre gespielt, mit dieser zweiten rhythmischen Figur und der Mundharmonika, und begleitete den Baß mit einem weiteren Gitarrenpart, mit dem Bottleneck, darüber.

Als er dann vom Militärdienst zurück war, haben wir uns seltener gesehen. Er hat sich an die Aufnahmeprüfung für den öffentlichen Dienst gemacht, Gas, Elektrizität, die Post und die Eisenbahn: »Sind tausend Bewerber auf fünfzehn Stellen, da muß man schon ein Glückspilz sein«. Überall abgewiesen, nirgends eine Chance. »Ich werd wohl bei den Bullen landen.« Und wir, in der Gruppe, haben hart gearbeitet, haben den Gürtel enger geschnallt, hatten keinen Bock, Leute zu sehen. Aber von Zeit zu Zeit war er da, saß an der Wand, dann haben wir beide miteinander gesprochen, manchmal bis zum frühen Morgen, ohne Licht, und ich sah nichts als das Blinken seines Brillengestells, wenn die Scheinwerfer eines Autos das Wellplastik der Wand gelb beleuchteten. Manchmal auch ein langes Schweigen, bevor der andere das Gespräch genau an dem Punkt wieder aufnahm, den du gerade im Kopf gewälzt hast, weit entfernt von der Stelle, an der wir abgebrochen hatten. Und dennoch weiß ich nichts von ihm, hab nie etwas gewußt.

»Exil der Straße . . .« Unsere beiden Münder, meiner und der des Bassisten, sie berühren sich fast vor dem runden Kopf des Mikros, bei jedem die Gitarre etwas schräg, um weiterspielen zu können, obwohl unsere Körper nebeneinander sind, die Beine auf die gleiche Art gespreizt, und so spielen wir, ein Blinzeln des Auges, und nehmen unsere Gitarrenhälse gleichzeitig um dreißig Grad hoch, er dieses lange, glatte Griffbrett ohne Bünde, mit vier riesigen Stimmwirbeln oben. »Was ist schon dabei, wenn's dich kaputt macht, im Exil der Straße . . .« Und wir schauen in den hinteren Teil des Saals, den dunkelsten, noch weiter entfernt als das Mischpult. All das mußtest du erst lernen: Dich bewegen, die einfachsten Gesten, die Augen offenhalten trotz der Scheinwerfer, schauen, als könntest du jeden einzelnen erkennen, obwohl du nichts siehst und obwohl du eigentlich auf deine Klampfe gucken müßtest. Lernen, daß ein Mikro und die Kraft, mit der es deine Stimme verschlingt und sie dann in den ganzen Raum zurückwirft, nichts ist: daß alles zusammenbrechen wird, wenn du vergißt, daß du alles der Atmung verdankst. Dann singst du vor der aufgebauten Masse eurer Anlage, als wäre deine Stimme nackt, als müßtest du dich ohne sie bemerkbar machen, jemandem ein Geheimnis sagen, dort unten, weit weg, am anderen Ufer eines sehr großen Flusses, ein Geheimnis, das nur für diesen einen bestimmt ist. Du schleuderst deine Stimme nach dort hinten, wirfst sie, eine große Kugel, als würdest du ihren Ton sehen. Und du konzentrierst dich auf deinen Nacken und deine Stirn, hörst die Silben im Gesicht, in den Schläfen und den Wangen, aber sie entspringen einem anderen Resonanzpunkt; eine harte Nuß am hinteren Schädelgrund bringt deine ganze Stirn zum Vibrieren; du achtest auf das Verausgaben beim Atmen, auf die Mechanik des Bauches, da die Stimme die ganze eingesaugte Luft verschlingt. Mit der Technik nicht tricksen, nur dann kann sie dir nützlich sein. Du vergißt sogar die Askese des Songs, während ihr zwei, einstimmig, die höher liegende Linie des Sängers zwingt, neu aufzuleben; das Mikro in der einen Hand, die Kabelschlaufe in der anderen, steht er am Rand der Bühne, die Hände dieses jungen Gemüses strecken sich ihm entgegen, berühren seine Beine; er macht sich einen Spaß draus, tut so, als tanzte er. Und du weißt, daß ihr ins gleiche Bild gepreßt seid, du und dein Kumpel, der Bassist, mit den zu stark geschminkten Augen, und du, eine glitzernde Farbe auf deinen Lippen, mit der du die Grimassen betonst, blinzelnd, und hopp, die Klampfen senkrecht: »Exil der Straße . . . Exil . . .«

Kam eine Zeit, ist fast ein Jahr her, als Yves sich noch keine

Wohnung leisten konnte; schaute wieder bei mir vorbei, mit seinem kleinen Bündel, und abends teilte er sich mit mir die Garage, während er tagsüber abhaute, ohne zu sagen, was er machte oder wohin er ging. »Muß mir wohl 'nen Job suchen.« War nicht mein Problem: er konnte bleiben, solange er wollte, ich hatte anderes zu tun. Eines Nachmittags fand ich ihn schlafend vor; als er erwachte, sagte ich zu ihm: »He, Alter, hast schlappgemacht.«

»Ja, bin eingepennt. Nachts kann ich nicht mehr.«

Und das ging mehrmals so, daß er tagsüber einnickte, meistens nicht auf seiner Matratze, sondern in einer Ecke, auf dem Boden sitzend, während wir an unseren Songs weiterprobten. Ich hab gemerkt, wie seine Züge härter wurden, schwarze Ränder unter seinen Augen, ein starrer Blick. Ich hab das auf die Arbeitslosigkeit zurückgeführt: ohne Knete, ohne Dach, keine Perspektive . . . Ich hab ihn gezwungen, was zu essen, jeden Abend mit mir zusammen, in der Kneipe gegenüber; aber er stocherte nur auf dem Teller rum.

»Mensch, laß dich doch nicht so hängen.«

»Hab keinen Hunger. Einfach keine Lust, was zu essen, das ist alles.«

Und trotzdem zog er los, früh am Morgen, einen Laster abladen, keine Ahnung wo, ziemlich weit entfernt, fuhr im Bus. Ich sah ihn nicht mehr pennen, dachte mir: »Ist ein gutes Zeichen«, auch wenn er immer dünner wurde, er, der eh schon spindeldürr war. Und eines Nachmittags, ich hatte Hunger und ging in die Kneipe, außerhalb der gewohnten Zeit: ich treff ihn da, in einer Ecke sitzend, an unserem Stammtisch versackt, fast violett im Gesicht. Ich rüttle ihn, sprech ihn an, keine Reaktion. Ich verpaß ihm ein paar Ohrfeigen, er öffnete ein Auge, erweiterte Pupille und rundherum rot unterlaufen; er hat mich angeguckt, ohne mich zu erkennen. Der Wirt: »Es geht ihm nicht gut, Ihrem Kumpel, seit ein paar Tagen.« Ich hatte kapiert. »Ich nehm ihn mit«, antwortete ich. In der Bude hab ich ihn auf mein Bett gelegt, habe die Taschen seiner Jacke durchsucht: eine angebrochene Schachtel Valium, ein Löffel mit vertrockneten Rückständen; und die Spritze.

Als er wieder zu sich kam, drei Stunden später, sagte ich zu ihm: »Woher hast du die Knete . . .«

»Ich habe genug.«

»Du hältst mich wohl für blöd, du verpaßt dir doch mindestens eine pro Tag, so viel ist klar.«

»Ich krieg sie ganz billig«, antwortete er, »und für die ersten hab ich nichts bezahlt.«

Am Abend sind die anderen gekommen, auch der Sänger. Anstatt anzufangen, hab ich ihn beiseite genommen. »Komm, wir müssen mal miteinander reden.« Ich wußte, daß er verkaufte; dealte zwar nicht: war hauptsächlich für seinen eigenen Gebrauch. Ihn machte es nicht kaputt, dieses Zeug: »Singen turnt mich ungeheuer an, ist wie ein Anker, der mich vor allem anderen rettet ... Wenn ich nicht singe, bin ich ein Nichts, aber es gibt noch ein rotes Lämpchen in mir, das noch ganz gut funktioniert«, sagte er für gewöhnlich. »Wenn ein Typ versackt, liegt das nicht am Stoff, sondern daran, daß der Rest nicht mitmacht, daß er seine Problemchen hat!« Im Bistro hab ich zwei Bier bestellt: »Du hast es ihm also umsonst gegeben, das kannst nur du gewesen sein, und jetzt spritzt er, ist doch so?« Er zog an seiner Kippe. »Bist wohl seine Mutter?«

»Wenn du ihm noch irgendwas andrehst, und sei's auch nur 'n Joint, schmeiß ich dich raus, verstanden . . .«

»Denkt er auch so, dein Kumpel, hast du ihn nach seiner Meinung gefragt?«

»Mehr hab ich dazu nicht zu sagen. Wenn ich dich rausschmeiße, die anderen machen mit; das weißt du genau . . .«

Und wir sind zurückgegangen, haben mit der Probe angefangen, hatten ein Konzert am nächsten Tag. Ich habe Alain angerufen, bin dann bei ihm vorbei: »Wir müssen Yves da rausholen, er macht's sonst nicht mehr lange.« Monique sagte: »Ich werd mit ihm reden.«

Und sie war's, die ihn da rausgeholt hat, und Alain hat ihm einen Job besorgt, in seinem Betrieb. Er hat sich wieder 'ne Bude genommen, und dann kam die Geschichte mit dem Unfall. War keine große Sache, letztendlich, reichte aber aus, um wieder auf dem Arbeitsamt zu landen. Und wie mein Schwager sagt: »Yves ist nicht gerade ein Holzfällertyp.« Joly haben wir von dieser Geschichte nichts erzählt. Aber wäre mein Kumpel nicht so weit unten gewesen, hätte er diese Schleifmaschine nicht in die Fresse bekommen. Selbst jetzt, fünf Monate später, hat er sich immer noch nicht erholt, ist dünn geblieben, dunkle Ränder um die Augen, und manchmal hat er einen Flattermann, wegen nichts und wieder nichts. So wie vorgestern. Auch wenn ich weiß, daß er das Zeug nicht mehr anrührt, weil wir da waren, weil wir's nicht zugelassen haben, auch wenn's nur der Zufall war, der mich die Lunte riechen ließ, bevor es zu spät war.

Vorgestern, Donnerstagabend, wie spät war's noch. Im Stadtzentrum war's bereits dunkel. Ich hatte mir gerade neue Saiten gekauft, pro Konzert einen Satz, den ich am Abend vorher einspiele; so reißen sie weniger, und der Sound wird besser dadurch. Ich wollte eben meinen Bus nehmen, als ich ihn sah. Noch nicht ihn, zunächst nur eine Menschenansammlung, Leute auf beiden Seiten der Straße, auf der anderen Ecke der Kreuzung auch schon ungefähr dreißig und die Alarmanlage eines blauen, geparkten Wagens. Man hörte nur noch sie, ein schrilles Heulen. Und bei jedem Leiserwerden, das Schreien dieser Leute, ihre Beschimpfungen. Ich ging weiter, er lag auf meinem Weg: mein Kumpel Yves, mit halbzerrissener Jacke, offenem Hemd, entblößter Brust, zwischen zwei Typen, einem bulligen Händler, Klamottenverkäufer, dem Schaufenster nach zu urteilen, und einem schmächtigen Kerlchen im Anzug, ganz aufgeregt.

»Sie haben nicht das Recht, mich zu filzen, Sie haben nicht das Recht dazu . . .« Yves schlug um sich. Eine junge Frau, ihr Kind an der Hand, stand ihnen gegenüber, ganz nah. »Mit welchem Recht halten Sie ihn fest, lassen Sie ihn los.«

Und der Schmächtige im Anzug, der Aufgeregte. »Hätte er Sie angegriffen, würden Sie jetzt auch um Hilfe schreien . . .«

Ich stand noch etwas entfernt, hinter den Leuten, und fragte mich: »Was läuft da bloß ab, was hat er nur wieder für 'n Scheiß gebaut?«

Jetzt ging's gegen die junge Frau. Daß sie dran gehindert wurden, für Recht und Ordnung zu sorgen, das paßte ihnen nicht. Ein etwas vornehmerer Typ, sah aus wie ein Oberst a. D. oder wie ein Versicherungsvertreter, packte sie am Arm: »Nun gehen Sie schon.« Sie riß sich los, Yves hat diesen Augenblick genutzt, um die, die ihn festhielten, wegzustoßen, andere haben den Weg versperrt, haben ihn wieder erwischt; es fing langsam an, brenzlig zu werden. Der Händler, etwas genervt darüber, daß alle Leute vor seinem Schaufenster stehenblieben: »Wir haben die Polizei verständigt, sie werden gleich kommen, die Flics sind verständigt.«

Yves schlug wild um sich, während der Schmächtige seinen Arm festhielt, er schrie, fast, ununterbrochen, seine Stimme war bereits heiser: »Lassen Sie mich los, Sie haben kein Recht dazu, ich habe nichts getan, ich habe nichts geklaut!«

Aber man sah, wie er bleich wurde, ungeheuer bleich, und wie er zusammenzuckte. »Es stimmt nicht, ich hab das nicht nötig, lassen Sie mich los, ich hab Ihnen doch nichts getan.«

Und die Frau mit dem Kind: »Aber wem gehört er denn nun, dieser Wagen, wer ist eigentlich der Besitzer?«

Denn die Alarmanlage heulte noch immer auf und ab, ein ohrenbetäubender Lärm. Man konnte sehen, daß der Wagen unbeschädigt war und außerdem leer. Da war nichts zu holen. Auf die Idee kommt doch keiner, in so einer Straße, während der Stoßzeit, da montiert man doch kein Autoradio aus. Als einzige in der ganzen Menge blieb die junge Frau hartnäckig: »Was werfen Sie ihm eigentlich vor, dieser Wagen da, gehört er etwa Ihnen? Mit welchem Recht halten Sie ihn fest?«

Und der Bullige: »Soll er denn noch mehr anstellen, ist es das, was Sie wollen?«

Yves: »Lassen Sie mich los, lassen Sie mich los«, und beim Herumzappeln ist seine Jacke zerrissen, aber was konnte er tun, zwei gegen einen und die anderen drumherum; es ging weiter. Und die Leute verhielten sich jetzt anders, alle, die erst nach dieser Autogeschichte gekommen waren und nur noch diesen Jungen hörten, allein gegen all die anderen, der unaufhörlich schrie ...

»Ich hab nichts gestohlen, ich hab nichts gestohlen ...«

Er boxte sich mit den Ellbogen frei, und die beiden, die ihn festhielten, waren auch schon blaß im Gesicht; in der Menge waren einige dazugekommen wie ich, im Vorbeigehen, und sie kapierten nicht, was man ihm vorwarf, diesem jungen Typen. Bei dem Gerangel waren seine Zigaretten und sein Feuerzeug aus der Jacke gefallen, auf den Bürgersteig; langsam reichte es. Die Bullen waren immer noch nicht da, und obwohl so viele Leute herumstanden, war da keiner, den ich kannte ... Und dann geschah das Wunder; obwohl, in diesem Viertel ... Miniröcke und tiefer Ausschnitt, fast nackt, trotz Dezemberkälte, zwei Nutten von der nächsten Kreuzung kamen angerückt. Zwei richtige Nutten, feist wie Walrosse, man kam sich vor wie im Kino.

»Nun macht mal Schluß mit diesem Rummel, man kann ja nicht mal mehr arbeiten ...« Und die stämmigere der beiden, rotgefärbtes Haar, hat sich an den Schmächtling im Anzug rangemacht: »Was hat dir das Jüngelchen denn getan, hat er dir was geklaut ...« Der Typ wollte sie wegstoßen. »Rühr mich nicht an, ich bin schwanger!«

Dann bin ich losgestürmt. Hab dem Klamottenhändler eins in die Fresse geknallt, und Yves, den hab ich am Arm gepackt, und wir sind abgezischt ... Ich hab geschnallt, daß die Menge uns jetzt schützte, von den Nutten angesteckt, faßten sie's jetzt als einen Jux auf. Zwei Straßen weiter sind wir in einer Kneipe verschwunden; kaum waren wir drin, kam der Polizei-Bulli an, mit Blaulicht und Sirene. »War höchste Zeit«, sagte ich, »noch mal Schwein gehabt, daß es so ausging ...« Dann: »Was wolltest du bloß mit diesem Wagen?« hab ich ihn gefragt.

»Ich hatte Hunger, hab schlapp gemacht, bin beinahe hingeflogen. Als ich mich irgendwo festhalten wollte, ging diese Scheißalarmanlage los, sie kamen rausgelaufen, haben mich gepackt ...«

4

Direkter. Weil wir ausgeglichen haben, wird das nächste Tor die Entscheidung bringen, dann wird's erst recht losgehen. Wenn sie eins schießen, sehen wir alt aus. Die Gesetze eines Matches, warum kriegt die eine Seite, wenn's passiert, immer noch einen drüber: Wenn aus eins zu eins zwei zu eins wird, wird's mit einem drei zu eins enden und nicht mit einem zwei zu ... Entweder für sie oder für uns; von ganz unten bis ganz oben findet sich für dich immer, Schritt für Schritt, ein Gegner, der dir gewachsen ist.

Gleichstand, das hält keiner aus. Alle stehen in der Mauer, ich Schulter an Schulter mit unserem Libero, der Vorstopper ist hinten, und der Torwart lauert in der Mitte seines Kastens.

Haben voll drauf gehalten, ein harter, strammer Schuß, und unser rechter Außenstürmer ist dazwischengegangen, mit dem Fuß, der Ball ist abgeprallt mit dem Geräusch einer Papiertüte, die platzt; aber gegenüber, dieser große Typ, der das erste Tor gemacht hat, hat ihn voll genommen, fulminanter Schuß, und unser Vorstopper hatte nicht die Zeit, irgendwas zu sehen, weder sich zu ducken noch zur Seite zu springen, hat ihn voll an die Birne bekommen, schlug lang hin, war weggetreten; mit der Backe auf dem nackten Rasen, da, wo ihn die Stollen löchrig getreten haben. Drei Spieler knien sich nieder und stellen ihn wieder auf, die Augen noch geschlossen, die Hände hinterm Kopf verschränkt, stützt er seinen Schädel. Unsere Kameraden von der Tribüne sind aufs Spielfeld gerannt, greifen ihm unter die Arme und führen ihn, noch schwankend, hinaus.

Wem ist das nicht schon passiert. Der Ersatzmann aufs Feld. Kein Freistoß, war nicht gegen die Regel, man kann es einem Burschen nicht übelnehmen, wenn er in die Mauer schießt, genausowenig kann man dem Verletzten vorwerfen, daß er nicht schnell genug reagiert hat. Und für mich die gelbe Karte, beim nächsten Foul wird's 'ne rote sein. Muß aufpassen. Diese Geste des Schiedsrichters, als er seine kleine Pappe in alle vier Himmelsrichtungen streckte, als wollte er die Elemente, die Backsteinmauern, die leeren Sitzreihen gegen mich anrufen und sogar die Nacht! Wahrscheinlich um das Ungleichgewicht eines Typen wettzumachen, der allein gegenüber zweiundzwanzig anderen auf der Höhe ihrer Kraft, das Gesetz verkörpert. Ein Spiel ohne Zuschauer, was ist das schon. Man muß gewinnen, um sich zu qualifizieren, und am Ende der Qualifikationsrunde wird man drei Ränge im Spielfeld eines anderen Vororts füllen, wenigstens das Halbfinale muß man erreichen, damit aus dem Betrieb ein voller Bus kommt ... Dennoch gehört auch zum Spiel diese Geräuschkulisse, die es umgibt, in die es eintaucht, die nicht wegzudenken ist, eine immer gegenwärtige Kulisse, Krönung deiner unhörbaren Anstrengung, deiner Verausgabung, deiner selbst, der du mit dem Boden verhaftet bist ... Eine dichte Hülle aus Stimmen und Schreien, deren Einsatz du mit dem Fuß bestimmst, die dein Laufen begleiten, und selbst ihr Schweigen drückt etwas aus, wenn du nicht genug getan hast und sie auf diese Art ein Urteil aussprechen. Sind fähig, einstimmig zu verneinen, was sich unter der Nase des Linienrichters abgespielt hat, zwingen ihn in die Pose einer lächerlichen und verlogenen Statue, wenn er gegen jede Logik seine Fahne hebt und den Arm ausstreckt ... Dieser anschwellende Schrei, den unser Torwart mit der ganzen Kraft seiner Verzweiflung ausstoßen wollte, aber was ist das schon dagegen. Fußball ist erst, wenn's haarig wird, vor der Tribüne eine Show abzuziehen.

Und Eckball, am anderen Flügel. Den kriegen wir nie nach vorn, diesen Ball. Zwei Abwehrspieler im kurzen Eck und ich im langen, die Augen auf den Typ gerichtet, den ich bewache, denn bei diesem Zweikampf zwischen uns beiden gibt's ja auch noch den Ball. Der Torwart kehrt mir den Rücken zu, wollte mich aber mit der Hand noch auf die gegnerischen Spieler aufmerksam machen, als wüßte ich nicht Bescheid ... Der Große dort hinten, der steckt sonntags bestimmt noch mit einer anderen Mannschaft unter einer Decke.

Ein schwarzer Haufen, ein grüner Haufen, durcheinandergewürfelt auf dem zerfurchten Acker in der Form einer Sanduhr, beginnt an den Toren, verengt sich am Anstoßkreis, wird dann wieder breiter und vereint sich mit dem Halbkreis vor dem Strafraum. Ein schwarzer Haufen, ein grüner Haufen, und plötzlich kann ich durch sie durchgucken, keiner steht mehr da, wo er vorher war, mit einem Schritt haben sie ihre scheinbaren Stellungen verlassen, keiner mehr vor mir, nur der Stürmer der anderen: als läge der Ball festgenagelt vor ihm und als könne er nicht aufhören, um ihn herumzutänzeln, Abfedern in den Knien, Drehung des Oberkörpers, er tritt den Ball volley mit dem rechten Fuß, bevor ich überhaupt dazwischenkann und mit den Stollen abblocke. Schon hat er das kostbare Leder auf die Stirn des Hünen in der Mitte plaziert, der läßt abtropfen und köpft, die beiden Fäuste nach hinten gerissen, um das Strecken des Halses auszugleichen, direkt aufs Tor. Sie hechtet, die Spinne, gehalten, gehalten! Jetzt liegt er am Boden, den Ball unter sich, spielt für Sekunden den Toten, bis wir seinen Hechtsprung verdaut haben und ein Uff der Erleichterung ausstoßen. Und er steht auf, läßt den Ball zweimal auf den harten Boden tupfen, packt ihn fest mit beiden Händen und schlägt weit ab; jetzt sind wir an der Reihe zu zeigen, was Sache ist . . .

Das Rumoren in deinem Hirn, du lebst damit, es läuft sich leer, du faselst immer das gleiche. Und doch, wenn du aufhörst, was bleibt, du versumpfst.

Malochen heißt noch nicht, daß auch deine grauen Zellen mehr Nahrung kriegen; das Leben in der Fabrik oder im Büro, nur kleine, belanglose Geschichten kommen dazu, und wenn sie in dir rumoren, ist das noch schlimmer, als wenn du allein herumfaselst, das frißt dich auf, macht dich zur Tratschtante. In jeder Werkstatt oder Dienststelle gibt es welche von der Sorte, und du kriegst schnell mit, wer das ist. Aber du tust was, zumindest tust du was . . . Etwas zwischen den Händen, so daß deine Gedanken sich beruhigen, etwas zu nagen haben. Dann das Geld: was kann ich mir denn schon zusätzlich leisten, wenn ich bezahlte Arbeit hätte . . . Aber es ausgeben, du weißt, daß du das könntest: daß du ins Kino gehen, dich auch auf eine Caféterrasse setzen und ein Bier bestellen kannst, in aller Ruhe. Dann wird dir die Zeit fehlen, wie dir heute die zehn Franc fehlen: nach der Maloche kommst du nach Hause, wartest auf den nächsten Tag. Arbeitslos, versuch das mal, den ganzen Tag in deinen vier Wänden zu bleiben. Weil du nichts zu erwarten hast. Weil du dir wie aufgespießt vorkommst und die geringste Erschütterung dein Inneres wundscheuert ... Und weil du draußen, in ihrer Geldwelt, wo's keinen Lichtblick gibt, hin und her gebeutelt wirst, ohne dich setzen zu können: man verbringt sein Leben nun mal nicht in Grünanlagen. Es läuft leer, läuft leer, die ganze, die volle Zeit hindurch.

Hab was gegessen; Joël hat bezahlt. Er war zufällig da. »Passiert selten, daß ich an einem Donnerstagabend in die Stadt komme«, sagte er zu mir.

Wir haben uns in einem Schnellimbiß getroffen und diese ganzen Geschichten, der schlechte Schlaf, wenn ich vom Stempeln komme, der Hunger danach, der mich durch die Straßen trieb, als tauchte ich in ein endloses Schwindelgefühl ein, ein gefräßiger Rachen, der sich vor mir immer weiter öffnete, diese Menge, diese beiden Typen, die an mir rüttelten, diese Bedrohung und diese Alarmanlage, und schließlich das Wegrennen, das alles hatte sich in einen einzigen Eisenring verwandelt, Verstrebungen im Kopf, die um die Augen und auf den Schläfen den Linien der Adern folgten und sich in dickflüssiges Roheisen verwandelten, kalt und schwer, um sich dann im Schädel zu einer inneren Zwangsjacke auszuformen. Auch wenn es nicht stimmt, daß man im Fast-food auch schnell ißt, eher im Gegenteil ... Eine helle Arena, rostfreier Stahl und orangefarbene Plaste, und Hocker, um sich vor den blitzblanken und festgeschraubten Tischen aufzupflanzen, ohne sie je zu berühren. Und alles wurde Sinnbild für mich, selbst diese Musik, die hier lief, die Stimmen der Leute, auch die meines Kumpels vor mir, wurden zur dichten Leinwand eines monumentalen Films, der eigens für mich vorgeführt zu werden schien, ohne daß ich selbst dran teilnehmen konnte. Gefangener meines Platzes im dunklen Saal, allein durch dieses Gefühl gelähmt, als hämmerte man mir im Rhythmus der Blutzirkulation einen Nagel in die Stirn. Migräne. Ein dürres Mädchen, dreißig Zentimeter von uns entfernt, lehnte an einem Betonpfeiler, schien uns nicht zu sehen, eine Cola in der Hand, lutschte Bonbons, starrte auf den Regenschauer, der draußen plötzlich runterkam, ein nasser Schneeregen, der mit einem trommelnden Geräusch gegen die Scheiben klatschte; sie hatte ihren Integralhelm aufbehalten, das Visier hochgeklappt, das vor ihrem starren Blick von ihrem Kinn regelmäßig auf und ab bewegt wurde und zeitweilig ihre nachgezeichneten Augenbrauen freilegte.

»Was sie sieht, läuft mindestens zweihundert Kilometer entfernt ab, beim Motorradfahren ist man immer unterwegs, selbst wenn man abgestiegen ist«, sagte Joël, und ich: »Bitte schön, hast schon wieder einen neuen Song gefunden, war also kein verlorener Abend ...«

»Idiot.«

Das Öl, das sie verwendeten, man konnte ein halbes Hähnchen oder sonstwas da eintauchen, alles kam mit dem gleichen Geschmack heraus, mit dem von hier; wir hatten zwei Dosen Bier dazu genommen, und ich wußte, daß jeder Bissen neuer Treibstoff war für meine Kopfschmerzen.

»Mußt dich wieder hochpäppeln«, er bestand darauf, Jo.

Ein Clochard ging von Tisch zu Tisch, wollte was schnorren, ein richtiger Aristokrat: zwei Regenmäntel übereinander, abgerissen und verdreckt, aber die beige Farbe schimmerte noch durch, ausgelatschte Schuhe, aber immerhin aus Lack, und einen schwarzen Handschuh an der linken Hand. Grabschte in den fettigen Alutüten nach den vier letzten Pommes frites, steckte die ganze Hand rein, und wenn er welche hatte, setzte er sich wie die anderen, um sie aus seinem Handschuh zu picken, lachte vor sich hin, ohne erkennbaren Grund.

»Ich weiß, daß du pleite bist, aber das ist doch nicht alles ... Du schleppst irgendwas mit dir rum, bist irgendwie nicht gut drauf ...«

Mein bester Kumpel wahrscheinlich. Aber behalt deine Geschichten für dich, ist ein Grundsatz, gilt immer. Außerdem, was nutzt es. Es bringt dich doch nicht weiter, wenn du immer wieder dein Leben auspackst.

»Es geht rauf und runter, und öfters runter als rauf«, sagte ich ...

»Triffst du wenigstens ein paar Leute ...«

»Niemand.«

Und bei diesem »niemand« wußte er so gut wie ich, daß es

nicht die Zahl war, auf die's ankam. Vielleicht, weil er mein bester Kumpel war; war nicht nötig, mehr zu sagen.

Beide Hände auf dem Zeichentisch, flach. Und wenn du versuchst, was mit dem Fingernagel da einzukerben, nichts zu machen, ist zu hart, du rutschst ab; so geht's dir auch mit der Zeit, manchmal ...

Und auf das Transparentpapier vor dir, auf das du bisher nichts als die Achsenlinien gezeichnet hast, die drei projizierten Dimensionen einer Welt, die du leer läßt, wirft das sonnenlose Licht des Fensters trotzdem deinen Schatten, die einfache ovale Kontur einer undurchsichtigen grauen Form, mein Kopf ohne Narbe, ein Herr Durchschnittsmensch und nichts anderes ...

Der Steilhang. Du glaubst auf dem Flachland zu sein, du beginnst die Radumdrehungen zwischen dir heute und damals zu zählen, das schiebt sich unter deinen Lebensweg, bläst ihn hoch, wie der Wind ein Seidenkleid, plötzlich siehst du die gefahrenen Kilometer unter dir, dein Leben in Miniatur und keine Möglichkeit, wieder zurück nach unten zu kommen. Ohne daß etwas passiert ist, sitzt du da, den Zirkel oder den Storchschnabel in der Hand, du sprichst immer mit demselben, oder dieser andere spricht mit dir, und jetzt ändert sich dein Gesicht, du könntest weder sagen warum, noch wie. Seine Hände sind angeschwollen, füllen die ganze Fläche vor dir aus und strecken dir die entstellte Haut unter die Nase, geben dir ein Zeichen, sagen dir: »Spring, wenn du davonkommen willst, spring!« Und du kannst zwar mit allen vieren bremsen, voll die Handbremse ziehen; es geht trotzdem weiter nach oben, mit blockierten Rädern ...

Hast Schiß ... Du siehst das Ende sich nähern, eine große Rundung wie eine Bodenwelle, mit der Hand wirst du die Wölbung spüren, du sagst dir, dieses Mal ... Einige Meter wirst du schaffen, jetzt aber ... Und tschpuff, es blockiert, es bremst ...

Die Panne, in letzter Minute. Du fährst im Leerlauf nach unten in einer großen Schlaufe, die um dich herum die Wände von der Decke bis zum Boden zusammenwindet, und befindest dich wieder genau am gleichen Ort, Brei im Hirn und ein dicker Wollknäuel im Mund, ein Faden, den du endlos aufwickelst, um ihn herauszukriegen. Der Typ gegenüber, der weiterredet, dich aber komisch anschaut, und du, du hörst ihm immer noch nicht zu, seine Lippen bewegen sich, der Ton ist abgeschnitten.

Und wenn dich das zu Hause erwischt, klopf auf Holz ... Denn es stimmt nicht, daß du weißt, was du machst. Du kannst zwar bremsen ... Und ganz auf dem Gipfel, da oben, siehst du die Spur, jedesmal die Spur, die du hinterlassen hast.

»Nein, denn beim Fräsen wird dies hier deine Stützfläche sein; der Anfangspunkt der Abmessungen ist zwangsläufig das Rohmaß, deinen Zylinder mußt du in drei Punkten zeichnen, wenn du beim Bohren mit der Unterlage zurechtkommen willst ...«

Ohne Narbe, das heißt auch: woran du auch bist, in dir, die Oberfläche hat keine Unebenheiten, keine ... Daß du weitermachst. Auch wenn diese Typen hier mit großem Elan, wie zum Beispiel der da, dem du gerade einen kleinen Dienst erwiesen hast, dir die Hand zu reichen scheinen. »Und deiner Freundin, geht's gut ...«

Du antwortest, als ob nichts wäre, als ob nichts passiert wäre, und vor allem nicht diese rasante Entwicklung, als ob, seit fünf Monaten, nicht alles nach und nach die Wunde vertieft hätte, die untergründige, unsichtbare, aber offene, schmerzhafte Wunde, egal, was du dagegen machst.

»Sie ackert immer noch im Krankenhaus«, antwortest du. Weiter nichts.

Als ob von da oben, von deinem Steilhang aus gesehen, alles andere da unten stehengeblieben wäre. Als könntest du alles sehen, nah und durchsichtig, als verstündest du alles, die anderen und dich selbst, und du in diesem Haufen, machst mit bei ihrem Spiel. Was soll's ... Was soll's, sich diese Frage zu stellen, warum willst du etwas, das aus den Angeln gehoben ist, wieder zurechtrücken. Und daß du seit fünf Monaten begreifst, daß es schon immer so lief, nur daß es zu zweit einfacher war, das zu verbergen. So tun als ob, meine schöne Sorge.

Am Ende steht die Wand. Senk den Kopf, und sie wird sich von selbst vor dir, der du wegrennst, aufrichten. Und halt den Kopf hoch, das bringt dich weiter, aber wenn du nach oben kletterst, steht sie genauso vor dir.

Was soll's, Gründe findet man immer. Enttäuschung, unheilvolle Verkettung ... Schicksal, Fatalität ... Verzweifelte, die Schubladen der Welt sind voll von ihnen, ist nicht mein Fall! Wer hat Schuld, nicht das arme Schwein, immer die Arbeitslosigkeit im Nacken und die Krise, Frau Marquise, die immer weiter kriselt ... Sieh doch, allein letzte Woche, der Typ bei Peugeot, tot im Lagerhaus ... Und vorgestern diese Frau, die in einem abgemeldeten Wagen hauste, ihr Kind irgendwo untergebracht und selber nichts zu essen hatte ... Nicht mein Fall ... Arbeit im Trockenen, ein Dach nur für mich allein! Ein Scheißleben und die Erniedrigung, beschämende Realität, soviel du willst, aber wenn es dich erwischt hat, kriegst du's nicht mal mit. Tabletten, zwei Röhrchen, kannst damit zwanzig Ochsen, vierzig Stiere umlegen. Ohne Risiko bei Überdosis, nein, die nicht ... Ich hatte mich erkundigt. Es gibt alles im Handel, das ist das Gesetz des Markts. Da sowieso dein Gürtel gereicht hätte. Oder daß du die Treppe hinunterfällst, keiner würde viel Aufheben drum machen. Tabletten ... Entschlafen Sie sanft; könnte sein, daß Sie es verdienen, bezahlen Sie den Sargnagel, und unser Haus liefert Ihnen den Sarg dazu, wird auf jeden Fall sauberer sein als mit der Schrotflinte, die Sie noch immer hinter Ihrer Tür aufbewahrt haben. Zünden Sie das Leben an allen vier Ecken an, oder krepieren Sie auf kleiner Flamme, Sie, der Sie vor dem Elend der Welt stehen.

Die kleinen Röhrchen, allein daß ich sie mir besorgt hab, erleichtert mich ... »Und wenn nicht einmal der Selbstmord der Mühe wert wäre?« Manchmal sagte ich mir: »Wirf sie weg!« Was soll's ... »Behalt sie nicht!« Na ja ... Das nächste Mal, brauchst kein gefälschtes Rezept mehr, alles ist da. Dieses Mal hatte ich alles ausgekotzt, wer zuviel des Guten tut ... Zwei Vorsichtsmaßnahmen sind besser als eine, aber nicht immer. Ach Scheiße, krank ... Drei Tage, ohne was zu fressen. Das Gedärm durcheinander, hab Blut geschissen. Man kann sich innerlich kaputtmachen.

Und trotzdem blieb mir genug, um ein ganzes Regiment einzuschläfern. Schlafen, schlafen, sterben ... Wir hatten einen Vertrag, ich mit mir selbst, mir den Rest zu geben durch Vierteldosen. Weich und sanft, die Nacht ohne Sterne! Das Sandmännchen auf Vorbestellung, und kein Alptraum, der dich da rausreißen wird ...

Betäubt genug, um's zu schaffen, simsalabim, morgens dann völlig benommen, artig, recht artig ... Die Chefs trauten ihren Augen nicht. Muß aber sagen, nach einigen Jahren könntest du jeden Job mit geschlossenen Augen machen. Also, nur mit den Fingerspitzen, mit den Augenwinkeln und ansonsten geschlossene Jalousien.

Eine Vierteldosis, jeden Abend um neun, in einem halben Glas Château-la-Pompe. Und mir bleibt noch ein volles Röhrchen. »Behalt es nicht«, sag ich mir ... »Wirf es weg!«

»Der Großstadtsong, der Wunden aufreißt, schlaflose Nächte, und du, du bist am Ende, dreh den Sound auf, das haut voll rein, tanz in deinem Betonkeller, es ist Samstagabend, und du tanzt ...«

Auf einer Gitarre, die ihm ähnelt, in leuchtendem Gelb, auf das er Pailletten geklebt hat, mit dem rauhen Ton eines einzigen Mikros nah am Steg, liefert der Sänger mit den beiden anderen einen metallischen Untergrund, und du, du spielst darauf, ein Funke, der sich hie und da auf dem Höhepunkt ihres Sounds entzündet, vom Baß zum Gesang, von den Becken zu den Akkorden überspringt. Und du näherst dich der Rampe, zwischen dir und den Tanzenden die unermüdlichen Fans, dicht zusammengedrängt, die nur auf deine Finger gucken, dich mit den Augen verschlingen, die Jungs und Mädchen, die die Hände hochstrecken; dennoch weißt du, daß sie nicht dich sehen, sondern einen Wunschtraum, Götzen, an die sie nie rankommen werden, die's aber gewiß wert sind, mit den eigenen Träumen besetzt zu werden. Und um ihnen einen Gefallen zu tun, streckst du deine Beine zwischen ihre Arme, gehst zurück, bereitest dich vor, visierst einen freien Platz an, die Gitarre schützend in deinen Armen, leichtfüßig springst du zwischen sie und tauchst zwischen ihnen unter ...

»Das Leben, das wir leben, ist zu seicht, die betonierte Welt, sie zwingt zur Anpassung, sie bringt kein Glück, ein Quentchen Elend in deinen Siebensachen, ein Quentchen Elend in deinem Bündel, es ist Samstagabend, tanz!«

Es gibt Gesten, die du bringen mußt, auch wenn alle anderen Gruppen sie schon drauf haben. Du spielst den Showman, um wenigstens noch ein Bein in diesem Leben außerhalb deiner Welt zu lassen, ein Brachland um deine Musik, in dem man von dir keine Rechenschaft verlangt, du bist dabei, dir einen Weg frei zu bahnen zwischen den Sitzreihen dieses verkehrten Zirkus; da hier die Arena dem Publikum gehört, während harsch der Verstärker über deinem Kopf weiterhin diese Töne ausspuckt, die du auf deiner Klampfe über dem Klangkonstrukt der drei anderen schrubbst.

Eintauchen, und um dich herum tanzen sie, jedesmal wirkt es, als hätten sie die Inszenierung mit vorbereitet; sie beginnt mit einem Kampf, immer das gleiche, sie stürzen sich auf dich, und allein das kurze Rucken des Tanzes hält ihre ausgestreckten Finger drei Zentimeter von deinen Augen entfernt, wie bei Kriegsszenen im Kino, dieses Trugbild, das sie überall packt, das ist es letztendlich, was wir ihnen geben können, in Zweiergruppen sich gegenüberstehend wenden sich die einen gegen die anderen, wie in einer gigantischen Parodie des Verbrechens, in der das Opfer beim Zusammenbrechen in einem Erschauern seine Hüfte beben läßt, der Linie des Schlagzeugs angepaßt, das dort noch stärker hallt als auf der Bühne, unseren Sound noch überragt. Und ich trete vor, die Knie federn, die Gitarre, auf der ich meine Akkorde streife, hängt am Gurt.

Vor mir drei gleich aussehende Typen, die Haartolle, die den ausrasierten Hinterkopf betont, vor Pomade triefend, der gleiche Ring durchlöchert die kleinen, nackten Ohren, genauso gleich sind die Nietengürtel und die Springerstiefel, die diesen Eindruck wohlgenährter Jugendlicher, den sie im Gesicht tragen, noch verstärken; unabhängig von der Musik legen sie los mit synchronen Armbewegungen und Beinstößen, der Anführer mimt am meisten den Coolen, aber das Gesicht dreimal mehr von Akne zerfressen. Ein anderer tanzt ganz allein, er, in der Hand einen kleinen, prallen Beutel aus lilafarbenem Plast mit einem schweren süßlichen Parfümgeruch, den er regelmäßig unter die Nase hält, sieht nicht bösartig aus, eher verträumt, und sein Schnüffelzeug streckt er mir freundlich entgegen! Ein Typ erscheint vor mir, winzig und eckig, den Schädel unter einem Lederhut völlig kahlrasiert, lacht mit seinen schiefen Zähnen und versucht dabei, meine Saiten zu berühren, ich dreh mich um, als spielte ich, er läßt es sein; weiter weg sehe ich, wie er von einem Mädchen zum anderen geht, ob Pärchen oder nicht, sein Blick klebt an ihnen, und er betatscht sie ungeniert, tut, als sei er zu häßlich zum Bumsen, um wenigstens eine flüchtige Liebkosung zu erhaschen, wird weggestoßen und geht zur nächsten. Und je weiter ich vordringe, desto zusammengepreßter stehen sie da, unter den Strahlen der Scheinwerfer, die auf die Bühne gerichtet sind und, ihre Köpfe streifend, den Saal in ein diffuses Schwarz tauchen, das von Farben durchzogen wird, die nur die zurechtgemachte Haut der Gesichter und der Hände beleuchten, dazwischen schimmern der aggressive Kitsch des Schmucks oder das Moiré der Klamotten und das dunklere Leuchten des Leders.

Eigentlich ist es ein Festsaal für Senioren, die gelben Wände mit rotem Plüsch dekoriert, ein Saal vom Anfang des Jahrhunderts für die Musik des ausgehenden Jahrhunderts.

Und dieser da, mit einem Ruck wirft er den Kopf nach hinten, beugt sich plötzlich nach unten, starrt mit verstörter Miene vor sich hin, ergreift dann mit beiden Händen seinen Schädel, in der einen ein kleiner weißer Lappen und in der anderen ein Fläschchen mit farblosem Inhalt, in einem Umkreis von drei Metern stinkt's nach Äther; ein Mädchen mit ausrasierten und gebleichten Schläfen unter einem orangefarbenen Irokesenschnitt steht hinter ihm, hält ihn mit beiden Armen fest, aber plötzlich stützt er sich selbst gegen die Wand, hält sich daran aufrecht, völlig weggetreten, guckt mich an mit aufgesperrtem Mund, sieht nichts mehr.

Ganz in der Nähe sind zwei Körper auf den Boden gerollt, eine schwarze Masse, vereinzelt Fetzen eines leopardengefleckten Stoffes, gefärbte und steif gesprayte Haare ohne Gesicht ineinander verknäult, und die umhertastenden Hände berühren sich zwischen den Füßen der Tänzer; trennen sich wegen einer Bierdose, die auf dem Boden bis hierher gerollt ist; es sind zwei Mädchen, und die eine lächelt mich an, rückwärts trete ich in die Menge zurück, die mich kaum wahrnimmt, und erreiche endlich den Mixer: die Nummer fünf der Gruppe, unter der kleinen Lampe, die rechte Hand ständig auf den Registern, während die linke rhythmisch auf der Beleuchtungstastatur klimpert, vor ihm ein stinknormaler Wekker und die Liste der Songs, mit Tesafilm festgeklebt; er blinzelt mir zu, auf die gewohnte Art, unser Spezialist für Lötkolben und fürs Aufstellen der Lautsprecher ... Mit einem Sprung steh ich auf der vorderen Kante seines Tisches, zwischen mir und der Gruppe die ganze Ausdehnung des Saals und all diese Leute, jetzt bin ich ganz hinten, den dreien gegenüber, der Scheinwerfer, der mir auflauerte, erfaßt mich allein in seinem Lichtkegel, und jetzt wieder volle Pulle auf die Gibson, von einer Seite des Saals zur anderen, ich bin dran ...

Ein Glas, das hinunterfällt, es zerbricht nie beim ersten Berühren des Bodens. Aus welcher Höhe auch immer, elastisch und mit einem vollen Ton vibrierend, als wäre es glücklich, nach einem solchen Akt noch immer es selbst zu sein. Nach dem zweiten Aufprall hüpft es kaum noch in die Höhe: bleibt nur noch dieser Ton, der den Raum erfüllt, schon verzerrt, aber stärker. Und wenn es wieder fällt, nur fingerbreit hoch, zerbricht es. Und nicht durch den Aufprall, nicht durch einen Riß, sondern durch eine einmalige Explosion seiner ganzen Materie, da wo es am glattesten, am durchsichtigsten, am weitesten vom direkten Aufprall entfernt ist. Nur noch ein Staub undurchsichtiger Splitter.

Und daß wir die Generation des zweiten Aufpralls sein würden.

Ein ganzes Röhrchen voll Tabletten, und du bei der Maloche, du weißt, daß es dich wieder erwischen wird, dich, der du deinen Tag damit verbringst, diesen Verfall abzulehnen, und dennoch unfähig, die Gefahr zu beseitigen. Würde reichen, sie ins Scheißhaus zu werfen, und ich hab's nicht getan.

»Kalzium und Magnesium, keine Aufregung, und in drei Wochen wird es Ihnen schon besser gehen.«

Schlaflosigkeit und Zittern, Herr Doktor, kamen nicht von Ihren Medikamenten. Seit fünf Monaten keine Medikamente.

Das Zeichen oben am Gipfel, das dich begleitet. Du weißt, daß du Dummheiten gemacht hast, und du bist unfähig, sie überhaupt zu bereuen: denn zusammenhanglos bewahrt deine Vergangenheit Augenblicke, in denen du nichts mehr im Griff hattest. Und als wärst du im Taifun einer ständigen Katastrophe, dessen Zentrum du bist, der dir vorausging, dich umgibt, sich verstärkt, da er nur von dir abhängt und auf mystische Weise seine Erfüllung zu finden scheint, indem er alles um dich herum zerstört, ohne dich zu erreichen ...

Die vielen Unfälle zum Beispiel; waren immer gerade einen Augenblick zuvor passiert. Feuerwehrleute, Krankenwagen waren eben angekommen, violette Lichter, schwarzer Teer und rote Kombiwagen. Zerquetschtes Blech, Räder in der Luft. Herumstehende Leute am Straßenrand und der Regen in den Scheinwerfern. Stehen noch in hundert Meter Entfernung, wohl ohne genau zu wissen, worauf sie warten. Tragen, Bahren. Graue Decken, liegende Körper, eine Plane bis zur Nase. Ein Polizist auf einem Motorrad, der zum Weiterfahren auffordert, bläst wie verrückt in seine Pfeife ... Klopf auf Holz! Ich konnte keinem Laster mehr begegnen ... Schön, zu schön; eine kleine Bewegung des Lenkrads, eine ganz kleine. Mit ihren dreihundert Pferdestärken Diesel und ihren fünfunddreißig Tonnen, die sie mit sich schleppen, wenn sie überholen, du siehst deinen R4 sich zusammenwellen, ein Fliegengewicht. Also frontal ... Und noch dazu dieser Wagen, fehlt nur, daß er mich fragt, wohin er mich fahren soll. Monique wollte ihn nicht mehr, hat ihn mir mit der Wohnung überlassen: »Ich will wieder von vorne anfangen, dir nichts schuldig sein ...« Und dann, wenn du nicht gerade Vertreter bist, wann bist du dann schon mal unterwegs. Er reicht dir, der Stadt-Moloch. Aber so, am Feierabend, Schleudern, Ausbrechen ... Tacho hundert, als wär's nichts, Bleifuß und plötzlich bist du in einem kleinen Kaff, du kapierst nicht warum, bist nie da gewesen, kanntest nicht mal den Namen, und trotzdem, wie überall, voller Leute, und alles ähnelt sich, wie ein Tropfen Wasser dem anderen gleicht, der das Faß zum Überlaufen bringt. Ein gelbgestrichenes Dorf, karg, armseliges Leben; breit und flach wie ein Tablett, im Hintergrund die große Kirche, rechteckig und schlicht ... Wieviel besser sie doch von alldem sprechen konnte, mit den großen Pausen zwischen den Worten, in den gemeinsamen Ferien oder am Sonntagnachmittag, mit der Instamatik um die Schulter. Vier Schuhschachteln voll davon, kleine Photos, ich knips dich, du knipst mich, Hintergrund und Vordergrund, auf der Rückseite notierst du schnell Datum und Ort, bevor du's vergißt. Hat sie eingepackt, Monique, die Photos. Wo hat sie sie wohl verbrannt, denn sie aufbewahren, danach, wozu? Reicht nicht, einfach nur wegwerfen ... Dörfer, durch die ihr gegangen seid, wie getragen, und dieses hier ist eine Imitation, durch die du allein hindurchschwebst, die Zeit, zum Greifen nah. Du setzt dich draußen vor die Dorfkneipe oder, wenn es kalt ist, nach drinnen, ans Fenster. Ein Bier, ein zweites ... Und die Leute bewegen sich im Zeitlupentempo, du siehst sie. Siehst sie, zum Greifen nah. Dann die Rückfahrt, im dritten Gang, mit fünfzig, du bremst ab vor den Abzweigungen, denn die Landstraßen sind so ausgeschildert, daß man schon genau hingucken muß. Rückfahrt, das Autoradio volle Lautstärke, bis du selbst ganz betäubt bist.

Tschiutt! ... Ist pünktlich, der Schnellzug, die Menschen schon unsichtbar hinter den vorbeiflitzenden Scheiben, schüttelt die ganze Fabrik wie eine Murmel in einem Glas. Einem Glas, bevor es zerbricht.

»In punkto Arbeit nichts Neues ...«

Wir haben unsere Tabletts auf den Stapel gelegt und haben beim Rausgehen die Spielhalle durchquert, eine doppelte Reihe gebeugter Schultern in einem Gang, in dem die Typen mit dem Gesicht zur Wand, jeder in der schwarze Koje der elektronischen Automaten, jeder vor seinem Bildschirm im dichten Nebel seiner Klangsignale stehend, im Rhythmus der gedrückten Knöpfe, Raketen- und Unfallgeschichten, bei denen elektronische Schreie menschliche Stimmen imitierten.

»Zerstörung ist das einzige, was noch was einbringt«, sagte mein Kumpel.

»Du reitest auch auf der Masche«, ließ ich raus.

»Blute, blute auf mich . . .«, hat er vor sich hin gesummt, war einer von ihren Songs.

An der nächsten Biegung standen noch ein paar ältere Automaten, Flipper, die ein wenig verlassen aussahen.

»Komm, wir machen ein Spiel . . .«

Er hat an der Kasse ein Fünffrancstück gewechselt, und jeder von uns hat einen Drücker genommen, vor dem Bild eines Boxertypen, der uns den Rücken zuwandte, eine Jacke mit ausgebreiteten Adlerschwingen und eine Fahrradkette, die ihm von der Hand bis zum Knie reichte, unter einer Inschrift »Sympathy for the devil«, in der blinkend die Punktzahl aufleuchtete. Alle drei Kugeln gingen flöten, war meine Schuld. Vor dem Rocker in der Jacke ein etwas schmächtiger Typ mit langen Haaren, fast wie ein Mädchen, lag auf einem Trottoir, eine Blutlache genau da, wo das Leuchtzeichen »Game Over« blinkte. Joël wollte noch eins machen: »Ich hab's nicht mehr drauf, lohnt nicht . . .«, antwortete ich. Der alte Punchingball hatte immer noch einen Ehrenplatz draußen auf dem Trottoir, und er schien sogar ganz beliebt zu sein; wir blieben einen Moment stehen, als traute sich keiner als erster zu sagen »Okay, tschüs dann . . .«, aber zu sagen hatte man sich auch nichts mehr. Jeweils fünf, sechs Schläge hintereinander, derjenige, der dran war, zählte demonstrativ sein Geld, das Kinn nach vorn wie zum Trotz, dann der geübte Dreh, mit dem sie den fälligen Tribut in den Schlitz gleiten lassen, diskret, nur mit einer Bewegung der Hüfte . . . Und als hätten sie sich plötzlich dazu entschlossen, auf den Knopf zu drücken, so daß der Lederball nach unten kommt, werfen die Haare nach hinten, auch wenn sie sofort wieder runterfallen. Die linke Handhälfte knetet die geschlossene rechte Faust, zwei Schritte nach hinten für den Schwung, die Faust vor den Augen, sich auf die Finger pusten bringt Glück, und dieses wuchtige Kreiseln der Arme, die Beine steif nachgezogen, hau den Lukas, immer in die vollen: nicht dieser Scheinvergleich wie beim Flipper, sondern die . . .zig Umdrehungen eines verrückt gewordenen Zeigers, bevor ein Pin-up-girl aufleuchtet, das den starken Mann mit aufblitzenden Sternen taxiert, ebenso seriös und verläßlich wie eine alte Kornwaage . . .

»Das wäre was für meinen Schwager . . .«, sagte Joël. Es regnete nicht mehr, jeder ging seines Weges.

Es war mein Hochzeitstag.

In einem Bauernhaus, das Freunde zur Verfügung gestellt hatten, in dem ich aber noch nie zuvor gewesen war. Ein großer Hof, von alten Wirtschaftsgebäuden umgeben, mit eingerichteten Räumen, und weiter hinten eine riesige Scheune, in der das Festmahl bereitstand. Es wurden Leute, viele Leute, erwartet.

In dieser Scheune sind schon eine Menge Leute versammelt: meine Eltern natürlich, meine Großeltern und die ganze Vetternschaft; aber auch viele andere, die durch das große grüne Portal strömen, nachdem sie vermutlich ihre Autos draußen abgestellt haben. Ich erkenne ihn wieder, Paul L. . . ., der in der Gießerei für die kommunistische Partei zuständig ist und sie hier vertritt. Er ist mit seinen Kindern gekommen, die ich auch kenne, aber er muß sie mir nochmals vorstellen, so groß sind sie inzwischen geworden. Er spricht eine Spur zu langsam, wie gewöhnlich, und wie gewöhnlich ist man versucht, seine Sätze selbst zu beenden, mit seiner Macke, alles schon beim ersten Wort zu verraten. Sein ältester Sohn in Uniform, weil er gerade am Ende der Offiziersausbildung steht, und in dieser Funktion beglückwünscht er mich zu meiner Entscheidung, endlich zu heiraten. Da packt mich zum erstenmal die Wut: warum mußte meine Mutter sie einladen, und noch dazu, ohne mich zu fragen? Und diese Wut steigert sich: was soll überhaupt diese Hochzeit, da ich heute sowieso ganz allein bin . . . Gut, ich werde verheiratet sein, und dann, was wird sich dadurch schon ändern . . .

Ich gehe spazieren und komme durch die verschiedenen aufeinanderfolgenden Räume rund um den großen Hof. Es sind schöne Räume, in denen der ursprüngliche Charakter des Bauernhauses noch gewahrt ist, mit einem Deckengebälk unter dem Strohdach, einem mit Steinplatten belegten, ockerfarbenen Boden und langen Tischen aus rohem Holz, genau wie die Bänke. Die Menschenmenge, überall ... All diese Leute ... Ich kenne kaum einen; und auch bei denen, die ich wiedererkenne, bin ich überrascht, sie hier zu sehen, als hätte man Zeugen aus allen Phasen meines Lebens zusammengetrommelt, deren Verbindung nur ich allein kenne. Und alle haben sich jetzt, bei Tisch, kennengelernt, plaudern, während sie sich Knabberzeug in den Mund stecken, und kümmern sich nicht weiter um den Grund ihres Hierseins. Gerade das hätte ich mir von diesem Fest gewünscht, deshalb ärgert es mich ein bißchen.

Aber es ist Zeit, zu Tisch zu gehen, an die U-förmig angeordneten Tische in der Scheune; meine Mutter hat mir eben das Zeichen gegeben. Also gehe ich von Raum zu Raum, und als spräche ich ins Leere, bitte ich sie, mir zu folgen; aber nur wenige kommen nach, sie scheinen sich wohl zu fühlen, da, wo sie sind. Oder wenn sie mir folgen, wechseln sie gleich wieder den Platz mit anderen, die nur darauf warten, sich endlich setzen zu können. Und es wird gequatscht und gequatscht: in jedem Raum schwappt ein riesiges, dichtes Meer von Stimmen, die ich nicht mehr verstehe.

Ich kehre zur Scheune zurück, in der allein mein Vater und meine Mutter Platz genommen haben, oben am Tisch. Eine schöne Bescherung, die wenigen Gestalten am anderen Ende, entweder Schnorrer oder Leute, die keiner kennt. Selbst der Rest der Familie, die nächste Verwandtschaft, hat die Scheune verlassen, bleibt in der Mitte des Hofs, steckt die Köpfe zusammen, senkt die Stimme, wenn ich mich nähere. Es wird immer schlimmer.

Ich gehe wieder durch die Räume, die durch Gänge und Treppen verbunden sind; auch hier dichtes Gedränge, rote Samtteppiche wie in einem Museum, eine viel kompliziertere Architektur, als man von außen erwarten kann. Und je weiter ich vordringe, desto mehr erscheint es mir, als schleudere mir jeder dieser Menschen die Streitpunkte unserer alten Beziehungen ins Gesicht, und keiner entschließt sich, sich in die

Scheune zu begeben, obwohl das Festessen sie dort erwartet. Einmal werde ich geradezu weggestoßen wie ein Störenfried. Und je weiter ich gehe, desto weniger sind die Räume erleuchtet, fast herrscht die gedämpfte Stimmung eines Nachtclubs, in dem die Leute sich in die Sessel lümmeln; im nächsten Raum haben sie glattweg den Fernseher angestellt. »Sie sehen fern, auch das noch!« reg ich mich auf...

Und im dunkelsten Winkel, in einer Sitzecke, eng umschlungen, erkenne ich die beiden, Monique und sie, die ebenso wie Monique nur eine von vielen Gästen ist. Zum Glück haben sie mich nicht gesehen. Schließlich gehe ich wieder nach draußen. In der Scheune sind die Tische endlich besetzt, obwohl viele in den Räumen geblieben sind.

»Wenn das so ist, bin ich wohl überflüssig, wie mir scheint!« Ich denke das ruhig vor mich hin, aber ein Zorn ist in mir, stärker als je zuvor. Ich gehe weg.

Im Hof, auf weißem Kies ein Fußball, den ich gedankenlos wegschieße, und der gegen einen dort geparkten Wagen prallt.

Wo ich hingehe, ich weiß es nicht, es ist eine andere Stadt, aber meine paar Habseligkeiten und die gemietete Wohnung lassen mich diese Stadt nicht mit der gleichen Intensität wahrnehmen wie das, was mich hier hätte zurückhalten können: besonders die zu große Nähe des Elternhauses, verlassen vor so langer Zeit. Ich weiß, daß da, wbhin ich gehe, eine Freundin ist, ich kenne sie nicht, aber es ist keine von den beiden, die im dunklen Raum des Bauernhauses geblieben sind. Und was mich treibt, ist die Vorstellung, daß ich auf Liebe ganz verzichten könnte, weiß jedoch, daß dieser Verzicht vergeblich ist und sich im Fehlschlag des heutigen Festes unaufhörlich wiederholen wird.

Und in einem Zustand großer Gefühlskälte, nachdem ich das offengebliebene Eingangstor bereits durchschritten habe und mich auf der kleinen Straße befinde, begegne ich einem alten Mann, der soeben mit Freunden angekommen ist, die mich ihm vorstellen. Ein berühmter russischer Schriftsteller aus dem letzten Jahrhundert, ebender, dessen Bücher mein Schwager Joël mir zur Hochzeit geschenkt hat. Er ist groß, dabei sehr hager, das Gesicht kantig und glatt rasiert. Er küßt mich, fast auf den Mund, löst dabei einen gewissen Widerwillen in mir aus. Dann dreht er sich um und zeigt mir, auf einem Hügel hinter dem Bauernhaus, auf der anderen Seite eines breiten Tals, eine Ruinenstadt, fast flimmernd unter dem violett gefärbten Himmel eines nahen Gewitters; und seiner Handbewegung entnehme ich, daß sie sich noch weiter ausdehnt, daß da noch andere Gebäude sind, neuere. Ich bemerke, daß er keine Augen hat, nur zwei schwarze Löcher unter den Lidern, die, obwohl sie schwer wirken, sich nicht schließen. Und dieses Schwarz ist undurchsichtig, unergründlich. Dennoch schaut er mich an, schaut mich wirklich an; da ich weiß, daß er tot ist, wundert mich das nicht allzusehr.

Und als ich, genau in diesem Moment, unter diesem Blick, aufgewacht bin, habe ich an Alain gedacht, an ihn und an niemand anderen, an nichts anderes. Sie, neben mir, kehrte mir wie gewöhnlich den Rücken zu, schlief. Ich hatte Angst, ohne zu wissen weshalb. Ich bin in das Zimmer der Kinder gegangen und habe sie lange Zeit in ihrem Schlaf betrachtet. Und dann, als Monique mich angerufen hat, tauchte der ganze Traum wieder auf, die gleiche Angst erfaßte mich wieder; ich habe daran gedacht, das Fußballspiel abzusagen, aber meine Kumpel bestanden darauf.

Die drei da vorne und dein Sound steht zu ihnen wie der Daumen zu den anderen Fingern der Hand, im Dunkeln, zwischen ihnen und dir, tanzen Körper, und er, der Sänger, mit nacktem Oberkörper, am äußersten Rand der Bühne, er spielt mit ihren ausgestreckten Händen, wie du es selbst eben getan hast, läßt sich betatschen; ein Mädchen in der ersten Reihe, fast zur Hälfte hochgeklettert, wird zudringlich, und er macht ein paar Schritte zurück, greift sich vorher aber noch eine Zigarette von ihr und läßt sie sich anzünden; jetzt kniet sie auf der Rampe, und er versucht, soweit er kann, an seine Akkorde zu denken, und ich bügel aus . . .

Und das Mädchen hat sich aufgerichtet, tanzt jetzt, ein Mädchen von den Antillen, ist schön und bringt es gut, ein Mädchen, das wir damals in der Schule gar nicht anzuschauen gewagt hätten; er, der Sänger, wird sicherer in seiner

Sequenz, ich setze wieder zu einem Solo an. Dieses Tanzen auf der Bühne und ich unter den Leuten, das funkt wieder mal, eine Erregung, die den ganzen Saal erfaßt, die Lichtorgel wird wieder eingeschaltet ... Das Mädchen hat sich vor das Mikro gestellt, und wie ein großer Star greift sie unser Riff auf ... Nicht übel! Singt bestimmt hin und wieder für sich allein ... Aber warum dauert das so ewig; er müßte doch längst mit seiner Strophe wieder einsetzen ... Eine Sekunde, nicht mehr, das reicht.

Und jetzt noch einer ... Ein Zwerg mit flachsfarbenen Haaren, den Rücken seiner Jeansjacke mit Nieten besetzt, und mit dickem Filzstift die Namen der großen Bands draufgeschrieben, singt im Chor mit dem Mädchen, stößt sie dann weg, singt ganz allein, miserabel ... Warum lassen sie ihn bloß ... Ein Dritter, das war vorauszusehen, sie werden alle da hochstürmen ... Auch er will seine Ahs und Ohs rausgrölen, der andere aber will nicht aufhören, greift sich das Stativ des Mikros hängt sich dran, krallt sich fest. Der Dritte packt ihn mit beiden Händen am Hals, während das Mädchen versucht, den Dritten wegzudrängen, indem sie ihn mit der Schulter zur Seite stößt, zieht den Schopf des zerzausten Rothaarigen nach hinten. Diese Schwachköpfe ... Der Bassist schreit irgendwas zum Sänger rüber, was gibt es da zu lachen, was hat er davon, wenn er nicht eingreift, und ich, tatenlos mit meinen Händen auf den Saiten, fünfzehn Meter entfernt ...

Versuchen, sie loszuwerden, aber nein; klammern sich aneinander ... die drei ... Die Hände des Dritten zerren den einen am Hals, das Mädchen zieht mit beiden Händen an seinen Haaren, er muß seinen Mund weit aufreißen, der kleine Blonde, aber alle drei sind entschlossen, die Stellung zu halten, umschlingen das Stativ des Mikros, aus dem plötzlich ein bizarres Geräusch kommt, der Tonmixer und ich, wir gucken uns an; hatte bereits abgeschaltet. Der Rothaarige läuft schon rot an unter dem Würgegriff, das ist kein Scherz mehr, der Bassist und der Sänger packen sie an den Schultern: ich kenne meinen Bassisten, ist wie ich, kann so was nicht leiden ... Und Scheiße! Hat sie mit einem einzigen kleinen Stoß, einem Fußtritt, runtergeschmissen, die drei mitsamt dem Mikro, ich seh sie aus Schulterhöhe und ganz waagerecht runterstürzen, ein wildes Knäuel . . .

Jeden Samstagabend das gleiche, und nie kannst du vorhersehen, wo es losgeht. Ein kaputtes Mikro und das Gemüse da unten, das junge Gemüse, wenn es was abkriegt . . . Vor der Bühne, da vorne, eine Keilerei. Haben den Sänger und den Bassisten angegriffen, bleiben nur noch das Schlagzeug und meine Gitarre, um weiterzumachen . . . Dafür sorgen, daß die anderen im Saal nichts mitkriegen. Dann geb ich ihm, am Regler, mit der Schulter wortlos ein Zeichen: volle Pulle auf mich, ganz auf mich . . .

In dem Glitzern des eben zu Ende gegangenen Regens sah sie wie unterirdisch aus, die Stadt, und der Himmel, als hätte die Nacht ihn ausgespart, als hätte sie nicht gewagt, ihn zu verdunkeln, eine Kuppel über den Straßen; im Rhythmus der rasch vorbeitreibenden Wolkenfetzen ging der vielleicht künstliche Mond an und aus, ähnelte so fast einem Werbespot, eine unpassierbare runde Tür, die ihren Lichtschein eher aufsog als ausstrahlte.

Auf dem Boulevard waren jede Menge Leute, zusammengedrängt auf dem breiten Trottoir, das sie in beiden Richtungen festtrampelten, als könnte es sich sonst unter ihren Schritten aufbäumen, überall Straßenlampen, die das Licht ansogen, um die zu geraden Straßen aus der Stadt herauszuführen, während in einem Höllenlärm, überlagert vom Schalten der Gänge, die drei Autoschlangen mit quietschenden Reifen in einer Richtung flohen, als fürchteten auch sie etwas, vielleicht daß die Straße hinter ihnen aufreißt; und die Platanen, die sie eine nach der anderen mit ihren zwei gelben Lichtkegeln anstrahlten, ließen jedesmal ihre nackten, dicken Winterzweige aufleuchten, mit einem Licht, das von innen zu kommen schien, um sie noch mehr zu erschrecken.

»Die Männer, die sind alle gleich . . .«, hatte eine junge Frau im Vorübergehen gesagt; als ich mich umdrehte, verschwand sie gerade in der Menge. Ich sah sie noch mit einer anderen sprechen; und an genau der gleichen Stelle tauchte nun ein Typ auf, der so geradeaus ging, als trüge er eine transportable Lichtung mit sich, ich bin ihm eine Weile gefolgt.

Wenn man es sich nicht leisten kann, ins Kino zu gehen, schaut man sich die Bilder am Eingang an, eine Vorhalle, mit schwarzen und weißen Mosaiksteinen wie ein ausgerolltes Schachbrett, drei Kinosäle, in denen ununterbrochen gespielt wird, Tag und Nacht. Leute kamen heraus, mit diesem Gesichtsausdruck, den man am Ende des Films aufsetzt, den Blick etwas mehr als sonst in die Ferne gerichtet. Ich achtete nicht darauf, schaute auf das Plakat, »Stadt des Schreckens«, auf dem der Schatten eines Monsters seine Krallen nach der Heldin ausstreckt, deren Kleid bereits zerrissen ist, eine 08/15-Katastrophe, tut den Gefühlen aber keinen Abbruch, und ich fuhr herum, als mich jemand an der Schulter berührte ... Es war Alain.

»Noch so ein Zufall«, sagte ich ... »Warst du in dem da?«

Nein, er hatte sich gerade einen anderen reingezogen. »Hast du Zeit?« fragte er mich, und bevor ich ihm antworten konnte, daß ich seit fünf Monaten immer Zeit hatte, mußten wir hinter die Stellwand zurückweichen ...

»Das ist doch alles nur Kino«, sagte der, der die Gruppe anführte. Sind wohl grad rausgekommen, aus der Stadt des Schreckens, schienen aber nicht besonders beeindruckt zu sein; ihre fünf lautlosen Stühle glitten an uns vorbei, oberhalb ihrer gelähmten Beine ein Hebel für vier Richtungen, an dem sie sich mit beiden Händen festhielten. Waren wie Prinzen für den Ausgang angezogen, bei ihnen erschien das Modische noch aufdringlicher als bei den anderen; jeder von ihnen saß auf einem Motor, der schwerer war als sie selbst, der letzte den Kopf flach auf die Schulter geschraubt und ein starres Lächeln, sie entfernten sich: man hätte denken können, daß das Kino selbst sich ins normale Leben hinausbewegte.

Haben dann ein Bier getrunken, nicht weit weg. Man hat über Belanglosigkeiten geredet, er ließ nichts raus, und doch sah ich an seinem Gesicht, daß er über irgendwas brütete. Schließlich rückte er damit raus: »Und Monique, siehst du sie noch ...«

Ich habe ihm geantwortet, ohne etwas vor ihm verheimlichen zu wollen, daß ich sie ein paarmal gesehen hatte, daß aber seit einem Monat Funkstille sei: »Dir scheint es nicht so gut zu gehen«, sagte ich weiter.

»Es geht rauf und runter«, antwortete er; und ich hab innerlich gelacht, als ich dran dachte, daß ich das gleiche vor einer halben Stunde zu Joël gesagt hatte.

»Warum läßt du die Maloche nicht, wenn's dir nicht gut geht ... Mach einfach für 'ne Woche krank.«

»Es gibt nichts Schlimmeres als die Tage, wo ich nicht arbeite. Zum Glück gibt's wenigstens noch das. Das Leben in kleine Einheiten zerteilt, du erledigst die eine, dann die andere; und nach vier Stunden sind wieder vier Stunden geschafft. Hast du was Besseres anzubieten? Du denkst an die nächste Stunde, du denkst dran, bis zum Feierabend durchzuhalten, schließlich denkst du an nichts anderes mehr und hakst einen Tag nach dem anderen ab, ohne noch darüber hinauszugucken.« Wir haben in diesem Ton weitergemacht, und dann erzählte er. Ich hab kapiert, daß er wirklich am Ende war.

»Kann ich bei dir pennen ... Ich komme mit dir mit. Muß morgen um fünf raus, meinen Laster abladen: von dir aus wäre ich schneller da ...«

Er wollte nicht. Man dürfe es ihm nicht übelnehmen, daß er allein sein wolle, auch wenn er kein Auge zutun könne. Und gleich darauf: »Oder doch, mit Hilfe der Chemie.« Ich hab mir gedacht: »Alter, du spinnst total.« Und ich hab ihm vorgeschlagen, dann eben mit zu mir zu kommen, um ein bißchen Musik zu hören. Er wollte wieder nicht. »Nein, ich schwör dir, ich muß wirklich allein sein.« Ich wußte nicht, ob er sich nicht was vormachte, wenn er's so weit trieb, mit seinem Sichgehenlassen. Und ich dachte für mich: An seiner Stelle wärst du sogar froh ...

Alain, um ihn da rauszureißen und ihn auf bessere Gedanken zu bringen, erzählte ich, da wir eben über Musik gesprochen hatten, von Joël und seiner Gruppe, sagte, daß ich ihn eben getroffen habe und daß sie übermorgen, am Samstag, ein Konzert hätten. Keine einfache Gegend, aber es schien gut zu laufen, ihr Ding. Alain: »Und er, mit Monique, wie weit ist er ...«

»Wieso mit Monique?«

Hat nicht geklappt, ihn auf andere Gedanken zu bringen ... Aber plötzlich wurde auch mir seltsam zumute, ebenso wie die Stimme von Alain seltsam war. Stimmt, daß ich Joël seit gut einem Monat zum erstenmal wiedergesehen hatte. Daß wir darüber kein Wort verloren hatten.

Daraufhin sind Alain und ich auseinandergegangen.

Der Vormittag geht bald zu Ende; haben wie gewöhnlich ihr Pensum hinter sich gebracht, trödeln jetzt vor sich hin, während du, ganz im Gegenteil, dich richtig an die Arbeit machst, um wieder mal den Schein zu wahren, um dich wieder mal hinter dem Schild deiner Rolle zu verschanzen: in deinem Zeichnerkittel, machst wieder mal, was von dir erwartet wird.

Auf die Hauptachse hast du mit leichtem Strich die Maße eines Getriebes aufgetragen, da dich nur die Funktion und die Abmessungen interessieren: ein Kegelrad auf seine Keilwelle gedrückt, das auf der linken Seite in einer Acht endet, und das senkrechte Rad, von dem es angetrieben wird.

Aus dem zentralen Blickwinkel, im ersten Quadranten, ist das Triebwerk rund, mit einem vollen Strich für den Außendurchmesser und einem Achsenstrich für seine Nennweite. Und die Winkelverschiebung ist hier nur noch ein Trapez, das schräg gestrichelt ist.

Blick von oben; Trapeze, zwei, aneinanderstoßend.

Und auf dem dritten Quadranten werden die Trapeze zu einer Folge von konzentrischen Kreisen, während der erste Kreis abgeflacht ist; nur ihre Verzahnung, nur der Leerraum zwischen dem Stahl, ähnelt sich. Für jede Achse ein Hauptlager, die Abmessungen des Kugelkäfigs. Ein Rollenlager für das Antriebsrad, zwei richtig dicke Druckkugellager für das Rad.

Überdimensioniert, nach vier Jahren kennst du diese Dingerchen auswendig. Sogar die Kegellager. Und wenn du sie heute so aufs Papier bringst, eine Spur zu kräftig im Vergleich zur erwarteten Anforderung und Lebensdauer, vertuschst du nur, daß du dir die Lieferkataloge und ihre Schautafeln nicht genügend zu Gemüte geführt hast.

Wenn sie für heute abend wären, die Tabletten, was würde ich vorher machen. Ein letzter Film, ja, vielleicht das, zum letztenmal einen Film angucken. Und im Kino dran denken: daß es für jeden Zuschauer auf den Sitzen rundherum nur einer von vielen Kinobesuchen ist, für dich dagegen ...

Nein, dieses Spiel ist gefährlich. Du weißt, daß du schon viel zu nah an diesem Moment bist, wo du dich nicht mehr wehren kannst. Nein, du wirst nicht kneifen, im Gegenteil, du wirst dich durchbeißen, wirst weitermachen: ein kleines Feld, wieder eins. Daß nach dem Regen die Sonne scheint. Dieses Spiel, erfunden, um nicht in dieses Getriebe zu geraten, du spielst es und hast doch keine Möglichkeit mehr, einzugreifen. Mit diesem Gefühl leben, daß du alles, was du machst, zum letztenmal machst, hat bisher schon gereicht, um dich auszulaugen, und um den Zug aufs letzte Feld nochmals zu verschieben.

Dennoch ist das Spiel aus: ich werde heute abend ins Kino gehen. Die Maschinerie läuft bereits, die schon gedrückte Programmtaste erinnert dich an die Dringlichkeit ... Und ich werde denken, daß es mein letzter Film ist.

Sie. Schon zwei Monate ohne den geringsten Kontakt. Seit dem Vorabend dieses Tages; drei Monate nachdem ich gegangen war, meine Tasche in der Hand; und zwei Monate, nachdem sie mir den Schlüssel unserer Wohnung wiedergegeben hat, in die ich zurückgekehrt bin, während sie in dieses Apartement eingezogen ist, das sie gefunden hatte.

Zwei Monate, zwei volle Monate. Am Abend hatte sie mich noch angerufen: »Morgen, wenn ich doch nicht hingehe, ruf ich dich an.« Sie konnte es sich immer noch anders überlegen, bis zum letzten Moment, ohne Rechtfertigung; brauchte einfach nicht hinzugehen. Und sogar: bis zum allerletzten Moment.

Die Spitze des Zirkels drückt auf das Transparentpapier, das nicht nachgibt, drückt sich plötzlich ein und durchstößt es in seiner ganzen Stärke bis auf den Holztisch. Du stellst den Radius ein und schlägst einen perfekten Kreis, die Bleispitze ganz scharf, präzise.

Den ganzen Vormittag hatte ich gewartet. Ich hatte ihr Bescheid gesagt, daß ich blaumachen werde im Betrieb. Gegen elf Uhr wußte ich, daß es nun zu spät war. Sie hatte nicht angerufen, sie war also hingegangen.

Zwischen dem Getriebe und dem Gehäuse braucht man mehr Platz, als die engen Abmessungen zulassen. Weil die Zähne selbst in einen Ölrest eintauchen und somit den Dekkel benetzen, um durch dieses Triefen jedes Kugellager einzuschmieren.

Die Liste: Ölablaßschraube, Einfüllverschluß. Wellendichtringe, auf einem einstellbaren Lager; nach dem üblichen Justieren.

Und dann diesen ganzen Tag, und jeden Augenblick dieses Morgens, Sekunde um Sekunde, wollte ich mir weh tun. Mir weh tun, um in der gleichen Situation zu sein wie sie, als könnte das etwas wiedergutmachen.

Die ganze Zeit, die das meiner Meinung nach dauern mußte und noch danach.

Ein letzter Film, nein. Der Kugelkäfig, die Stärke deines Gehäuses. Der Käfig, nein.

5

Das Normale ist die Krankheit unserer Zeit. Und die Arbeitslosigkeit, die dich auf Distanz hält zu dieser Zeit, läßt dich deinerseits nach dem Normalen streben, das du ablehnst, aber als materielle Basis deines Andersseins ersehnst. Wenn's nur ist, weil dieser kleinste Luxus, diese kleinste Sicherheit für morgen dir verweigert werden, daß du es noch merkst, wo doch deine Kumpel, einer nach dem anderen, aufgegeben haben, wo man sich doch lange genug über Alain lustig gemacht hatte, über seine Stereoanlage, seinen Wagen. Was hätte denn ausgerechnet mich mehr widerstehen lassen können als ihn.

Danach, aus einer Telephonzelle, habe ich Monique angerufen; es war schon spät. Ich hab ihr erzählt, wie es gelaufen war, daß er nicht gut drauf ist, daß ich lieber mit ihm zusammengeblieben wäre und er es abgelehnt hatte, und vielleicht müßte man . . .

»Nein, er muß alleine da rauskommen; ich kann nichts mehr tun . . .«

»Aber er liebt dich noch.«

»Yves, du verstehst das nicht. Ich weiß, es ist hart für ihn, aber auch für mich; es ist nun mal so.«

Ich wollte, daß sie mir ein bißchen von sich erzählt, hatte aber Angst, sie könnte merken, daß Alain nur ein Vorwand war für meinen Anruf. »Und du, was machst du . . . Ich hab schon einen ganzen Monat lang nichts mehr von dir gehört . . .«

Gut, daß es nett wäre, sie danach zu fragen, hat mich gefreut, das zu hören. Klang nach einer Tür, die einem vor der Nase zugeschlagen wird. Ich spürte sehr wohl, daß sie ein bißchen zu schnell antwortete, mit Ja's und Nein's, die in ein Schweigen mündeten, das nur von meiner Seite unterbrochen wurde, da ich die Fragen und Antworten formulieren mußte. Ich habe ein Francstück reingesteckt, hatte noch drei in der Tasche, und um ihr keinen Vorwand zum Auflegen zu liefern, fiel mir als einziges ein: »Und wenn Alain eine Dummheit macht . . .«

Sie versprach mir, ihn auf der Arbeit anzurufen, am nächsten Morgen.

»Und sonst, geht's dir jetzt gut ...«

Weil ich sie damals begleitet hatte. Zweimal. Es war schon fast zwei Monate her, nach meinem Unfall. Sie war gerade umgezogen.

Nur weil ich sie getroffen hatte, an einem Nachmittag, mitten in der Woche. Es gibt in jedem Stadtzentrum bestimmte Treffpunkte, wo du, der du dort stundenlang Zuflucht suchst, jeden Tag aufs neue, in diesem ziellosen Treiben der Leute, die nur vorübergehen, aber einen Grund dafür haben, diese Begegnungen herbeiführst, über die sie jedesmal erstaunt sind.

»Wo willst du hin, gehst du einkaufen ...«

Zunächst hatte sie nicht ganz offen geantwortet.

Dann: »Ja, komm mit, du kannst auf mich warten. Möchtest du?«

Und ein paar Straßen weiter befand man sich in einem dieser Viertel, das die Stadt zu umgehen scheint, ohne dorthin vorzudringen, wo es für jede Straße klar ist, woher sie kommt, wohin sie geht, durch die du aber zweifellos nie gegangen bist.

Mauern, fröhlich wie die eines Gefängnisses, konnte nur ein Krankenhaus sein, dessen Namen ich bisher nur gehört hatte, ohne mich zu fragen, wo es sich befand.

»Arbeitest du denn auch in diesem Krankenhaus?«

»Nein, ich geh da privat hin. Willst du wirklich auf mich warten?«

Die beiden Eingänge glichen sich aufs Haar, unter zwei Torbögen mit dem gleichen Schlußstein, kaum zehn Meter voneinander entfernt, in der Mitte der Mauer, die sich die ganze Straße entlangzog, eintönig, über der ebenso eintönige Dächer zu sehen waren, aus denen gleich aussehende, kleine Fenster herausstachen. Aber auf der linken Seite, da war die Leichenhalle, ein großer, öder Gang, nur Leute mit weißen Kitteln am Ende; auf einer Seite eine Öffnung ohne Tür, zwischen zwei schwarzen Vorhängen; und an der gegenüberliegenden Mauer drei aufgerichtete Särge, die Deckel daneben, und eine Tragbahre.

»Nicht gerade heiter«, hab ich gesagt. »Ich geh mal 'nen Kaffee trinken, an der Ecke da vorne.«

Sie ist eine gute halbe Stunde später wieder zurückgekommen.

»Alles gut gegangen ...«

»Ich muß noch mal hin, in einer Woche.«

Als ich ihr gesagt habe, daß ich mit ihr zurückgehe, wußte ich schon, daß sie einverstanden sein wird, daß sie es vielleicht sogar wollte.

Und ich sagte mir, wenn sie einverstanden ist, dann nicht, weil sie dich braucht, sondern nur, weil du für sie neutral genug bist, weil du ihr gleichgültig bleibst, weil du nicht in ihre Geschichten verwickelt bist. Und ich sah sie an und sagte mir: dennoch werde ich mitgehen, ich werde sie trotzdem begleiten.

Wir trafen uns acht Tage später, am gleichen Ort wie das erstemal. Dazwischen nichts. Und dieses Mal bin ich mit ihr reingegangen; nach der Eingangshalle kam man in den Kreuzgang eines ehemaligen Klosters. In der Mitte stand ein Brunnen, verloren zwischen chaotisch geparkten Wagen und einem Mauergerüst. In der rechten Halle, durch die man ging, kam man an Küchenräumen vorbei, überall roch es nach Kantine und Abwässern, dazu ein penetranter Gestank nach Desinfektionsmittel; vor der Tür, in einer Reihe, fahrbare Servierwagen, Stapel von Tabletts. Dann eine Treppe und im zweiten Stock: »Gynäkologische Sozialstation.«

Haben im Wartesaal Platz genommen; gelb und kahl, ohne die Zeitungen, die man normalerweise dort vorfindet, beheizt von einem riesigen, verdreckten Heizkörper, unter einem Milchglasfenster. Eine Sekretärin rief Monique, und ich blieb allein zurück. Als einziger Typ. Eine junge Frau las einen dieser Schmöker, Memoiren aus der Feudalzeit, verschlang ihn geradezu, blickte nur kurz auf, mit einer ruckartigen Bewegung. Eine andere, neben mir, löste Kreuzworträtsel, ich merkte, daß ihre Hände zitterten. Sie kam rasch voran, füllte nur aus, was ihr spontan einfiel, und ging zum nächsten über. Eine dritte, noch jünger, war mit ihrer Mutter da, in Trainingsanzug und Turnschuhen, mit einem Paar Rollschuhe in einem Beutel. Ihre Mutter hatte auf den Knien eine Strickjacke für sie und bat sie mehrmals, sie überzuziehen.

Eine andere kam mit ihrem Mann, sie in einem traditionellen Gewand, vielleicht aus Marokko; setzten sich hin, kerzengerade, einer neben dem anderen, starrten auf das blinde Fenster.

Als Monique zurückkam, habe ich sie in ein Café eingeladen, wir haben zwei Tassen Schokolade bestellt; ich wollte bezahlen, aber sie ließ es nicht zu. Wir haben über Belanglosigkeiten geredet.

Ich hab sie nur gefragt: »Wann ist es . . .« In ungefähr zehn Tagen, aber sie gehe allein hin, sie bestand darauf. »Ich habe ein bißchen Angst«, hat sie noch hinzugefügt.

»Werden wir uns vorher sehen . . .« Ja. »Du bist lieb.« Das wäre nicht nötig gewesen.

Wie die Wespen auf einer Frucht, dort hinten, dicht zusammengedrängt, ein großer Schwarm um den Ball, als klebten sie fest, als gönnten sie sich ihn gegenseitig nicht, und du, für eine Weile, bist nicht drin in diesem Spielergewimmel, läufst aber weiter, von einer gleichen Vibration dieses ruhelosen Kerns mitgetragen, unerbittlich hin und her getrieben und von beiden Toren angezogen.

Danach war nichts mehr so wie vorher. Ein Abenteuer ohne Zukunft, und dennoch hat sich eine Leere aufgetan: eine Leere, die sich nicht mehr abwenden ließ, in diesem Gleichlauf der Tage, in dem die Kinder, die Arbeit dir keine Wahl lassen. Wie hat sie es erfahren . . . Wie hätte sie es aber nicht erfahren können, da du selbst in deinem eigenen Blick die Spur trugst, den zu bannenden Beweis.

Schuld, nein. Was soll's, wer könnte Richter sein. Aber diese Leere, eine Grenze, die für jeden von uns bislang verborgen war und plötzlich ebenso deutlich ist wie diese Kalkstreifen auf dem Sandboden des Stadions. Die Gewohnheit, die euch weiterhin Seite an Seite schlafen ließ, hat einen Abstand geschaffen, einen unüberbrückbaren Streifen auf dem Laken. Und der Arm, den du ihr tagsüber um die Schulter legst, ist nicht mehr die einfache Geste von früher, in dieser Vertrautheit einer Erinnerung, die seit der ersten Geste mit anderen, ähnlichen, beharrlich angefüllt war, und dann ihr plötzlicher

Verrat, eine Erinnerung, die ganz sichtbar geworden, aber anklagend ist, sich in deinen Gesten nicht mehr ausdrückt und nur noch Maßstab ist für das Ausmaß der Korruption des alten Vertrauens.

Rund zehn Tage und nicht mehr, mit einem immer nachdrücklicheren Schweigen, das nicht mehr das alte, vertrauliche war; dauerte lange, um an diesen Raster belangloser Worte wieder anzuknüpfen.

»Warum hast du kein Wort mehr gesagt . . .«

Und ihren Verdacht, den du nicht zu entkräften wagst, deine Antwort, die ausbleibt, weil du eher das Schweigen erträgst, als dich in die Unehrlichkeit zu verstricken: »Es war diese Frau, die dich beschäftigt hat . . .«

Eine dumpfe Spannung, deren Anwachsen nicht durch Blumen, auch nicht durch das Schenken eines Kleides verhindert werden konnte und sich aus diesem Leugnen nährte, dem du dich verweigert hast, aus einem Aufbegehren gegen diese Anspielungen, zu dem du dich nicht durchringen konntest, und das nicht ohne Grund.

»Ich weiß doch, wie das gelaufen ist.«

Dabei hast du immer noch nichts gesagt.

»Ich verzeih dir das nie.«

Dann, an diesem Abend, bist du vom Tisch aufgestanden. Die Kinder guckten fern, alle beide. Obwohl du's nicht magst, sie davor sitzen zu lassen. Es war Zeit, sie ins Bett zu bringen, du hättest dich drum kümmern müssen, bist aber lieber weggegangen. Bist drei Stunden später zurückgekommen, drei Kognak hinter der Binde oder noch mehr; allein getrunken, in der Nähe vom Bahnhof. Sie schlief oder tat zumindest so. Du hast darauf geachtet, indem du am Rand des Bettes bliebst, daß sich die Matratze unter ihr nicht wölbt; du bist dageblieben, liegend, unbeweglich und ohne einschlafen zu können. Später, viel später, hast du an ihrem Atem gemerkt, daß sie geweint hatte; du hast dich umgedreht, hast die Hand auf ihre Schulter gelegt.

»Rühr mich nicht an.«

Und das seit fünf Monaten. Eines Abends kam Joël, ihr Bruder, zum Essen. Beiläufig, einfach so, erzählte er von Monique. Ich wollte ihn nicht unterbrechen, konnte es nicht. Sie, ich spürte, wie sich plötzlich etwas in ihr sträubte. Sie stand hinter ihrem Stuhl und hatte gerade das Gericht, das ich vorbereitet hatte, aus der Küche gebracht. Sie ist wieder dorthin zurückgegangen, ohne daß sie dort etwas zu tun gehabt hätte. Ihm ist es nicht aufgefallen, dann haben wir über Alain gesprochen. Sie ist wieder reingekommen, hat sich hingesetzt, ohne ein Wort zu sagen, sah mich aber mit einem stechenden Blick an, ihre Züge angespannt, als wollte sie mich herausfordern. Und am Abend, ich hatte gerade das Licht gelöscht, hat sie's wiederholt: »Ich verzeih dir das nie.«

Weißt trotzdem, daß das Zusammenleben nicht in Frage gestellt werden kann; obwohl. Und wenn doch, die Kinder. Für sie, ihretwegen; wir beide, aber jeder für sich. Denn du weißt, in deinem Leben, es ist stärker als alles andere: wir beide, eben; für sie und für mich, stärker als irgend etwas anderes.

»Unfehlbar, was ...« Sie hat sich über mich lustig gemacht, noch vorgestern. »Es reicht ...«

Und falls Alain wirklich eine Dummheit gemacht hat. Monique wieder anrufen. Ja, jeder an dieser Grenze einer endgültigen Geste; und für mich hieße es gleichzeitig, sie überschritten zu haben, weitergegangen zu sein, und zu wissen, daß die Geschichte, die ich zerstört hatte, immer andauern wird. Die ganze Zeit meines Lebens, im Bett, Seite an Seite, wie eine Zeit ohne Grenze, langsamer aber ebenso unausweichlich wie dieser Augenblick, in dem er, Alain, untergegangen ist, falls ...

Weiter Abschlag, kommt nicht zu dir, sondern zu diesem Stürmer, den du bewachst; der Wind hat ihn abgetrieben, und du bekommst ihn und läufst nach vorn. Er, der Stürmer, ist noch neben dir, dann ist es ein anderer: Wespe gegen Wespe, es ist einer, der dir deine lederne Beute abnehmen würde, aber du läufst an ihm vorbei, nimmst kurz das Tempo raus, um wieder in dein Dribbeln zu kommen. Jetzt ihre Abwehrspieler, aber du bist zu weit draußen, an die Seitenlinie gedrängt, also flankst du den Ball in die Mitte über den Kopf des Gegners hinweg ...

»Ääh ...«, schreit unser Torwart mit schriller Stimme, und unser Mittelfeldspieler nimmt den Ball mit dem Kopf, dann der Mittelstürmer ebenfalls mit dem Kopf und wieder unser Mittelfeldspieler, er zieht ab, ein Ball mit Effet, der gegen den Innenpfosten knallt und im Kasten ist ... Zwei zu eins, für uns!

Dein Kumpel, der Mittelfeldspieler, rennt in Richtung Seitenlienie, als wollte er die Flucht ergreifen, ja, er ergreift die Flucht; die Stimmen unserer Anhänger, erbärmlich wenig, Kollegen aus der Werkstatt, die zu fünft versuchen, den Sieg zu feiern, so laut, wie man es sonst nur aus einem riesigen und überfüllten Stadion kennt. Zwei unserer Spieler haben gerade den Torschützen abgefangen, haben sich an seinen Hals gehängt, umklammern ihn mit den Beinen, beide rittlings, der Torwart kommt hinzu, sie bilden ein festes Menschenknäuel; die Wespen ...

Und der Torwart ruft dir zu: »Joly! ...« Du warst es mit dem Zuspiel, auch du hast was beigetragen zu diesem Tor. Drei neue Spieler haben sich an die ersten beiden rangehängt, bringen sie zum Drehen wie einen Kreisel ...

Du selbst bist überrascht. Warum so gelähmt; die offene Freude, zum erstenmal läßt du sie nicht zu; wie oft hast du selbst in diesem Knäuel gesteckt. Warum, weil es dein letztes Spiel gewesen ist.

Wieder ein Einwurf, das Spiel ist gelaufen, und alle wissen es; Anstoß und kurz darauf Abpfiff. Die Nacht über dem grünen Rechteck, das von den Backsteinmauern der Lagerhäuser gebildet wird, undurchsichtige Wände, die dem Spielfeld ihren Rücken zudrehen, das sie umgeben und das sich leert, die Fans schließen sich im Zementgang den Spielern an. Du kehrst als Schlußlicht in den Umkleideraum zurück. Ich werde nie mehr spielen.

Ein leeres Spielfeld, und vor dir die Zeit.

•

Explosion; der Gong eines Erdbebens, der den ganzen Saal und alle Mauern erschüttert, der Bassist hat mit einer kraftvollen Handbewegung seine Gitarre weggeworfen, hat sie mit den Saiten nach unten auf den Boden geschleudert, und das Dröhnen wird zum Pfeifen, das sich sofort unaufhaltsam steigert, bevor das Mischpult ihm durch ein rülpsendes Geräusch der Verstärker das Maul stopft. Er springt von der Rampe, geht da hin, wo's Zoff gibt ...

Und der Sänger schaut mich von weitem an, macht eine verneinende Bewegung mit dem Kopf, als verstünde er nichts mehr; sobald er überfordert ist, erinnert er sich an mich. Aber währenddessen schlägt er wieder seine Akkorde an, zwei Gitarren und das Schlagzeug dazu, so ist es schon besser; ein Sound, seiner Tiefen beraubt, der kratzt und bis unter die Haut mit seiner ursprünglichen Spannung geladen zu sein scheint. Er nähert sich dem zweiten Mikro, wo wir zusammen singen:

»Ein schwarzer Song, ein ätzender Song, weil wir eine monotone Stimme haben, ein Song, der mir erzählt, was wir auswendig und seit langem schon wissen; es ist Samstagabend, tanz, bring das Leben zum Tanzen, Samstagabend, tanz ...«

Plötzlich erhellt sich der Saal, und zwei Reihen gelber Glühbirnen, ganz nackt da oben unter einer Art umgekehrter Teller, zeichnen auf die Gesichter einen Schatten trüben Morgenlichts, von der Nacht zerknittert.

Es sind die Kumpel des kleinen Rothaarigen, der eins draufgekriegt hatte, aber jetzt mitten in seiner Gruppe steht, die an meinen Schlagzeuger ranwollen. Er ist ihnen schon gewachsen ... Die zwei Typen von hier haben eingegriffen, sie waren's, die das Licht eingeschaltet haben; sie machen zuerst den Bassisten an, geben ihm zu verstehen, daß er abhauen, wieder auf die Bühne klettern solle, jedem das Seine ... Aber er, nein; das junge Gemüse hat ihm wohl etwas an den Kopf geworfen, hat ihm nicht gefallen ... Er gehorcht endlich, aber nur, um in seine Umkleidekammer zu verschwinden, nicht ohne mir noch klarzumachen, daß ich ihn am Arsch lecken könne: soll wohl meine Schuld sein ... Er, der Sänger, fängt übergangslos den Song noch mal von vorn an, das kann die ganze Nacht so weitergehen.

Die zwei Typen räumen jetzt auf in diesem barbarischen Licht, das den rechteckigen Saal überstrahlt, das hindert aber die anderen nicht daran, ihre Hüften weiter zu schwingen. Ein kleiner Dicker, ein großer Dünner: der erste, fettige Haare bis auf die Schultern, man sieht nicht mal mehr das Gesicht wegen des Schnauzers und dem Rest, der seit drei Tagen nicht mehr rasiert worden ist, man sieht nichts außer einem Auge, das in die andere Ecke schielt, das Hemd über den Jeans wegen seines Bierbauchs, unter einer ärmellosen Lederjacke, in der Hand ein Motorradschloß, eine lange, U-förmige Stange, die in einem schweren Schloß endet. Sein Kumpel, ein Blonder mit kurzen Haaren, aber mit einer lockigen Strähne, die ihm bis unter die Nase hängt und die er, zwischen zwei Knüppelschlägen mit der Wucht seiner langen Arme, vorsichtig um die Fingerspitzen wickelt.

Das ist für mich der Augenblick, den Saal wieder zu durchqueren, dieses Mal schneller als beim Hinweg. Ich treffe auf diesen Kleinen von vorhin, mit dem kahlrasierten Schädel unter einem Schlapphut, der die Mädchen betatschte. Sie sind jetzt zu zweit, um ihn wegzubringen, gekrümmt und wie weg vom Fenster, leerer Blick, den linken Ärmel bis zum Ellenbogen hochgekrempelt, eine lange Rißwunde auf dem Innenarm, die er jetzt mit der rechten Hand zudrückt. Und nehme wieder meinen Platz rechts auf der Bühne ein, kündige dem Schlagzeuger mit einem Schrei an, daß es weitergeht, mit einer einzigen Rhythmusveränderung zwischen zwei Beckenwirbeln setzen wir zum nächsten Stück an, während er mich anschaut, als könnten seine Trommeln sprechen ... Ich seh meinen Bassisten wieder auftauchen, der sich vor seinen Verstärker gestellt hat und stimmt, er setzt an, mit abgewandtem Gesicht, wohl um zu betonen, daß er noch immer schmollt. Unten geht das Licht wieder aus, das Intermezzo ist vorbei, wir werden nicht erfahren, was alles draufgegangen ist.

Rückkehr, der Schlüssel im Schloß, findest alles so vor, wie du's hinterlassen hast, dein Zimmer in dieser eintönigen Beleuchtung, die die Nacht, als du weggingst, bereits hervorgebracht hatte.

Wegen der Brandschutzmauer gegenüber und der Dreckschicht von den vielen Autos unten an der Kreuzung, die die Jalousien bedeckt, machst du sie nicht mehr zu. Und im übrigen, was hätte ich zu verbergen.

Bleiben dir noch fünf Zigaretten. Morgen, fünf Uhr, der Laster, dann stempeln gehen. Wecker aufziehen, fünf Stunden Nacht hinter sich bringen, genau fünf Stunden. Wieder einen Abend verbracht.

Monique, mehr hab ich von ihr nicht erfahren. Wir hatten uns noch einmal gesehen. Hat mir nur gesagt, daß sie bei der Ankunft zusammengeklappt sei: »Die Nerven versagen, du kannst nicht mehr atmen, alles angespannt ... Krämpfe und du brichst zusammen. Genau am Eingang.

Sie haben die Schwestern gerufen, die mich in ein Zimmer gebracht haben, ein Einzelzimmer, zum Glück; sind bei mir geblieben bis zum letzten Augenblick. Wirklich nett; auch nicht die Mitleidstour, aber gleichzeitig ...«

Und sonst nichts, weiter nichts. Obwohl sie weiß, wie sie mich erreichen kann, wann auch immer. Sie weiß, daß ich drauf warte.

Gut, bei ihrem Umzug, daß ich dabei helfe, hat sie nicht abgelehnt. Ich hab ihr wiederholt gesagt: »Wenn ich dir irgendwie helfen kann ...«

»Ich ruf dich an, ich denk dran.« Hat sich nicht gemeldet.

Im Spülbecken wäschst du dir die Hände mit kaltem Wasser, vor dir der viereckige Spiegel, der, in dem du dich rasierst: in seinem Plasterahmen, zu klein, um dir dein ganzes Gesicht zu zeigen.

Ein anderes Leben, und vielleicht hätte sie sich gemeldet. Arbeitslosigkeit, du bist nur noch du selbst, und gezwungen, dich nur noch mit leeren Händen herumzuschleppen.

Was bleibt andres, als zu warten, weiter warten.

Wozu hätte ich sonst all das erlebt.

»Es war schwer, ziemlich trostlos, glaub mir.«

Wir probten nicht an diesen Abenden; wenn du eine Schwelle, eine schwierige Situation überschreitest, ist es besser, alles zurückzulassen und es danach erst wieder aufzunehmen. Ich hatte sie in dieses Appartement begleitet, in das sie gezogen war. Sie hatte praktisch noch keine Möbel drin; nur das Nötigste. Eine Matratze auf dem Boden, aber gut zurechtgemacht, mit Stoffen, auf der man zusammen saß, den Rükken an der Wand, jeder in einer Ecke.

»Das ist Leben, das man dir da wegnimmt; es setzt sich fest, wehrt sich dagegen. Der Körper versteht es nicht, führt lange Zeit fort, was er begonnen hatte, und dennoch fühlst du dich leer, schlimmer: ausgeleert. Versteh mich nicht falsch, ich war dafür und bin's immer noch. Ohne wenn und aber; wenn ich nur an die Mädchen denke, die sich das unter den hanebüchensten Umständen machen lassen. Wie viele, wie viele. Aber trotzdem ist das ein Gemetzel; auch heute noch, ein Gemetzel.«

Wir saßen praktisch im Dunkeln, man konnte sich kaum sehen.

»Vorher bringt man dir ein Nachthemd, das dir bis zu den Knien reicht, zwar sauber, aber du weißt, daß es schon getragen wurde, öfters. Du kommst nicht umhin, dran zu denken. Die gleichen, die man in den Irrenanstalten verwendet, die gleichen. Die Krankenschwester kommt zurück: ›Ist Zeit zu gehen.‹ Und du gehst so dorthin, nackt darunter. Als ich in den Raum eintrat, sprachen sie über das vorhergehende Mädchen: ›Beim zweiten hatten wir Probleme, ihn loszukriegen, das hat Zeit gekostet.‹ Das Mädchen hat nicht gewußt, wird's nie wissen, daß sie Zwillinge erwartete.

Ich hab mich hingelegt. Der Arzt ist reingekommen, sagte unwirsch: ›Guten Tag.‹ Dann: ›Ist sie fertig?‹ Sie haben mich festgeschnallt. ›Es ist soweit.‹

Haben mir die zweite Spritze gegeben, und es war, als hätte ich plötzlich keinen Bauch mehr. Er hat mich abgetastet. ›Hat sie Schmerzen, da?‹ Er verlangte nach etwas, das er Sonde nannte. Innerhalb von zehn Minuten fordern sie dem Körper etwas ab, was eigentlich Stunden gebraucht hätte. Er hat seine Geräte angemacht, eine supermoderne Einrichtung. Wenn die Absaugmaschine eingeschaltet ist, geht alles von selbst.

Er hat sich hingesetzt und seine Zeiger beobachtet. Das ist hart. Das war hart, weißt du. Die Schwester hielt mir die Hand, sprach mit mir: ›Sie werden sehen, es wird gut gehen . . .‹ Und brachte mich dazu, über irgendwas, über Gott und die Welt zu reden, stellte mir Fragen. Ihre Hand habe ich ganz fest gedrückt, ich sagte: ›Ich spüre was. – Das kann nicht sein. – Doch, ich spüre was.‹

Man hörte nur dieses Geräusch der Pumpen, das Brummen der Geräte. Der Arzt sah mich nicht an. Ich hatte Schmerzen im Kopf, es pochte, ich hab es ihm gesagt. Er hat gefragt, ohne sich umzudrehen: ›Was hat sie?‹ Dann: ›Ach so‹, brummte er, weiter nichts. Der Kopf, das war nicht sein Bereich.

›Erledigt‹, sagte er; dann ging er raus. Weiter nichts, kein auf Wiedersehen. Und da es nicht der gleiche war wie bei der Untersuchung, werde ich nicht mal seinen Namen wissen. Die Schwestern haben die Schläuche abgenommen, haben mich gesäubert. Er kam wieder, hat sich die Hände mit einem Tuch abgetrocknet.

›Warten Sie eine Viertelstunde, bevor sie mir die nächste schicken.‹

Und ich bin in mein Zimmer zurückgekehrt, ohne Hilfe, mit nackten Füßen über den Flur. Sie hatten die Freundlichkeit gehabt, mich ganz allein in ein Zimmer mit vier Betten zu legen. Am Abend habe ich ein Taxi genommen, um nach Hause zu kommen. Da war ich wirklich allein, und auch da war es hart. Als die Betäubung aufhörte in der Nacht, war es, als hätte man mir den Bauch herausgerissen. Ich hatte geschlafen, ich bin aufgewacht, ich habe geschrien: ›Was hab ich denn getan, was hab ich denn getan!‹

Und ich war allein, allein in der Nacht. Dein Körper ist nicht krank, verstehst du . . . Im Gegenteil, er wird dicker, du hast Hunger, die ganze Zeit Hunger. Du nimmst zu, du spürst diese Kugel, in dir, warm. Und aus freien Stücken lieferst du dich diesen Leuten aus, ohne zu wissen, was dann ist. Später habe ich geträumt, ich hielt in meinen Armen die Leiche eines Kindes.«

Und Monique hatte aufgehört zu reden, und auch ich schwieg. Später, sehr spät, sagte sie zu mir: »Bleib doch hier zum Schlafen, wenn du magst.« Wir haben uns so hingelegt, kaum ausgezogen, ohne uns zu berühren. Eine Weile, und ich habe ihre Haare gespürt, ganz nah; auch ich hab mich ihr genähert, und wir sind lange so geblieben, nah beieinander, so hat es angefangen ... »Ich fühl mich wohl ...«, hatte sie nur gesagt. An den folgenden Abenden bin ich wiedergekommen.

Am Montag danach hatte sie Nachtdienst und wir, wir hatten unsere Proben. Wir trafen uns frühmorgens wieder, um zusammen in der Morgendämmerung einzuschlafen, abends verließ ich sie, wenn sie zur Arbeit ging. An einem dieser Abende sagte sie zu mir: »Meinst du nicht auch, daß es schön sein wird.«

Ich habe nicht geantwortet. Dann war ich knapp bei Kasse. »Aber ich kann dir doch was geben, ist doch kein Problem ...« Ich hab's abgelehnt.

Als sie wieder tagsüber Dienst hatte, bot sie mir ihren Schlüssel an, damit ich weiterhin während des Tages zu ihr komme, da wir nur nachts spielen.

»Nein, ich hab meine Garage. Außerdem muß ich jetzt voll ackern.« Also kam sie, nach Feierabend, man traf sich, bevor die anderen eintrudelten, sie ging, wenn wir soweit waren.

Die Maschine läuft wieder an, gut geölt, um voll zu funktionieren, ein schnelles und festes Pulsieren des Basses, das bei jedem vierten Takt vom harten Beat des Schlagzeuges zerrissen wird; ich spiele mit dem Phaser, einem dieser Zauberkästen, aus denen der Sound entspringt, als entstünde er in allen Ecken des Saales gleichzeitig, vervielfacht durch das Echo, mit der Regelmäßigkeit einer Handsäge, und er, der Sänger, vorn, ein isolierter Körper im Licht, das ihn vierteilt.

»Aus ihrer Welt des Geldes verbannt, Sorgenkind, schlepp deine fahle Visage, die Rache in der Faust, schlepp deinen Haß, der Himmel der Zeit verfinstert sich!«

Noch geh ich nach vorn in die Dunkelheit und die Leere, wie um mich zu einem Kampf vorzupirschen, bei dem der Gegner unsichtbar und gefährlich ist; unten stehen sie da, die gleichen, zusammengepreßt und unruhig.

Alain ist tot; sie hatte ihn gefunden, in einer Ecke auf dem Boden seines Badezimmers sitzend. Die Augen weit aufgerissen, die sie nicht zu schließen wagte, nicht zu berühren wagte.

»Sah kaum älter als fünfzehn aus.«

Und ich habe vorgezogen, nein zu sagen. Weil du deine Musik kennst, ihre Begrenztheit, die ihr die Kraft verleiht, aber sich gegen sie wendet, und indem sie ihr einen Rahmen aufzwingt, macht sie zunichte, was für ihre Entstehung ausschlaggebend war. Was dir da gegeben ist, schließt ein, um ebendiese Kraft zu bewahren, daß ständig ihre Erneuerung kommt. Sie, sie haben immer noch ihre fünfzehn Jahre. Und das Bild, das du ihnen anbietest, das in ihrem Alter aus deinem Traum entstanden ist, trägt sie nicht, betrifft sie nicht; ihren eigenen Traum sehen sie, der diese Erneuerung verlangt, um in ihnen zu überleben. Du wirst nur die Musik deiner Generation, die Musik einer Generation gespielt haben. Vergänglich; danach, was bist du danach.

Wir werden nur eine Sackgasse geschaffen haben.

»Ihre Welt besteht nur aus Träumen, sie nähert sich ihrem Ende ... Sie haben die Augen geschlossen, diese Bude wird in die Luft gehen ... Der Himmel der Zeit verfinstert sich!«

Und dann zählt nichts als dieser Rhythmus und dieser Klang, diese Kraft, die zur Läuterung neigt, und du ertappst dich dabei, nun deinerseits zu suchen, was du verdammtest und was beständig ist. Diese Rampe vor dir, die dich trennt von diesem Ort, an dem sie tanzen und sich tummeln, schließt dich ein vor der notwendigen Mauer, vor der all deine anfänglichen Vorstellungen sich scheinbar leergelaufen haben. Eine Sackgasse, in der das Feuer der Scheinwerfer nur die Maschinerie einer Wüste ist, die dir überlassen wird in der Nacht, in der Nacht, in der deine Musik dich in ihrer Welt isoliert, um sich dort zu behaupten. Dann hast du dich entschlossen: daß du in dieser Sackgasse bis ans Ende gehen wirst.

Monique wird das verstehen müssen, sagte ich mir, schob es noch hinaus, mit ihr zu reden. Mit ihr, vor ihr schwieg ich, immer mehr.

»Du, ich hab nur dich, und ich hab Angst ... Seine Augen, seine offenen Augen, verfolgen mich ...«

Es war an mir, zu begreifen: Ja, ich zog es vor, nein zu sagen. Aus der Umarmung der Körper durfte ich nichts mehr nehmen, oder das andere Gesetz akzeptieren: daß diese Umarmung das beinhaltete und vollendete, was dich in deiner Musik eine Zukunft suchen ließ. Aber wenn du annimmst, was sie dir zu teilen anbietet, hieße das, dieses von dir noch verschmähte, noch gestaltlose Glück zu verlieren, das dir der Song jedesmal gibt.

Ich habe mein Konzert vorgezogen und habe mich verstrickt ... Daß sich bei mir, so sagte ich, seit so langer Zeit nichts von dem Weg unterschied, den Alain gegangen war, jeden Augenblick zu seiner Handlung bereit, in dem Gefühl, nichts Halbes hinter dir zu lassen, außer dem Sound.

Und ich hab auf meine Kumpel gezeigt: »Bei ihnen ist es genauso, auch wenn es jeder mit sich allein abmacht.« Obwohl ich wußte, daß es nicht stimmte.

Und sie: »Es bedeutet dir also nichts, zählt also nichts, was ich dir gegeben habe?«

Doch; in jedem Moment, das Gedächtnis wund, schwer von jedem Wort, jeder Berührung, jeder gemeinsamen Geste. Ausgelebt, ohne Anspruch, daß es weitergeführt wird, eben um seiner Einzigartigkeit willen.

»Bei allem, was ich dir gesagt habe, hast du also mein Vertrauen nicht verdient.«

Ich dachte, daß alles Schöne schon hinter uns lag, daß sich jeder seinen Teil genommen hatte und basta. Ich hörte die Ankündigung der Gruppe. »Muß gehen ...«

»Du bist auch nicht besser als die anderen.«

»Es sind verbitterte Leute, die älter sind als wir, ihnen sind die Augen aufgegangen, und nun führen sie uns an den Ort, dem keiner entkommt ... Der Himmel der Zeit verfinstert sich!«

Und die Gitarre, die Gitarre wie ein Schwindelgefühl, du reißt den Regler für die Lautstärke voll auf, näherst deinen Anschlag dem Steg, machst ihn aggressiv, bis du nur noch ein metallisches Strömen hörst, dich damit betäubst. Allein, allein, gegen deinen Willen allein!

»In der Nacht, die sie geschaffen haben, werden wir nur noch ein Feuerwerk sein, du überlebst die Gegenwart nur für deine Totenhochzeit ... Überlebst die Gegenwart ...«

Rom, Villa Medici; September 1984–Mai 1985

Bio-bibliographische Notizen

Mireille Best 1943 in Le Havre geboren. Nach dem Grundschulbesuch Anstellung im Verwaltungsapparat der Staatskasse. Lebt als freischaffende Schriftstellerin in Südfrankreich.
Werke Erzählungen: Les mots de hasard (1980), Le méchant petit jeune homme (1983), Une extrême attention (1985). Romane: Hymne aux murènes (1986), Camille en octobre (1988). Der Text „Psalm für Frédérique" ist dem Band *Une extrême attention* entnommen.

François Bon 1953 in der Vendée geboren. Vier Jahre als Techniker in der Metallindustrie tätig. Arbeitsaufenthalte in Indien und Moskau. 1983 Ausbilder in einem Zentrum für soziale Wiedereingliederung Jugendlicher. Erhielt 1984 ein einjähriges Stipendium der Académie de France in der Villa Medici in Rom und 1985 ein einjähriges Autorenstipendium des DAAD (Deutscher Akademischer Auslandsdienst) in Berlin (West). Sein Buch *Le crime de Buzon* wurde mit dem Preis der französischen Buchhändler (Prix Passion) ausgezeichnet
Werke Romane: Sortie d'usine (1982, dt. Feierabend, 1987), Limite (1985, dt. Limit, 1986), Le crime de Buzon (1986).

Annie Ernaux 1940 in Lillebonne/Seine-Maritime geboren. Studierte an der Universität von Rouen moderne Literatur. Nach dem Diplom zehn Jahre in Annecy, danach in der Nähe von Paris als Lehrerin tätig. Arbeitet zur Zeit am Nationalen Zentrum für Fernstudium. Für ihre Erzählung *La place* erhielt sie den Prix Renaudot.
Werke Romane: Les armoires vides (1974), Ce qu'ils disent ou

rien (1977), La femme gelée (1981). Erzählungen: La place (1984, dt. Das bessere Leben, 1986), Une femme (1988).

Danièle Sallenave 1940 in Angers geboren. Nach dem Besuch der Ecole Normale Supérieure Studium der Literatur. Ist als Dozentin für Darstellende Künste (Fotografie, Theater, Kino) an der Universität Paris-Nanterre tätig. Übersetzungen aus dem Italienischen (u. a. von Pasolini, Calvino und Pirandello). Für ihren Roman *Les portes de Gubbio* erhielt sie den Prix Renaudot.

Werke Romane: Paysage de ruines avec personnages (1975), Le voyage d'Amsterdam ou les règles de la conversation (1977), Les portes de Gubbio (1980), La vie fantôme (1986), Adieu (1988). Erzählungen: Un printemps froid (1983), Conversations conjugales (1987, dt. Ehegespräche, 1988).

Inhalt